DUMONT
REISE-TASCHENBÜCHER

Champagne

W0087362

In der vorderen Umschlagklappe: Übersichtskarte Champagne

In der hinteren Umschlagklappe: Stadtplan Reims

Uwe Anhäuser

Champagne

DUMONT

Umschlagvorderseite: Blick über Weinfelder auf Chamery
Umschlagrückseite: Notre-Dame-en-Vaux in Châlons-sur-Marne (oben),
Weinbauer (unten)
Umschlaginnenklappe vorn: Das Große Faß von Mercier (Épernay), Ausschnitt
Umschlaginnenklappe hinten: Rüttler bei der Arbeit
Abbildung S. 2/3: Landschaft bei Vitry-le-François
Abbildung S. 1: Grußkarte mit Champagnermotiv

Über den Autor: Uwe Anhäuser, 1943 im Westerwald geboren, lebt heute in Bundenbach (Hunsrück) und arbeitet seit 1980 freiberuflich als Schriftsteller und Reisejournalist. Bei DuMont erschienen von ihm die Reise-Taschenbücher »Paris« und »Bretagne« sowie der Kunst-Reiseführer »Hunsrück und Naheland«.

Fremde Kulturen kennenlernen und gastfreundlichen Menschen begegnen – wie sehr genießen wir das auf Reisen. Zu Hause bei uns jedoch wird mancher Ausländer von einer kleinen Minderheit beschimpft, bedroht oder sogar mißhandelt. Alle, die in fremden Ländern Gastrecht genossen haben, tragen hier besondere Verantwortung. Deshalb: Lassen Sie es nicht zu, daß Ausländer diffamiert und angegriffen werden. Lassen Sie uns gemeinsam für die Würde des Menschen einstehen.

Verlagsleitung, Mitarbeiterinnen und Mitarbeiter des DuMont Buchverlages

© DuMont Buchverlag, Köln
2., aktualisierte Auflage 1996
Alle Rechte vorbehalten
Satz und Druck: Rasch, Bramsche
Buchbinderische Verarbeitung: Bramscher Buchbinder Betriebe

Printed in Germany   ISBN 3-7701-3038-3

Inhalt

Unterwegs in der Champagne

Ardennen und Argonnen

Das »magische Dreieck«

Die großen Seen

Im Land der Quellen

Nützliche Tips und Adressen

Land
und Leute

»Es gibt in Frankreich ebenso schöne
Landschaften. Vielleicht gibt es keine
schöneren, vor allem keine französi-
scheren. Denn dieses Land ist ein
Frankreich im kleinen, eine geglückte
Zusammenfassung unseres Vaterlan-
des. Kreide, Ton, vorzügliche Acker-
böden, Wälder und alles übrige. Wie
ein langes buntes Band zieht sich das
Département dahin, wie ein etwas
weniger fruchtbares Ägypten, und
stellenweise fast genauso ursprünglich
wie das Land am Nil.«

Paul Verlaine, 1882

Die Region Champagne-Ardenne im Überblick

Geographie

Klima

Pflanzen und Tiere

Wirtschaft

In den Weinbergen bei Bar-sur-Aube

Geographie

Der mit seinen vier Départements Haute-Marne, Aube, Marne und Ardennes zur Verwaltungsregion Champagne-Ardenne zusammengefaßte Landschaftsraum umschließt hauptsächlich die Gebiete der früheren Provinz Champagne und des einstigen Fürstentums Sedan. Teile von Châlonnais, Rémois und Sénonais gehören heute zu benachbarten Départements, so daß die politische Gliederung und die landläufige, aus dem lateinischen »Campania« abgeleitete Bezeichnung stellenweise nicht ganz übereinstimmen. Desgleichen nimmt das Département Ardennes nur einen geringen Teil des Waldgebirges der Ardennen ein, das überwiegend belgisches Staatsgebiet bedeckt.

Erdgeschichtlich und im Hinblick auf ihre vorherrschenden Geländeformen ist die Champagne ein charakteristischer Ausschnitt des riesigen Pariser Beckens. Dessen Gesamtrelief läßt sich modellhaft mit einem ineinandergestellten Satz flacher Schüsseln vergleichen, deren Durchmesser zum Zentrum hin immer kleiner wird. Die Ränder dieses rings um Paris ausgebreiteten Gebildes steigen jeweils sanft gegen die Außenkanten an, um dort abrupt zur nächstfolgenden ›Schüssel‹-Ebene hin abzubrechen. Dies sind im geologischen Profil die sogenannten *côtes*.

Beiderseits der Bahnlinien, Nationalstraßen und der Autobahn (A 4) von Saarbrücken nach Paris läßt sich das steile Auf und sanfte Ab der *côtes* verfolgen, deren östlichste (Côte de Meuse) tief vom Tal der Maas (Meuse) durchschnitten wird. Die Maas fließt als einziger der am Plateau von Langres und im angrenzenden Morvan (Burgund) entspringenden Wasserläufe zur Nordsee ab. Armançon, Aube, Marne, Vesle, Aisne und Oise strömen hingegen allesamt zur Seine. Von Südosten nach Nordwesten haben sie ihre Täler, teils in Gestalt malerischer Schluchten, ins Gestein der Côte des Bar gegraben. Sie durchqueren die fruchtbaren Flächen der *Champagne humide* bei Bar-sur-Seine und Bar-sur-Aube, ziehen zwischen den Wäldern und Wiesen des Der und des Perthois bei St-Dizier durchs Vallage und wenden sich in weiten Bögen aus den Argonnen ins Rethélois, zum Porcien und durch die Hügel der Thiérache zur eintönigen *Champagne crayeuse*. Zuvor zerteilen sie (wie die Marne bei Épernay) noch die massiven Höhen der Côte de l'Ile-de-France durch Kerbtäler. Westlich hinter dieser Schichtstufe erstrecken sich im Vorfeld von Paris die Plateaus der Brie und des Tardenois. Sieht man von Details der Einzellandschaften ab, dann erscheint die Region überwiegend von drei Hauptzonen geprägt: dem schmalen Saum der landwirtschaftlich ertragreichen *Champagne humide* (= feuchte Champagne) zwischen Bar-sur-Seine und St-Dizier, den nördlich dar-

›Steckbrief‹
der Champagne-Ardenne

Fläche:	25 606 km^2
Bevölkerung:	1 358 000 Einwohner
Bevölkerungsdichte:	53 Einwohner pro km^2
Politische Gliederung:	Die Region Champagne-Ardenne gliedert sich in die Départements Haute-Marne (Hauptstadt: Chaumont), Aube (Hauptstadt: Troyes), Marne (Hauptstadt: Châlons-sur-Marne), Ardennes (Hauptstadt: Charleville-Mézières).
Geologische Gestalt:	Champagne: Schichtstufenland des Pariser Beckens; Ardennen: Ausläufer des Rheinischen Schiefergebirges
Bodennutzung:	Getreide- und Gemüseanbau, Viehhaltung, Weinbau; in den Ardennen Forstwirtschaft und Schiefergewinnung
Agrarstruktur:	Extensive Feldwirtschaft in der *Champagne crayeuse;* Gemüse-, Obst- und Getreideanbau in der *Champagne humide;* Weinbau für Champagnerherstellung im Umland von Épernay und in der Montagne de Reims
Champagner:	Anbaugebiete sind Bar-sur-Aubois (bei Bar-sur-Aube), Bar Séquanais (bei Bar-sur-Seine), die Côte de Sézanne, die Côte des Blancs südlich Épernay, das Vallée de la Marne zwischen Épernay und Château-Thierry sowie die Montagne de Reims. Die Gesamtanbaufläche von 27 000 ha liegt verstreut auf rund 250 Ortsgemarkungen.
Industrie:	Textilmanufakturen bei Troyes (ein Viertel der französischen Wirkwaren-Produktion); Kunstfaser-Herstellung bei Sedan, Heimtextilien; Brauereien in Châlons-sur-Marne; Zuckerfabriken an Marne, Aube und Seine; Metallverarbeitung an der Maas zwischen Sedan und Givet; Autoreifen bei Troyes

13

an anschließenden Waldhöhen der Argonnen und dem breiten Gürtel der wenig fruchtbaren *Champagne crayeuse* (= kreidige Champagne). Letztere wird auch als *pouilleuse* (= lausig, schmutzig) bezeichnet. An ihrem Westrand erhebt sich zwischen Épernay und Reims mit dem Naturpark der Montagne de Reims jenes zwar nicht ausgedehnte, aber dennoch weltberühmte Gebiet, das man die »Wiege des Champagners« nennt.

Reisende, die es eilig haben und auf der Fahrt zwischen Ste-Menehould und Reims rund 80 km durch die wald- und siedlungsarmen Weiten der *Champagne crayeuse* zurücklegen müssen, schließen zu Unrecht von diesen monotonen Landschaften auf die ganze Region. Mit ihren tiefen Eichen- und Buchenwäldern, den naturschönen Talauen, der gehölzreichen Wiesen- und Obstbaumgegend des Bocage sowie den Seen bei Langres und im Forêt d'Orient oder dem Lac du Der-Chantecoq bietet die Champagne eine Fülle an abwechslungsreichen Ferienzielen.

Beim Croix de Scaille an der französisch-belgischen Grenze steigen die Ardennen auf 502 m Höhe an. Sie überragen somit beträchtlich die im Durchschnitt kaum 100 m hohen *côtes,* die die Plateaus des südlichen Vorlands eingrenzen. Unmittelbar nördlich von Charleville-Mézières stößt das Pariser Becken an den Rand des aus Schiefer und Grauwacke bestehenden Massivs, das geologisch bereits dem Rheinischen Schiefergebirge angehört. Das Hügelland der Thiérache bildet zwischen den Tälern von Oise und Serre nur eine schmale Übergangszone; an anderen Stellen sind die Kontraste weit schroffer. Die Maas fädelt sich in vielen Windungen durch den Gebirgsstock, nachdem sie die Nebenläufe der Chiers und der Semoy aufgenommen hat. Grandiose Felskulissen recken sich aus den Hangwäldern über beiden Flußufern hervor. In alten Sagen werden dunkle Geheimnisse an diese Zacken und Abgründe geknüpft, die wie Gegenbilder zur weithin offen und heiter wirkenden Champagne erscheinen. Mit einer Fläche von 5219 m^2 und knapp über 300 000 Einwohnern nehmen die französischen Ardennen etwa ein Fünftel der Gesamtregion ein, beherbergen jedoch nahezu ein Viertel der Bevölkerung.

Klima

Die westliche Champagne profitiert mit frostarmen Wintern und recht milden Sommern vom ausgeglichenen Binnenklima der Ile-de-France. Nach Osten hin machen sich die rauheren Winter Lothringens mit ihren oft langen Frostperioden und einem späten Frühling bemerkbar. Dazwischen sind jedoch dank der relativen Meeresferne und insbesondere durch die Beschaffenheit der Geländereliefs auch begünstigte Kleinklima anzutreffen. Im Windschatten zahlreicher Schichtstufen oder durch die Schutzfunktion von Talhängen werden mancherorts deutliche Abweichungen vom vorherrschenden subatlantischen Großklima hervorgerufen.

In den Ardennen sind die Einflüsse kalter, feuchter Westwinde mit reichlichen Niederschlägen (700 bis 950 mm pro Jahr) spürbar. Sie sorgen für einen angenehmen Ausgleich zu den oft trockenheißen Schönwetterperioden der Champagne im Sommer. Die mittleren Jahrestemperaturen (bezogen auf Reims) liegen bei 11 °C (Januar: 3 °C; Juli: 19,5 °C). Der mittlere Wert des jährlichen Niederschlags summiert sich auf etwa 44 mm pro Monat (Januar: 38 mm; Juli: 69 mm).

Sumpfohreule

Pflanzen und Tiere

Die wohl interessantesten – da urwüchsigsten – Biotope der Region können nicht besichtigt werden. Die Trockenrasen, Wildorchideen sowie die eiszeitliche Reliktflora von Suippes, Mourmelon, Moronvilliers und Mailly-le-Camp gedeihen hinter dem Stacheldraht von Truppenübungsplätzen. Andererseits blieb der Fortbestand solcher Naturenklaven inmitten ausgedehnter Agrargebiete gerade aufgrund der Zutrittsverbote bis heute

gesichert. So auch auf dem 280 ha großen ehemaligen NATO-Luftwaffenstützpunkt Marigny (12 km südöstlich Sézanne), der seit Mitte der sechziger Jahre nicht mehr genutzt wird und zum Naturpark umfunktioniert wurde. Zuvor hatte eine Studie des Umweltministeriums den außergewöhnlichen ökologischen Wert dieses Gebiets nachgewiesen, in dem über 100 Vogelarten ihre Brutreviere haben, darunter die andernorts fast ausgestorbenen Trappen und Sumpfeulen. Mit einer gleichfalls reichen Gräser-, Blumen- und Gebüschflora gilt das Gelände als charakteristischer Ausschnitt der seit Anfang des 20. Jh. nahezu vollständig verschwundenen champagnesken Urvegetation.

Die Feuchtgebiete an Wasserläufen und Seen bieten zahlreichen Pflanzen- und Tierarten Lebensraum; insbesondere der Lac du Der-Chantecoq ist als Nistplatz europäischer Wasservögel sowie als Rastplatz von Wildgänsen und Kranichen ein Reservat von enormer Bedeutung.

Außer den Wäldern der Ardennen und Argonnen, die Wildschweine, Hirsche und Niederwild beherbergen, gibt es noch mehrere große zusammenhängende Waldgebiete. Darunter gilt der 12 000 ha große Eichenwald von Der als eine Art mythisches Refugium: es heißt, seit keltischen Zeiten (als Druiden dort Naturkulte zelebrierten) sei er niemals abgeholzt worden, und deshalb enthalte sein Baumbestand

Im Weinberg

noch das Erbgut der mitteleuropäischen Ur-Urwälder.

Urwüchsige Dinge ganz anderer Art traten im Umkreis des riesigen Sumpfs von St-Gond zutage: Dort hatten jungsteinzeitliche Siedler offenbar von den reichen Jagdgründen gezehrt und zugleich die erste Kultivierung von Nutzpflanzen betrieben. Heute sind nach umfangreichen Trockenlegungen nur spärliche Sumpfreste übriggeblieben.

Wirtschaft

Das auch die Wirtschaft prägende enorme Übergewicht des Pariser Ballungsraums veranschaulicht ein simples Beispiel: Im Umkreis von rund 100 km um die Metropole hat es keine einzige Stadt auf mehr als 100 000 Einwohner bringen können. Reims als Marktzentrum des Champagners, das als Standort berühmter Kellereien gleichfalls stark aufstrebende Épernay, Châlons-sur-Marne als Hauptstadt des Marne-Départements wie auch Troyes mit seiner traditionellen Wirkwaren- bzw. Strumpfindustrie wären ohne den Einfluß der großmächtigen Pariser Wirtschaftskonzentration ökonomisch nur schwer zu definieren. Daran ändern auch die in den letzten Jahrzehnten etablierten Produktionsstätten der mechanischen, chemischen und elektrotechnischen Industrien an den urbanen Peripherien nichts.

Daß Reims neuerdings auf dem Dienstleistungssektor enorm an Bedeutung gewinnen konnte, muß hinsichtlich des gesamtregionalen Wirtschaftsgefüges auch kritisch beurteilt werden. Denn viele statistisch ausgewiesene Steigerungsraten, die auf einen kommunal bedeutsamen Aufschwung schließen lassen, erhalten aus anderer Perspektive negative Akzente: Was Reims nämlich nützt, geht nachweislich mit einer zunehmenden Schwächung der kleineren Zentren in der Umgebung einher.

Andererseits sind bäuerliche Idyllen auch in der Champagne recht selten geworden. Immerhin ist seit 1955 rund die Hälfte sämtlicher landwirtschaftlicher Erwerbsbetriebe in der Region aufgegeben worden. Die kleinen Höfe – die scheinbaren Idyllen also – traf es am härtesten. Dagegen behaupteten und vergrößerten sich Betriebe, die über Anbauflächen von mehr als 50 ha verfügen. Auf der Strecke blieb die Vielfalt an Lebensformen, Nutztieren sowie insbesondere an Kulturpflanzen. Monokulturen haben sich immer breiter gemacht.

Heute steht die Champagne an vorderer Stelle im französischen Getreideanbau. Eine ähnliche Bedeutung hatte sie schon im 19. Jh. als sogenannte »Weizenkammer«. Die charakteristische Fruchtfolge läßt sich nunmehr in ihrer Artenarmut praktisch überall beobachten: Getreide, Mais oder Raps und Zuckerrüben. Deshalb sind außer den Hunderten vielzylindriger Getreidesilos aus Beton (»Kathedralen der Landwirtschaft«) in der Region auch etliche Zuckerraffinerien zu finden. Grünlandwirtschaft, Milchproduktion und Nutzviehhaltung spielen unterdessen nur noch eine nachrangige Rolle. Während der siebziger Jahre ging der Rinderbestand sogar in den traditionellen Weidegebieten des Bocage stellenweise um die Hälfte zurück. Doch es finden sich auch Anzeichen einer erneuten Gegenbewegung.

Erscheinen die riesigen Getreide-, Raps- und Rübenkulturen der ebenen Champagne als landschaftsprägende Fruchtflächen, so werden zur Zeit in den Talgründen der feuchten Zone und im Ardennenraum wieder Anwesen zahlreicher, deren Eignern es um Ideale und Alternativen geht. Denn auch das zählt zum landläufigen Bauernerbe und zur gegenwärtigen Phase der Agrarwirtschaft: Außer vielen vom Stadtleben enttäuschten Aussteigern suchen jetzt auch ortsansässige jüngere Leute ihre Zukunft im biologischen Anbau. Natürlich stellen sie noch eine Minderheit dar, während ringsumher Tiefpflüge, voluminöse Erntemaschinen sowie ein nach wie vor verantwortungslos hoher Einsatz von Kunstdüngern die Erträge sichern sollen.

Ein traditionelles Produkt der Region, das weltweit einen herausragenden Ruf genießt, ist der Champagner. Die Hauptanbaugebiete dieses edlen Tropfens befinden sich in der Umgebung von Reims und Épernay.

Kunst und Kultur in der Champagne

Daten zur Geschichte

Meisterwerke der Gotik

Kunst und Literatur
zwischen Melancholie
und Euphorie

Champagneske
Gaumenfreuden

Die Place Ducale in Charleville-Mézières

Daten zur Geschichte

um 50 000 v. Chr.
Im südlichen Hügelvorland und in den Tälern der Ardennen durchstreifen altsteinzeitliche Jäger das Waldgebiet. Fundstellen dieser Periode liegen u. a. in den Gemarkungen von Dommery und Wasigny.

um 12 000 v. Chr.
Menschen der Kulturstufe des Magdalénien hinterlassen nahe Monthermé über 1600 Steinwerkzeuge sowie mehr als 6000 Schieferplättchen, von denen manche feine Ritzzeichnungen aufweisen (Anfänge der Vorzeitkunst).

um 4000 v. Chr.
Zwischen Seine und Oise werden aufwendige Megalith-Monumente (Dolmen und Menhire) errichtet. Am Nordrand der Gond-Sümpfe entstehen Hypogäen: Die tiefen Grabkammern, die leicht in den kreidigen Untergrund gehöhlt werden konnten, sind wahrscheinlich einmalig in Mitteleuropa.

um 1500 v. Chr.
Zur Bronzezeit entfaltet sich ein lebhafter Fernhandel zwischen der Bretagne, dem Rheinland und dem Donauraum. In der Champagne weisen zahllose Funde an Waffen, Geräten und Siedlungsresten darauf hin.

um 600 v. Chr.
Aus prähistorischen Stämmen formieren sich allmählich die keltischen Völker der Catalaunen, Lingonen, Remer und Trecasser. Sie gehören der mitteleuropäischen Kulturgemeinschaft des Latène an.

58–51 v. Chr.
Unter Julius Caesar erobern die Römer das keltische Gallien. Die heutige Region Champagne-Ardenne wird zum Teilgebiet der Provinz Gallia Belgica.

51 v. Chr.–451 n. Chr.
Während der Römerherrschaft floriert in der »Campania« der Handel. Die alten Verbindungswege werden ausgebaut und durch ein planmäßig angelegtes Netz neuer Überlandstraßen erweitert. Ein Thermalkurbad an den heißen Quellen des heutigen Bourbonne-les-Bains entwickelt sich zum frühesten Touristenziel der Region. Auf den sonnigen Hängen

	über der Marne werden die ersten Rebpflanzen kultiviert.
2./3. Jh.	Charismatische Kirchenmänner in Châlons, Langres, Reims und Troyes entfalten eine rege Missionstätigkeit, die weit übers ganze Land ausstrahlt. Gegen Ende der Römerzeit dringen von Norden und Osten brandschatzend die sogenannten Barbarenheere ein.
451	Unter dem Kommando ihres Feldherrn Aëtius schlagen die vorübergehend mit Westgoten, Franken und Burgundern vereinigten römischen Legionen auf den Katalaunischen Feldern (vermutlich westlich von Troyes) die von Attila, der »Geißel Gottes«, angeführten Hunnen zurück.
496/498	Der Merowinger Chlodwig, seit 482 König der salischen Franken, bezwingt die Alemannen und wird zum Herrscher über ein Reich zwischen Donau, Main und Atlantik. Der so gewalttätige wie politisch geschickt operierende Potentat tritt zum katholischen Glauben über und läßt sich 498 in Reims von Bischof Remigius taufen.
6. Jh.	Nach dem Sieg über die Alemannen ringt Chlodwig im Jahr 500 in mehreren Feldschlachten die Burgunder und 507 auch die Westgoten nieder. Dadurch dehnt er seinen Machtbereich nochmals erheblich aus. Vier Söhne sind es, die nach seinem Tod das Land untereinander aufteilen; jeder von ihnen darf nach salischem Recht den Königstitel »Rex Francorum« tragen.
7./8. Jh.	Bewegte Jahrzehnte mit weiteren Reichsteilungen, dynastischen Kämpfen sowie mehreren kurzfristigen Einigungsperioden unter Chlothar I. und Chlothar II. folgen. 629–39 ist Dagobert I. Gesamtkönig, doch auch unter seinen Nachfolgern hebt das Verwirrspiel der Teilungen erneut an.
	Zunehmend erhalten die Hausmeier neben ihren ursprünglichen Aufgaben als Vorsteher der königlichen Hofhaltung nun auch politische

Die Taube mit dem Ölkännchen

Chlodwigs Taufe

Außer im Schwertkampf suchten die merowingischen Herrscher ihre Pläne auch mit Dolch oder Gift bei Festbanketten, während des Beilagers in heimlichen Kemenaten oder gar auf den Stufen vor Altären durchzusetzen. Trotzdem sei Chlodwig I. nicht schlechterdings unterstellt, daß er sich Weihnachten 498 der christlichen Taufe etwa aus kaltem Kalkül oder gar schierer Ranküne unterzog. Lange zuvor hatte ihn seine burgundische Gemahlin zur Annahme der katholischen Konfession gedrängt, doch erst in der Schlacht gegen die Alemannen rang er sich endlich dazu durch. In äußerster Bedrängnis und einer Niederlage nahe, sprach er ein Gelübde aus und erkämpfte anschließend tatsächlich den Sieg.

Unverzüglich ließ daraufhin die Königin den bereits weitberühmten Bischof Remigius rufen, um Chlodwig vor dem Empfang des Sakraments das Evangelium darzulegen. Remigius tat dies dermaßen suggestiv, daß er den Täufling zu Emotionen gerührt haben soll. Denn als die Rede auf Christi Tod am Kreuz kam, sprang der König wütend auf und schrie: »Bei Gott! Wäre ich mit meinen Franken in Jerusalem gewesen, dann hätten wir's den Römern blutig heimgezahlt!«

Nach der Unterweisung wurde, wie Gregor von Tours anschaulich berichtete, der Festakt vorbereitet: »Die Straßen wurden mit bunten Decken behängt, die Kirchen mit weißen Tüchern geschmückt und die Taufhalle in Ordnung gebracht. Wohlgerüche verbreiteten sich, Duftkerzen schimmerten, und himmlische Aromen durchwölkten das Gotteshaus. Zuerst verlangte der König, vom Bischof getauft zu werden. Dann ging er zum Taufbade hin, um sich reinzuwaschen vom alten Aussatz und im frischen Wasser die schmutzigen Flecken der Vergangenheit abzuspülen.«

Als er aber zur Taufe hintrat, da sprach ihn der Heilige Gottes mit beredter Zunge also an: »Beuge dein Haupt, stolzer Sigambrer! Verbrenne nun, was du angebetet hast! Und bete jetzt an, was du früher verbrannt hast!« Darauf erfolgte die Salbung, und Augenzeugen wollten in dem selben Moment ein Engelswesen gesehen haben, das in Gestalt einer Taube herabschwebte und dem Remigius eine »Ampoule« mit geweihtem Öl überbrachte. Diese legendäre Szene ist auf dem Bogenfeld des linken Querschiffportals der Reimser Kathedrale abge-

bildet. Das Ereignis beeindruckte so sehr, daß jenes Ritual der Salbung (als Symbol des Königtums von Gottes Gnaden) später am selben Ort bei den Krönungsfeierlichkeiten der französischen Monarchen aufgegriffen und mit Pomp nachvollzogen wurde.

Der Historiker Ernst Kornemann brachte das legendäre Taufereignis bündig folgendermaßen auf den Punkt: »Chlodwigs bedeutendste Tat war der Übertritt zum katholischen Glauben, eine Tat, die ihn den arianischen ›Brüdern‹ in den anderen Germanenstaaten weit überlegen machen sollte. Dadurch wurde nämlich dem Frankenreiche der religiöse Zwist zwischen der germanischen und romanischen Bevölkerung erspart, aber auch gleichzeitig der übermächtige Einfluß der lateinischen Sprache erhalten. Man schuf so die Grundlage des mittelalterlichen Staates in Frankreich, in Deutschland und in Italien.«

Die Mitwirkung des Remigius (um 436–533) bei diesem epochalen Akt kann nicht hoch genug eingeschätzt werden. Dieser unermüdliche Heidenbekehrer gewann der Kirche riesigen Landbesitz hinzu, sogar Liegenschaften im fernen Rheinland. Darauf bezieht sich auch die Anekdote, derzufolge ihm Chlodwig soviel Gelände zu schenken versprochen haben soll, wie der Gottesmann während der Dauer eines königlichen Mittagsschläfchens zu Fuß umwandern könne. Und in der Tat erwarb der Bischof auf diese Weise einen umfangreichen Kirchensprengel – behauptet jedenfalls die Fama. Aber bis heute blieb die Frage offen, ob Remigius ein besonders guter Marathonläufer oder Chlodwig ein Langschläfer war. Vielleicht traf ja auch beides zu …

Macht. Als erster von ihnen darf Pippin der Mittlere behaupten, stärker als der König selbst zu sein. Und Pippins unehelicher Sohn Karl Martell begründet 732 durch den Sieg über die Araber bei Poitiers seinen Ruhm als »Retter des Abendlands«. Sein Sohn, Pippin der Kleine, greift dann selbst nach der Krone und wird als König auf den Schild gehoben.

In den Jahrhunderten der Merowingerherrschaft werden die ersten Klöster gegründet.

9./10. Jh. Karl der Große, Pippins Sohn, tritt 768 sein Erbe an. Als 843 dessen Enkel Ludwig der Deutsche, Karl der Kahle und Lothar I. durch den Vertrag von Verdun das gewaltige Reich dreiteilen, fällt die Champagne ans Westreich. Damit ist ihre Zugehörigkeit zur sich allmählich herausformenden französischen Nation endgültig festgelegt.

Allerdings gerät das Westreich unter laxen Herrschern wie Karl dem Dicken bald in den Zustand innerer Anarchie. Und auch nachdem 987 mit Hugo Capet die karolingische Dynastie von den französischen Kapetingern abgelöst wird, soll es noch ein rundes Jahrhundert dauern, ehe solidere Verhältnisse die politische Unsicherheit beseitigen.

11./12. Jh. In der Champagne erringt die Familie De Vermandois eine regionale Vormachtstellung. Einige ihrer Mitglieder erwerben sich Ruhm bei den Kreuzzügen. Um 1050 kontrolliert Thibaud I. bereits den größten Teil der ländlichen Region, und sein unehelicher Sohn Hugues († 1125) legt sich als erster den Titel eines Grafen von Champagne zu. Als loyale Gefolgsleute der Krone führen die Nachfahren außerdem die Ehrenbezeichnung Graf von Frankreich und vermeiden Konflikte mit der Monarchie. Thibaud II. († 1152) und seinem Bruder Heinrich dem Liberalen († 1181), der ebenfalls den Grafentitel führen darf, verdanken die Handelsmessen der Champagne ihre Prosperität. Aus ganz Europa strömen Kaufleute herbei.

Bernard de Clairvaux
Ein Mann gründet 70 Klöster

Als Sohn einer Familie des burgundischen Hochadels kam er um 1090 in Fontaines-lès-Dijon zur Welt und nannte sich folglich als junger Mann Bernard de Fontaine. Gegen Ende seines ereignisreichen Lebens (er starb am 20. August 1153) sprach er, ganz ohne Arglist und Zweideutigkeit, von sich selber mit Stolz als von der »Chimäre des Jahrhunderts«. Er war sich der Tatsache bewußt, daß sein Wirken das Abendland noch stärker und nachhaltiger verändert hatte als das der Päpste und Könige. Er machte von Beginn an eine klerikale Karriere: Gemeinsam mit 30 adligen Novizen trat er 1112 in das Zisterzienserkloster Cîteaux ein, von wo er bereits drei Jahre später, im Rang eines Abts, mit zwölf Mönchen im Gefolge ausgesandt wurde, um die Abtei Clairvaux an der Aube zu errichten. Den Dreijahresrhythmus behielt er auch bei, als 1118 die erste Tochtergründung, Trois-Fontaines bei Saint-Dizier, erfolgte. Unter Bernards charismatischer Führung wurden die Champagne und Burgund während der nun folgenden Jahrzehnte die Keimzellen und Kerngebiete der klösterlichen Kultur ganz Mitteleuropas. Insgesamt hat der unermüdliche Glaubensstreiter 70 Abteigründungen veranlaßt und vollziehen lassen; die Zahl der mittelbar durch seine Initiative entstandenen weiteren Glaubensstätten zwischen Nordsee und Mittelmeer läßt sich kaum abschätzen.

Als geistlicher und politischer Berater gewann Bernard de Clairvaux entscheidenden Einfluß auf König Louis VII. von Frankreich und wurde selbst von Kaiser Konrad als Ratgeber geschätzt. Auch Papst Eugen III., Bernards ehemaliger Schüler, räumte der redegewaltigen »Chimäre« nicht nur fast unbegrenzten Spielraum für das ebenso kostspielige wie später einträgliche Mammutwerk der Abteigründungen ein, sondern saß mehrmals persönlich in der ersten Reihe, wenn der mitreißende Prediger mit flammenden Worten die »weltlichen Heerscharen Christi« zur Teilnahme am zweiten Kreuzzug aufrief.

Trotz seines vielfältigen Engagements, das Bernard auch durch rege Reisetätigkeit unter Beweis stellte, vernachlässigte er nie die Verwaltung seiner Abteien und des von ihm geführten Ordens. Er verstand sich zum einen als Mönch und zum anderen als Ritter. Er war ein Glaubenskämpfer und genialer Organisator, ein politisch weitsichtiger Vordenker, ein begnadeter Rhetoriker und einer der bedeutendsten Mystiker des europäischen Mittelalters.

13.–15. Jh.	Umsichtig sorgen die Grafen der Champagne für einen weitreichenden Handelsfrieden. Doch bald läßt der König seine Steuereintreiber auf den champagnesken Märkten die Pfründe eintreiben. Und während im 14. Jh. der Hundertjährige Krieg tobt, gerät die Wirtschaft der Champagne in eine langwierige Rezession: die Bauerngüter veröden, die Tuchmacherei schreibt rote Zahlen, und von den einst florierenden Messen spricht niemand mehr.

1429 zieht Johanna von Orléans siegreich in Reims ein und läßt nicht Ruhe, bis Karl VII. nach dem altüberlieferten Ritual zum König von Frankreich gekrönt wird.

16. Jh. Im 16. Jh. entladen sich die ambivalenten Machtstrukturen erneut: Kriege mit Belagerungen und Brandschatzungen überziehen das Land. Es geht um Erbfolgen und religiöse Auseinandersetzungen. Das Massaker von Wassy löst 1562 weitere Pogrome aus. Blutige Kämpfe um das vermeintlich richtige Glaubensbekenntnis entbrennen, die erst 1598 durch das Edikt von Nantes einstweilen beigelegt werden.

17. Jh. 1642, zur Zeit von Louis XIII., verliert das Fürstentum Sedan die Eigenständigkeit und teilt seither die Geschicke der Champagne.

Zur selben Zeit geschieht Revolutionäres hinter verschwiegenen Klosterpforten: In der Abtei von Hautvillers entdeckt Dom Pérignon das Geheimnis des Schaumweins.

18. Jh. Napoléon Bonaparte erlernt in Brienne-le-Château das große Einmaleins der Gefechtskunst (1779–84). Fünf Jahre später wird die Revolution ausgerufen. Und als diese bereits ihre Kinder frißt, bringt 1791 in Varennes-en-Argonne ein Postangestellter den flüchtigen Monarchen Louis XVI. mitsamt seiner Familie ins Gefängnis. Ein knappes Jahr darauf (1792) – der Kriegsberichterstatter Goethe hat's beobachtet und niedergeschrieben – schlagen die Revolutionstruppen bei der Mühle von Valmy preußische Invasoren in die Flucht.

Die Kanonade von Valmy im September 1792

19. Jh.

Während des 19. Jh. entwickelt sich die Champagne ökonomisch sehr gut. Weinbau und Schaumweinherstellung expandieren. Die Textilmanufakturen blühen wieder auf, und an der Maas entsteht eine beachtliche Schwerindustrie.

Als Napoléon im Januar 1814, von Blüchers und Schwartzenbergs Truppen verfolgt, mit den traurigen Resten seiner einstigen Streitmacht nach Frankreich zurückkehrt, wird die Landschaft zwischen Seine und Oise zum Schauplatz entsetzlicher Gefechte.

Im Krieg von 1870/71 greifen die Deutschen vom Elsaß her an: Die Städte Rethel, Beaumont-en-Argonne, Mouzon und Bazeilles werden nach heftigen Kämpfen eingenommen, ehe die Festung Sedan von 690 Kanonen umzingelt und beschossen wird. Um weiteres Blutvergießen zu vermeiden, läßt Napoléon III. die weiße Fahne hissen; mit ihm ziehen wenig später 83 000 Kriegsgefangene nach Deutschland.

27

Reims nach dem verheerenden Bombardement im September 1914

1914–18

Erster Weltkrieg: Binnen weniger Tage überrennen deutsche Armeen von Belgien her die Forts und Stellungen an Frankreichs Nordgrenze. Longwy und Montmédy werden eingenommen, und am 30. August wird die Marne überschritten, bevor sich der französische Widerstand formieren kann. Am 5. September ist es soweit: General Joffre läßt zur großen Gegenoffensive zwischen Paris und Verdun ausholen; nach kurzer Zeit müssen sich die Deutschen bis hinter die Aisne zurückziehen. Nach dieser Schlacht an der Marne erstarren die Fronten im zermürbenden Stellungskrieg. Erst durch das Eingreifen US-amerikanischer Truppen naht seit dem 18. Juli 1918 die entscheidende Wende: Die Schlacht an der Somme zwingt die Deutschen zum Rückzug auf die sogenannte »Siegfriedlinie« (Arras – St-Quentin – Reims). Als am 11. November 1918 in Compiègne der Waffenstillstand beschlossen wird, liegen außer dem zu 80 Prozent zerstörten Reims unzählige weitere Ortschaften der Champagne in Trümmern.

1939–45 Zweiter Weltkrieg: Am 10. Mai 1940 dringt die deutsche Wehrmacht überfallartig in Luxemburg und Belgien ein; bereits vier Tage später stehen ihre ersten Verbände am Westufer der Maas. Mit einem weiträumigen Schwenkmanöver umgehen die Deutschen den 1929–32 angelegten Festungsgürtel der Maginotlinie. Am 14. Juni 1940 wird Paris kampflos besetzt, acht Tage später unterzeichnen die Kontrahenten im Wald vom Compiègne (am Ort der »Schmach«) den deutsch-französischen Waffenstillstand. Nach der alliierten Invasion an den Stränden der Normandie Anfang Juni 1944 wird die deutsche Wehrmacht Zug um Zug zurückgeworfen. Am 25. August zieht General de Gaulle triumphal ins befreite Paris ein, wo er am 9. September eine provisorische Regierung ins Amt ruft. Es beginnt die Periode der Vierten Republik (bis 1958). Am 7. Mai 1945 unterzeichnet General Jodl in Reims die bedingungslose Kapitulation Deutschlands.

1959 Charles de Gaulle wird Präsident der Fünften Republik.

1969 Ein von de Gaulle gewünschtes Referendum über Maßnahmen zur Regionalisierung scheitert im Parlament, woraufhin er als Präsident zurücktritt. Sein Nachfolger im Amt wird Georges Pompidou. De Gaulle zieht sich auf seinen Landsitz in Colombey-les-deux-Eglises zurück, wo er am 9. November 1970 stirbt und auf dem Dorfkirchhof beigesetzt wird.

1976 Die Montagne de Reims wird zum Naturpark erklärt.

1992 Bei den Feiern zum 200. Jahrestag der Kanonade von Valmy begegnen sich am 20. September 1992 die Nachkommen der Feinde von anno dazumal unter der rekonstruierten Windmühle auf dem höchsten Punkt des einstigen Schlachtfelds.

Architektur

Romanik und Gotik

Bereits vor der Jahrtausendwende war die Champagne ein Zentrum der Mönchskultur; für das Jahr 1000 sind immerhin 78 Abteien und Priorate bezeugt. Doch außer den Bauresten in Montier-en-Der und in Vignory blieben von den Klosterbauten der Romanik nur unbedeutende Reste übrig. Dagegen veranschaulicht eine Vielzahl ansehnlicher Pfarrkirchen die Verbreitung des Rundbogenstils zwischen Oise und Seine. Es sind zum Teil grandiose Monumente, aber so mächtige romanische Architekturen wie in den Städten in Belgien, an der lothringischen Mosel und in Burgund sind in der Champagne nicht zu finden. Regionaltypische Bauformen verkörpern mehrere romanische Portalvorhallen (*porche champenois*, etwa in Hermonville und St-Amand-sur-Fion). Ansonsten überwiegen schlichte Gotteshäuser, die oft anstelle rundbogiger Gewölbe eichene Flachdecken besitzen. Dieses generelle Manko wie auch das Fehlen einer insgesamt prägenden karolingischen Bautradition könnte als Erklärung dafür dienen, daß sich seit etwa 1140 der frühgotische Stil besonders rasch in der Champagne auszubreiten begann, vermutlich noch eher als in der benachbarten Ile-de-France.

Im Jahre 1115 zog Bernard im Rang eines Abtes vom Kloster Cî-teaux mit zwölf Getreuen los, um das Kloster Clairvaux zu errichten. Schon 1118 folgte dieser Abtei die Gründung von Trois-Fontaines als erstem von 69 weiteren Glaubenshorten, die noch zu Lebzeiten des heiligen Bernard entstanden (s. S. 25). Die von Clairvaux ausgehende Inspiration dürfte für den Kirchenbau zur Zeit der Gotik von großer Bedeutung gewesen sein. Insofern liegt es durchaus nahe, in der Person des heiligen Bernard den »spiritus rector« des gotischen Stilgedankens zu sehen. Als materielle Grundlage des Baubooms wird oft der Reichtum hervorgehoben, den die Kreuzritter Flanderns und der Champagne heimbrachten.

Architektonisch gab die technische Meisterung des Kreuzrippengewölbes den Ausschlag. Dieses Konstruktionsprinzip war schon in der Antike und hin und wieder bei romanischen Bauten angewendet worden, aber erst jetzt, Mitte des 12. Jh., setzte es sich auf breiter Basis durch. Meist wird als erste Großleistung der Gotik die 1144 geweihte Kirche St-Denis in Paris erwähnt, doch spricht manches dafür, daß der Chor von St-Remi in Reims, die Abteikirchen von Montier-en-Der und Mouzon sowie Notre-Dame-en-Vaux in Châlons zur selben Zeit errichtet wurden. In Clairvaux begannen die Bauarbeiten 1135, angespornt und beflügelt vom Glaubensgebäude, wie es Bernard propagierte. Die durch das gotische Bauschema ermöglichte Höhe der Innenräume, die Wandbreiten zwi-

Tympanon über dem Westportal der
Kathedrale in Reims

schen den Pfeilern und die darin
einfügbaren Fensteröffnungen ent-
sprachen der metaphysischen Dimension jener bernardinisch-zi-
sterziensischen Glaubensoffensive.
Übrigens auch im wörtlichen Sinn,
denn die französische Bezeichnung für den gotischen Stil lautet
architecture ogivale: Baukunst der
Verstärkung (im Hinblick auf die
Vermehrung der Stützen).

Baumeister wie Jean d'Orbais
sammelten Erfahrungen durch ex-
perimentelle Konstruktionen, wie
sie etwa noch an den Kirchen St-
Quiriace in Provins oder Notre-
Dame in Montier-en-Der zu sehen
sind. Nachwachsende Generationen von Architekten vervollkomm-
neten die Techniken und brachten
ihre Kenntnisse beim jahrzehnte-
langen Aufbau der großen Kathedralen und Abteikirchen zur An-
wendung. Nach ihrem Beispiel be-
reicherten andere Baumeister viele
Landgemeinden um ansehnliche
Gotteshäuser im gotischen Stil.
Während dieser vom 12. bis ins 16.
Jh. andauernden Epoche soll die
Champagne nach Auskunft etlicher
Zeitzeugen ein Land gewesen sein,
durch das »ohn' Unterlaß die Fuhr-
gespanne schwer von Mauerstein
zu steilen Baugerüsten« knarrten.

So wuchs die Kathedrale in
Reims von 1211 bis 1300 zum Vorbild und meisterhaften Höhepunkt
der französischen Gotik empor.
Darüber hinaus dokumentiert dieses Hauptwerk mit seinen Portalen
und Fassaden die gleichzeitige Ent-

wicklung der Bildhauerkunst. Die dort beschäftigten Steinmetzen übten mit ihren Arbeiten einen das ganze christliche Europa erfassenden Einfluß aus. Desgleichen stiegen die Schöpfer der farbigen Bildfenster zu beispielgebender Kunstfertigkeit auf; erfreulicherweise blieben in der ganzen Region viele kostbare Arbeiten aus jener Blütezeit durch die Jahrhunderte bewahrt, so in Reims, Troyes und Châlons.

Während die gotischen Kirchtürme schlank und spitz über den Hausdächern 'gen Himmel wiesen, mußten trotz ihrer Bestimmung als Glaubenssymbole allzu oft die Sturm-, Warn- und Feuerglocken geläutet werden. Selbst die im 15. Jh. als grandioses Meisterwerk der Spätgotik errichtete Notre-Dame de l'Épine diente schon bald nach ihrer Weihe den aus Hungersnöten und vor Marodeuren herbeigeflohenen Landbewohnern als letztes Obdach. Stärker noch als schriftliche Chroniken verdeutlichen außer den Festungsbauten die vielen Wehrkirchen im Porcien und der Thiérache, wie es um die Sicherheit der Menschen in den Dörfern bestellt war.

Renaissance, Barock, Klassizismus

Anders als in günstiger (und ferner vom Brennpunkt Paris) gelegenen Landstrichen Frankreichs hat die Stilepoche der Renaissance fast nur in Reims und Troyes einen nennenswerten Bestand an baulichen Monumenten hinterlassen. Freilich: In den Bildhauer- und Glasmalerwerkstätten der einigermaßen geschützten Städte entstanden beachtliche Kunstwerke, die auch weit außerhalb der Champagne den traditionell hervorragenden Ruf ihrer Ateliers bekräftigten.

Das 17. Jh. brachte bessere ökonomische Verhältnisse, nicht zuletzt dank der unter Jean-Baptiste Colberts Ägide aufkommenden Konjunktur der Textilmanufakturen. Ein frühindustrieller Aufbruch, der hoffen ließ. Aber hauptsächlich waren es die Adelssitze, die mit dem anmutigen Stilzierat des Barock und Rokoko bereichert wurden. Im Zeichen des Klasszismus erfuhren daraufhin die städtischen Ensembles eine Aus- und teilweise Umgestaltung mit repräsentativen Verwaltungsgebäuden und Patrizierpalästen. Charleville erhielt mit dem städtebaulichen Gesamtkunstwerk der Place Ducale einen Mittelpunkt von faszinierender Großzügigkeit. Langres, dessen historische Altstadt ohnehin einen bis zur Römerzeit zurückreichenden exemplarischen »Katalog der Stile« birgt, gewann gleichfalls ansehnliche Monumente hinzu.

Seit der zweiten Hälfte des 17. Jh. schien alles Künstlerische und kulturell Bedeutsame für die Region Champagne-Ardenne vom militärischen Apparat dominiert. Für den Sonnenkönig Louis XIV. legte dessen Festungsbaumeister Sébastien le Prestre de Vauban (1633–

1707) seine berühmten Stern-schanzen und Sperrforts an. Selbst die Kirchen wurden nach Plänen uniformierter Architekten erbaut (so St-Hilaire in Givet). Eine unvergleichliche Ausnahme entstand freilich mit St-Didier in Asfeld: ein »Gottesspielzeug« nach barocker Art über violinförmigem Grundriß.

Mit Verspätung kam damals auch die Renaissance verschiedentlich zum Vorschein. Gotischen Gotteshäusern wurden antikisierende Portale vorgeblendet, und mehrere kriegszerstörte Abteien erfuhren Anfang des 18. Jh. einen Wiederaufbau im »neu-alten« Stil (so Belval und Bonnefontaine). Mönchswesen und klösterliches Leben gelangten jedoch nach den Revolutionsjahren nie wieder zu nennenswerter Entfaltung.

Seit der ersten Hälfte des 18. Jh. begann sich der Wohlstand im Umkreis etlicher Zentren auch architektonisch zu manifestieren. Épernay ist für jene Periode das vielleicht anschaulichste Beispiel: Die Champagnerbarone sorgten seit etwa 1860 für den Bau zahlreicher Häuser, die als eine Art Mittelding zwischen Patrizierhaus und Stadtpalast zu betrachten sind.

Bodenständig: die Dorfarchitektur

Selbst ohne Kenntnis der geologischen Verhältnisse läßt sich der Wechsel der verschiedenen Landstriche ohne weiteres am Baumaterial und an den architektonischen Eigenarten der Häuser ablesen. Bruchsteinmauerwerk aus Schiefer sowie verputzte und mit hölzernen oder Schieferplatten an der Wetterseite verblendete Fassaden kennzeichnen die ardennischen Dörfer. Dabei täuscht das monotone Graublau solcher Siedlungen auf den ersten Blick darüber hinweg, daß die Dachdecker und Fassadengestalter der Vergangenheit oft viel Sorgfalt und Mühe auf ornamentale Details verwendet haben.

Öffentliche Gebäude, Kirchen, Schlösser und Gehöfte der kreidigen Champagne bestehen hingegen häufig aus einer charakteristischen Kombination von Backsteinmauern mit Eckverstärkungen und Öffnungseinfassungen aus weißlichen Kalksteinquadern. Stärker ins Gelbliche und Ockerfarbene geht das Baumaterial in der feuchten Champagne. Deren konstruktive Merkmale entsprechen vielfach dem aus der Nachbarregion bekannten Typus des sogenannten »lothringischen Einhauses«, das Wohnraum, Ställe und Scheune unter einem Dach vereint. Von manchen Straßen der Côtes-Massive aus sind noch die alten Steinbrüche zu erblicken, aus denen die wuchtigen Quaderblöcke gewonnen wurden, die sowohl beim Haus- und Gehöftbau als auch zur Errichtung der Kirchen, Schlösser und Mauerwehren benutzt wurden.

Fachwerkbauten sind in der gesamten Champagne weit verbreitet und tragen vor allem im Umkreis der Wälder von Der und Orient zum architektonischen Bild und zur dekorativen Verschönerung der Ortsansichten bei. Die ganz oder großteils aus Fachwerk errichteten Dorfkirchen des Der-Gebiets dürfen sogar als kunsthistorisch einzigartige Sonderform gelten. Anders als die weiter östlich vorherrschenden Konstruktionen des moselfränkischen und des alemannischen Fachwerks (etwa im Elsaß) wird die champagneske Grundform weniger durch wuchtige und querverstrebte Balkenquadrate mit großflächigen Zwischenräumen (»Spiegeln«) als vielmehr durch eng nebeneinandergestellte Ständerhölzer im Wechsel mit senkrecht gelängten Lehm-Putzfüllungen charakterisiert. Landschaftstypisch sind außerdem die häufig mit solchem Fachwerk kombinierten Überlattungen mit Holzschindeln sowie die meist flachgeneigten und mit roten Hohlziegeln eingedeckten Dächer.

Heimatkundlich Beflissene heben gern hervor, daß die dank des Reichtums an Eichenwäldern ausgeprägte Vorliebe fürs Fachwerk zum Erbe der keltischen Kultur zu rechnen sei. In der Tat lassen archäologische Untersuchungen keinen Zweifel daran, daß diese Bauweise schon entwickelt war, bevor die Römer Gallien eroberten.

Champagneskes Fachwerkbauernhaus in Giffaumont

Literatur, Musik und Bildende Kunst

Frühmittelalterliche Klosterkunst

Unter den merowingischen Franken entwickelte sich aus der Vermischung spätantiker und germanischer Stiltraditionen eine unverwechselbar merowingische Kunst, die insbesondere in der Herstellung von Schmuck, dem Weben von Bildteppichen und im literarisch-musikalischen Werk frühmittelalterlicher Barden ihren Niederschlag fand. Zahlreiche Museen in der Champagne bergen die charakteristischen Goldscheibenfibeln und Waffenteile (zum Beispiel mit Granatsteinen eingelegte Schwertknäufe) aus dieser Periode. Neben dem auf stilvolle Statussymbole erpichten Adel erteilte die Kirche den Künstlern Aufträge: Die Verkündigung der christlichen Lehre galt es durch Bilder zu unterstützen. Der Klerus förderte damit kreatives Schaffen und beflügelte es buchstäblich. Engel- und Adlermotive waren gleichsam die Renner. Das zur politischen Realität so seltsam im Widerspruch stehende Kunstschaffen der merowingischen Epoche befruchtete stilistisch einen von Toledo bis Byzanz und von Norwegen bis Äthiopien ausgedehnten Großraum.

Eindrucksvolle Steinmetzarbeiten aus der Merowingerzeit, an Sarkophagen in Isle-Aumont sowie in den Geschichtsmuseen von Reims und Épernay zu bewundern, lassen erkennen, daß es in diesem künstlerischen Metier durchaus bereits »Profis« gab. Allerdings reichten ihre Arbeiten in Stil und Qualität kaum an die Goldschmiedekunst derselben Phase heran, die durch viele Prachtexemplare überliefert ist.

Leider kann das bedeutende Kunstschaffen der Karolingerzeit auch hinsichtlich seiner vielleicht bemerkenswertesten Leistungen nur hier und da in streng gesicherten Vitrinen betrachtet werden. Die Buchmalerei, Elfenbeinschnitzerei, Email- und Goldschmiedekunst blühten insbesondere seit Anfang des 9. Jh. auf. Doch als die Klöster zerstört wurden, verbrannten ungezählte Kostbarkeiten, sie wurden entwendet oder sicherheitshalber in weit entfernte Abteien gebracht. Deshalb bedarf es heute einiger Mühe, das Œuvre der frommen Künstler aufzuspüren, die zur Blütezeit der Karolingischen Renaissance um 825 in den Scriptorien von Reims und Hautvillers Manuskripte kopierten und prächtige Miniaturen fertigten. Vor allem das gottesfürchtige Schaffen der außer Metz und Aachen zu den wichtigsten Zentren karolingischer Kunst zählenden Schule von Reims fand enormen Widerhall und Nachahmer bis hin nach England und an den Bodensee (Kloster Reichenau). Eines der kostbarsten erhaltenen Werke ist das Evangeliar von Épernay, das in der dortigen Bibliothek aufbewahrt wird.

Vom redenden Beiwerk der Seele

»Das sokratische Haupt mit der übermäßigen gebuckelten Stirne, unter den langgezogenen Brauen träumende und tierhaft begehrliche Augen. Gutmütige barsche Bewegungen, die selbst in Schwachheit und Elend des Adels nicht entbehren: Sie sind des Mannes, der in jeder Erhebung zittert und in jeder Sünde brennt.« Besser als Stefan George mit diesen knappen, anschaulichen Sätzen hat wohl niemand Paul Verlaine (1844–96) charakterisiert. Wehmut und Genußsucht, rauschhafte Liebe zum Leben, die Lust am Schmerz und eine Neigung zur Gewalttätigkeit waren die sinnlichen Extreme, zwischen denen Verlaine beständig hin- und hergerissen wurde. Als er 1871 in Paris Jean-Arthur Rimbaud kennenlernte, war er bereits ein bekannter Dichter.

Georges Lobpreis: »Nach seinen ersten Saturnischen Gedichten, wo der Jüngling in persischem und päpstlichem Prunke sich berauscht, aber noch gewohnte parnassische Klänge spielt, führt er uns in seinen eigenen Rokokogarten der galanten Feste, wo gepuderte Ritter und geschminkte Damen sich ergehen oder zu zierlichen Gitarren tanzen, wo stille Paare in Kähnen rudern und kleine Mädchen in versteckten Gängen lüstern zu den nackten Marmorgöttern aufblicken. Über dieses leichte lockende Frankreich aber haucht er eine nie empfundene Luft peinigender Innerlichkeit und leichenhafter Schwermut.«

Oder sollte man die Laufbahn des schon mit 18 Jahren als Alkoholiker beschimpften Versicherungsagenten und Verwaltungsangestellten zum gefeierten Autor der »Poèmes saturniens« weniger elegisch beschreiben? Er wirkte mit beim Aufstand der Kommunarden in Paris (1871), verlor dann seine Stellung, lernte Rimbaud kennen und wurde geschieden, nachdem er seine Frau zu erwürgen versucht hatte. Dann das homosexuelle Zusammenleben mit dem zehn Jahre jüngeren Dichterfreund Rimbaud, den er mit dem Messer am Bein verletzte und dem er 1873 mit dem Revolver in die Hand schoß. Hinzu kamen alkoholische Exzesse. Verlaine saß zwei Jahre im Gefängnis, trat danach zum katholischen Glauben über, trennte sich im Streit von Rimbaud, wollte die eigene Mutter erdrosseln. Doch unentwegt verfaßte er Gedichte, die Stéphane Mallarmé, Anatole France und Victor Hugo als lyrische Jahrhundertwerke rühmten. Den Körper des Dichters plagten derweil Schlaganfälle und die Syphilis. Trotzdem folgten weitere Affären mit jungen Künstlern und Prostituierten. Die letzten Lebensjahre brachte Verlaine bettelarm zu; zwei elende Jahre lag er zu Bett, und während er allmählich starb, schrieb er sein allerletztes Gedicht: »Der Tod«.

»Coin de Table« von Henri Fantu-Latour
(1872; links im Bild Verlaine und Rimbaud)

Heute führt die gut ausgeschilderte Ferienstraße *Route Rimbaud-Verlaine* von Rethel bis Givet. Urlaubsfahrten auf tragischer Fährte? Doch was zählt und bleiben wird, ist vor allem anderen das literarische Werk, vor dem selbst Thomas Mann erschrak: »Las gestern mit Erschütterung Gedichte von Verlaine, ›Frauen und Männer‹, die der Verleger Steegmann geschickt. Ungeheuere Unzucht. Gedanken darüber.« Stefan George spürte anderes heraus: »Was aber ein ganzes Dichtergeschlecht am meisten ergriffen hat, das sind die Lieder ohne Worte – Strophen des wehen und frohen Lebens… Hier hörten wir zum erstenmal frei von allem redenden Beiwerk unsre Seele von heute pochen, wußten, daß es keines Kothurns und keiner Maske mehr bedürfe, und daß die einfache Flöte genüge, um den Menschen das Tiefste zu verraten.«

> *Wir müssen – siehst du – uns versöhnlich einen,*
> *So können wir noch beide glücklich werden.*
> *Und trifft auch manches Unglück uns auf Erden,*
> *Sind wir doch immer – nicht wahr – zwei, die weinen.*
>
> (Verlaine an Rimbaud)

Höfische Dichtung

Weltlicheren und gleichwohl mystischen Themen war Chrétien de Troyes verpflichtet, der trotz seiner klerikalen Ausbildung nach 1165 im Dienst der Gräfin Marie de Champagne heidnische Stoffe literarisch ausarbeitete: die Versepen des Artuskreises von Lanzelot und Parzival. Und auch auf Thibaud IV. gehen literaturgeschichtlich bedeutende Werke zurück. Dieser Graf von Champagne erwarb sich als Minnesänger durch mehrere *chansons de geste* einen Namen. Damit betätigte er sich erfolgreich auf einem musischen Terrain, das bereits durch seinen Großvater, Heinrich den Liberalen, aufs beste bestellt worden war. Frauenlob und Minnedienst hielten damals Einzug in den Adelshöfen; den Troubadours jener Zeit galt der Champagnergraf sogar, wie Guiot de Provins formulierte, als »*li plus larges hom du mont*«, als freigebigster Mann der Welt. Nach seinem Tod tat sich Marie de Champagne, die Witwe, als Mäzenin hervor, in deren Auftrag Chrétien de Troyes (um 1135–1183) seine berühmt gewordenen Epen verfaßte.

18. und 19. Jahrhundert

Einige der weltgewandten Querdenker im Frankreich des 18. und 19. Jh. stammen aus der Champagne, so der große Enzyklopäde Denis Diderot (1713–84) und

Arthur Rimbaud (1854–91; s. S. 76 f.). Leider fehlen bis heute Untersuchungen darüber, inwieweit die Erkenntnisse des Philosophen aus Langres die turbulent-tollkühnen Verse des Dichterjünglings aus Charleville-Mézières beeinflußten. Beider harsche Zivilisationskritik und ihre argwöhnische Betrachtung einer Zeit, die kunsthistorisch vor allem wegen der Entstehung gewaltiger Festungsbauten bemerkenswert scheint, rufen ins Gedächtnis, daß es damals nicht nur Soldaten und Potentaten gab. Arthur Rimbaud pflegte eine Zeitlang einen sehr engen Kontakt mit dem Dichter Paul Verlaine (1844–96), deren Spuren Besucher der Champagne heute auf einer eigens ausgewiesenen Touristenstraße folgen können (s. S. 222).

Fin de Siècle und 20. Jahrhundert

Dekadenz, Belle Epoque, Fin de Siècle: Drei nahezu synonyme Begriffe umschreiben den kulturgeschichtlichen Rahmen der Zeit nach dem Deutsch-Französischen Krieg. Dichtung, Malerei und Musik suchten und fanden zu neuen Horizonten, und partiell wurde in den letzten Jahrzehnten vor der Jahrhundertwende auch die Champagne von jenem wechselvoll zwischen Melancholie und Euphorie schwankenden Lebensgefühl berührt, das in und um Paris vibrierte. Die Champagnerfirmen waren mehr und mehr als Lieferanten für den »Stoff zum Taumel« gefragt – ein »Halleluja aus Perlen« nannten ihn die Literaten. Gewiß klangen die Echos der ebenso impulsiven wie nervösen Bohème aus Paris eher gedämpft in die ländliche Region herüber, doch andererseits bot die Provinz nicht wenigen Künstlern der Metropole einen Nährboden, der anregte und auch konkret als Motiv diente. Dabei sei an Pierre Auguste Renoir erinnert, der an der Ource bei Essoyes Landschaftsbilder malte. Auch wer die Plakatkunst jener Jahrzehnte betrachtet oder in Pariser Traditionsbistros auf Wanddekor aus Fayencekacheln trifft und darauf beschwingte Nymphen mit Champagnerglas und -flasche erblickt, wird nicht selten als Hintergrund eine reblandschaftliche Staffage sehen, die vom Ufer der Marne stammt. Zugleich lassen solche Arbeiten klar erkennen, welch großer – und künstlerisch umgesetzter – Erfolg den geschickten Werbefeldzügen der ersten Champagnerbarone beschieden war. Es wurde sogar von der Belle Epoque als dem »Champagner-Zeitalter« gesprochen.

Die gleichen Motive finden sich vielerorts auch in der Region um Reims und Épernay, wo damals aus den Erlösen des Schaumweingeschäfts so manches Palais und so mancher Landsitz neu errichtet und mit beschwingtem Zierat ausgestattet wurde. In Reims ließ sich die Witwe Pommery einen schloßartigen Sitz im britischen Tudorstil

erbauen. Das Haus Castellane präsentiert sich dagegen mit einer pseudotoskanischen Architektur, deren »sienesischer Turm« noch heute einen Blickfang in Épernay darstellt.

Damals wie heute sind die Übergänge zwischen Produktwerbung, Kunst und Gastronomie subtil. Aber sind denn die Werke von Toulouse-Lautrec weniger wert, nur weil sich auf dem einen oder anderen Gemälde bzw. Kunstplakat das Signet einer Champagnerkellerei in Form eines Flaschenetiketts »verewigt« findet? Recht übersichtlich und sozusagen en miniature kann diesem Thema im Haus Perrier nachgespürt werden, das ein Musée de la Belle Epoque eröffnet hat (s. S. 149).

Champagneske Gaumenfreuden

Die Karriere des Champagners

Nüchtern betrachtet ist der Champagner ein nach strengen Regeln in komplizierten Verfahren hergestelltes Getränk, das sich sowohl durch hohe Produktionskosten als auch durch entsprechend bemessene Verkaufspreise auszeichnet. Die eigentliche Karriere des Champagners begann, nachdem Dom Pérignon, einst »Bruder Kellermeister« der Abtei Hautvillers, gegen

Ende des 17. Jh. das Geheimnis der *Cuvée* und somit der idealen Mischung von Rebsäften aus verschiedenen Lagen zur geschmacklich optimalen Harmonisierung (bei nachfolgender Flaschengärung) herausgefunden hatte. Hinzu kam, daß es Leute vom Schlag eines Claude Moët, eines Charles-Henri Heidsieck und eines Eugène Mercier verstanden, als geniale Marketing-Strategen aufzutreten, bevor das Wort Marketing überhaupt in Mode kam.

Jährlich nehmen Hunderttausende an den von den meisten führenden und auch manchen kleineren Firmen angebotenen Kellereibesichtigungen teil. Wer sich in eine Besuchergruppe einreiht, wird von

den jeweiligen Begleitpersonen nicht nur über den Entstehungsprozeß des Champagners informiert, sondern stets auch Anekdoten aus der Firmengeschichte hören und dabei erfahren, daß die moderne Produkt- und Imagewerbung – neben Information und Unterhaltung längst wichtigster Stoff der Massenmedien – von jenen findigen Champagnerbaronen begründet wurde. Keine Eisenbahnlinie Frankreichs, kaum ein Schiff oder neues Automodell und wohl auch keine Flugmaschine wurden seit dieser Zeit eingeweiht oder der Öffentlichkeit vorgestellt, ohne daß zum Feiern und Begießen des Ereignisses Champagner bereitgestanden hätte. Taufakte, Eheschließungen, Jubiläen und politische Kontrakte: Ohne Champagner verliefen derartige Höhepunkte kaum würdig oder standesgemäß.

Wie in Frankreich üblich, begann die Karriere in den obersten Gesellschaftskreisen, deren Sitten die Bessergestellten nachahmten, während die ärmeren Schichten dem Luxus allenfalls nachträumen konnten. Als erste waren es Hofschranzen zu Versailles, die sich an dem Schaumwein delektierten, während ihr Sonnenkönig Louis XIV. seine Steuereintreiber durch die Provinzen schickte. Als der Monarch gestorben war, trauerte ihm kaum jemand nach: »Der König ist tot – es lebe der König!« hieß es, und dazu knallten die Korken.

Die Provinzpotentaten, die in ganz Europa dem Versailler Hof

Champagner-Werbung von 1905

nacheiferten, ließen nicht nur ihre Prunkschlösser nach dem großen Vorbild errichten, sondern übernahmen auch allzu bereitwillig die Lust auf Champagner. Charles-Henri Heidsieck ritt nach Moskau, um mit dem Zaren höchstpersönlich einen Liefervertrag abzuschließen. Claude Moët ging kürzere Wege und erreichte sein gewinnträchtiges Ziel, als er Madame de Pompadour dazu bewog, bei ihren berühmt-berüchtigten Empfängen Champagner kredenzen zu lassen. Natürlich wurde ihr diese Bereitschaft galanterweise mit einem diskret übermittelten Privatdeputat honoriert.

24 Ochsen und 18 Pferde ließ Eugène Mercier als Zugtiere vor das in zwanzigjähriger Küferarbeit fertiggestellte Mammutfaß mit einem Fassungsvermögen von 215 000 Flaschen einspannen: Der spektakuläre Transport ging von Épernay nach Paris, wo der Unternehmer auf den Weltausstellungen von 1889 und 1890 brillierte. Auch der Aufstieg eines Fesselballons und die Vorführung des weltersten Dokumentarfilms sorgten für riesiges Aufsehen. Der Film hieß »Von der Traube bis ins Glas – das Leben einer Flasche Champagne Mercier« und brachte selbstverständlich die erwartete Steigerung der Verkaufszahlen. Aber auf solche Zuwächse brauchte Mercier damals wohl kaum noch zu achten, schwelgte doch *tout Paris* und bald auch *tout le monde* von Sankt Petersburg bis New York im Champagnerrausch.

Ganz zu schweigen von den Etablissements jeglicher Couleur, den Salons und Varietés der Belle Epoque.

Und heute? Von den Dutzenden bekannter und Hunderten kleinerer Firmen erwirtschaften 13 Großkellereien die Hälfte des gesamten Champagner-Umsatzes der Region. Durch internationale Vernetzungen und Holdings sowie durch den Erwerb namhafter Produktlinien aus der Spirituosen-, Parfümerie- und Modebranche operieren sie nach Art von Großkonzernen. Dank einer wirkungsvollen Imagepflege und ausgefeilter Vermarktungsstrategien sind aus den einstigen Familienbetrieben inzwischen finanzstarke Wirtschaftsimperien geworden.

Die Formel für diese Karriere könnte lauten: »Champagner gehört zum Erfolg.« Oder eben umgekehrt: »Ohne Champagner kein Erfolg.« Und dies alles dank Dom Pérignon, der im klösterlichen Weinkeller die Voraussetzung für den weltlichen Erfolg des Edelgetränks schuf.

Weinanbau und Champagnerherstellung

Während Winzer ihren Wein gewöhnlich selbst anbauen und ihren Leseertrag im Ursprungsbetrieb oder in einer Genossenschaft keltern und vergären lassen, ist der Champagner ein Produkt vieler »Väter«. Der benötigte Rebensaft wird üblicherweise aus der Weinlese mehrerer Dörfer zusammengekauft; oft sind es auch verschiedene Jahrgänge, die miteinander zur *cuvée* verschnitten (gemischt) werden. Die einzelnen Handelshäuser wickeln diesen qualitätsentscheidenden Vorgang ebenso ab wie den nachfolgenden Ausbau, die spezielle Behandlung *(méthode champénoise)*, die Abfüllung, Kontingentierung und letztlich die Vermarktung des Schaumweins.

Ein gesetzlich fundamentiertes Regelwerk schreibt sämtliche Produktionsschritte vor und bestimmt sogar den Erlös, der den Winzern je nach Wachstumslage (Ortsgemarkung) und pro Traubenkilo zusteht. Professionelle Verkoster entscheiden aufgrund der mit Zunge und Gaumen erschmeckten Aromanuancen über die marktwirtschaftlich relevanten Merkmale. Nicht wenige solcher Spezialisten beherrschen, hinsichtlich der Geschmackskriterien ein Repertoire von rund 800 Lagen. Dabei handelt es sich keineswegs um Scharlatanerie: Ihr Feingefühl und Können läßt sich jederzeit überprüfen. Denn jede Champagnermarke verfügt über ihr unverwechselbares Bouquet, ihr Flair und ihre Eigenart.

Dennoch handelt es sich bei der Champagner-Genese um eine kapriziöse Wissenschaft, in der sich Ästhetik, Biologie und Chemie verbinden. Und dazu gehört auch die buchstäblich grundlegende *belemnita quadrata*: jene landestypische Kreideschicht, aus der sich die Rebstöcke nähren. Eine dünne Lehmdecke über der Kreide reguliert durch Feuchtigkeitsaufnahme und Wärmespeicherung die bodennahen Kleinklimate; die Rebstöcke werden absichtlich durch Beschneiden und Biegen niedrig gehalten, damit sie von diesen Effekten optimal profitieren. Der Kreideboden liefert den Pflanzen aber auch jene spezifischen Mineralstoffe, die beim Endprodukt Champagner als charakteristisches Bouquet die menschlichen Geschmacksorgane stimulieren.

Auf der gesetzlich als »Anbaugebiet Champagne« festgelegten Gesamtfläche von über 33 000 ha (davon zur Zeit ca. 27 000 ha bepflanzt) werden ausschließlich drei Rebsorten kultiviert: Pinot Noir (rassig, kräftig), Pinot Meunier (frisch, spritzig, jung) und Chardonnay (elegant und fein). Die zur Verarbeitung bestimmte Traubenmenge wird jährlich vom Erzeugerverband CIVC (Comité Interprofessionnel du Vin de Champagne) und dem INAO (Institut National des Appellations d'Origines) festgelegt. Bei dieser Kontingentierung spielt die vom Wetter der Wachstumsmonate abhängige Ertragslage eine wichtige Rolle. Grundsätzlich darf jedoch der Wert von 13 000 kg Trauben je Hektar nicht überschritten werden. Für das gesamte Anbaugebiet Champagne errechnet sich aus solchen Zahlen eine durchschnittliche Jahresproduktion zwischen 160 und 220 Mio. Flaschen.

Der Kellermeister kontrolliert die
Gärung des Weins

Nach der herbstlichen Trauben-
lese erfolgt das Keltern in drei men-
genmäßig reglementierten Pressun-
gen; etwaige Mostüberschüsse dürfen dabei nicht zu Champagner
verarbeitet, sondern müssen zu Alkohol destilliert werden. Die Trauben aus verschiedenen Lagen sind
separat zu keltern, und auch die
Moste der erstgekelterten *cuvée*

vergären – je nach Herkunft – ge-
trennt. Vermengt werden sie erst
nach den Verkostungen, wenn die
Kellermeister ihre ersten Assemblagen vornehmen. Daraufhin erfolgt
in Holzfassern oder stählernen
Großtanks die ein- bis zweiwöchi-
ge Gärung unter konstant über-
wachten Temperaturen zwischen
18 und 20 °C. Hochwertige Hefe-
kulturen wirken bei diesem Prozeß
entscheidend mit, ehe dann durch
die systematische Zugabe von
Milchfermenten der erforderliche
Säureabbau eingeleitet wird, um

weiche und ausgeglichene Weine zu erzielen.

Nach Abschluß der Faß- bzw. Tankgärung und einer Temperatursenkung auf 10 °C ist die Zeit für die endgültigen Assemblagen der verschiedenen *cuvées* gekommen: Nun haben die hochspezialisierten Verkoster sozusagen alle Verantwortung auf der Zunge; Genießer nennen dies die »Vermählung« des Schaumweins. Ist sie nach einer Vielzahl von Proben vollzogen, werden dosiert Rohrzucker und Hefe beigefügt und der Wein in Flaschen abgefüllt, die jetzt zunächst für sechs bis acht Wochen horizontal lagern müssen.

Während dieser zweiten Gärung in der Flasche sorgen die Hefestoffe für die Umwandlung von Zucker in Alkohol und Kohlensäure. Und weil dies unter Druck im Flascheninneren geschieht, verbinden sich Wein und Kohlensäure optimal, so daß später der ausgeschenkte Champagner erheblich feiner und länger moussiert als gewöhnlicher Sekt, dem die Kohlensäure künstlich, also durch Einpressung von außen, zugeführt wurde. Die Phase der horizontalen Lagerung und der Schaumbildung bei einer konstanten Kellertemperatur von 11/12 °C ist für die Qualität des Weins entscheidend. Nicht minder wichtig ist die nach Abschluß der Gärung fortdauernde Lagerungsfrist: Standard-Cuvées benötigen mindestens zwei Jahre, Jahrgangschampagner drei bis fünf und Sonder-Cuvées mehr als fünf Jahre.

Der Abschluß der Gärung kündigt sich dadurch an, daß sich die Hefe allmählich erschöpft und schließlich abstirbt. Dies ist an der Belagbildung an der Flascheninnenwand zu erkennen. Um den auch als »Depot« bezeichneten Rückstand zu entfernen, werden die Flaschen für ca. sechs Wochen mit dem Hals nach unten in Rüttelpulte gesteckt. Während dieser Frist müssen sie täglich bei einer Vierteldrehung kurz und kräftig gerüttelt werden. In etlichen Kellereien gibt es dafür zwar Spezialmaschinen, doch überwiegend wird dieser Vorgang noch immer von Hand durchgeführt. Der professionelle Rüttler bewältigt bis zu 30 000 Flaschen pro Tag. Es handelt sich dabei übrigens nicht etwa um eine Hilfsarbeit, sondern um einen Lehrberuf mit vier Jahren Ausbildungszeit.

Im Laufe des mehrwöchigen Rüttelns löst sich der Belag allmählich von der Flaschenwand und sinkt nach unten, wo er sich vor der Flaschenöffnung als Depot ansammelt. Dieses wird zum Degorgieren kurz in ein Gefrierbad (–28 °C) gehalten und springt dann beim Öffnen als Eispfropfen heraus. Der dadurch bewirkte Mengenverlust wird durch Auffüllen mit Dosagelikör ausgeglichen, womit zugleich die Geschmacksrichtung festgelegt wird: *brut* (herb), *demi-sec* (halbtrocken) und *sec* (trocken). Abschließend werden der Korken eingeführt, die ihn sichernde Drahtgaraffe sowie die weitere Ausstattung,

Halsmanschette und Etikett, angebracht. Dann erfolgt die Endlagerung, bis der Champanger die Kellerei verlassen darf.

Ratafia und roter Truthahn – Kulinarische Spezialitäten

So peinlich genau das Reglement der Schaumweinherstellung beachtet wird, so unklar ist es gelegentlich um die Kennzeichnung anderer Landprodukte bestellt. In der Tat läßt sich zum Beispiel kaum entscheiden, ob der Briekäse ein Erzeugnis der Champagne ist oder nicht. Denn die Gegend um Meaux, ca. 50 km östlich von Paris, aus der dieser »Käse der Könige« stammt, gehört zwar nicht zur Region Champagne-Ardenne, wird jedoch seit alters her *Brie champénoise* genannt. Nähme man des weiteren Victor Hugo beim Wort und seine Behauptung ernst, daß »die Brie unter den Türmen von Notre-Dame de Paris beginnt«, dann müßten die herkömmlichen Landschaftseinteilungen überdacht und womöglich geändert werden. Kurzum: Was verwaltungspolitisch festgelegt wurde, muß nicht unbedingt für kulinarische Herkunftsbezeichnungen gelten. Und deshalb darf wohl der würzige Brie von Meaux, Melun oder Coulommiers einstweilen als *Fromage de Champagne* gelten. Notfalls ließe sich zur weiteren Erhärtung noch das historische Argument bemühen,

demzufolge Champagne, Brie und Navarra einst als Grafschaft unter Thibaud IV. (vor 1250) zusammengehörten. Außerdem sei daran erinnert, daß Briekäse wahrhaftig zum Politikum wurde, als Herzog Charles Maurice de Talleyrand im Herbst 1814 nicht nur mit Aktenstapeln zum Wiener Kongreß fuhr, sondern zum Ergötzen der dort versammelten Staatsmänner auch eine Kutschenladung Brie mitnahm. Es ging um die Festlegung der Grenzen im nachnapoleonischen Europa, und außer Fürst von Metternich, dem Vorsitzenden, rühmten etliche Teilnehmer der Gipfelrunde, Talleyrand habe »die Sache seines Landes mit großem Geschick vertreten«. Ergo: Warum gleich bestechen, wenn's auch mit einem Stückchen Käse geht?

Dasselbe dachte sicher auch jener Fuchs, der einem Raben wegen dessen »lieblichen Gesangs« dermaßen schmeichelte, daß dieser sogleich ein Lied probierte und dabei den Käse aus seinem Schnabel fallen ließ und an den listigen Reineke verlor. Die bekannte Fabel aus der Feder La Fontaines findet sich heute als Motiv auf touristischen Hinweisschildern bei Château-Thierry, dem Heimatort des Dichters. Zugleich wird damit Bezug genommen auf eine weitere Käsespezialität, denn lukullische Verehrer des Chaource schwören Stein und Bein, daß nur der feine Duft dieses Käses einen notorischen Fleischfresser wie den Fuchs hätte schwachmachen können.

Mag sein, daß die Liebhaber des Cendré d'Argonne, des Carré de l'Est, des Chaumont, des Bourmont oder des Trappistenkäses aus Igny eine solche Unterstellung barsch zurückweisen. Ganz zu schweigen von weiteren Legenden, wie sie sich auch um den Caprice des Dieux ranken, jenen Käse, der selbst den gestrengen Keltengöttern einen Seitensprung wert gewesen sein soll.

Bekanntlich haben dieselben Götter Galliens vor den Käsegenuß die Gänge einer kompletten Mahlzeit gesetzt, die landesüblich am besten mit einem Ratafia als Aperitif beginnen sollte. Wie der Fine de Marne und Marc de Champagne ist Ratafia eine aus Champagnerwein entwickelte edelsüße Köstlichkeit; ein begeisterter Verkoster fand dafür die Metapher »flüssiger Bernstein auf der Zunge«. Anschließend folgt das eigentliche Menü. Anstelle einer detaillierten Beschreibung sei darauf verwiesen, daß von einer typischen Küche der Champagne kaum die Rede sein kann. Vielmehr gibt es eine große Zahl regionaler Eigenheiten zwischen dem Plateau von Langres und den Ardennen, so daß passionierte Feinschmecker sozusagen immer wieder Neues entdecken können. Übrigens spielt der Champagner nicht nur die Hauptrolle als »Essensbegleiter im Glase«, sondern gehört auch in den Fond mancher Bratgerichte wie Nieren oder Huhn in Champagner. Die *Poularde au Champagne*, die Andouilletten von Troyes,

die weißen Würste aus Rethel *(boudin blanc)*, panierte Schweinshaxen à la Ste-Menehould, der Kochschinken nach Reimser Art und erst recht der berühmte Ardennerschinken können in etwa als kulinarisch-topographische Leitmotive gelten. Dazu die vielen verschiedenen Fischgerichte, wie der Barsch in Wein aus Coiffy, roter Truthahn *(dinde rouge)*, Wildgeflügel oder gebratenes Wildbret: Bevor zum Abschluß das Käsetableau an den Schlemmertisch gerollt wird, haben Genießer mehrfach die Qual der Wahl bezüglich der Speisenfolge und müssen überdies auf das Fassungsvermögen ihres Magens Rücksicht nehmen. Dieses individuelle Problem spitzt sich mitunter nach dem Käse nochmals zu, denn die Champagne-Ardenne ist nicht zuletzt auch ein Schlaraffenland der Süßigkeiten. Eine *Galette ardennaise*, die *Bisquits roses de Reims*, die *Bouchons de Champagne* und der lockere Mollet-Topfkuchen bringen sich als Naschversuchungen oft unwiderstehlich zur Geltung. Da wird dann schließlich nichts übrig beiben, als zum krönenden Abschluß wiederum jenes himmlische Tröpfchen, einen Ratafia, »draufzusetzen«.

Die Champagne-Ardenne erweist sich ihrem Ruf als Region der kulinarischen Wonnen auch in statistischer Hinsicht gewachsen: An Zahl und Güte können ihre Spitzenrestaurants durchaus mit dem lukullischen Mekka der nahen Ile-de-France Schritt halten.

Unterwegs in der Champagne

»Jetzt hatte ich die Marne vor mir, ihr
träger, fast feierlicher Lauf spiegelte
die letzten Reste einer aufgelösten
Wolke wider. In weiten blauen
Schleifen zog sie zwischen blühenden
Wiesen und kleinen Erlengruppen
dahin, um hinter einem steilen
Ufervorsprung nach Norden zu
entschwinden.«

Friedrich Sieburg, 1950

Ardennen und Argonnen

Schlachtfelder, Schlösser und Heiligtümer bei Sedan

Orte und Sagenstätten beiderseits der Maas

Festungsstädte und Wehrkirchen zwischen Maas und Aisne

Über die Haute Chevauchée nach Verdun und Ste-Menehould

Im Tal der Semoy

Ardennen und Nordchampagne wurden durch viele Schlachten an Maas und Marne als Kriegsschauplätze weltbekannt. Deren tragischer Ruhm überschattet eine erstaunliche Vielfalt an Naturräumen, urwüchsigen Dörfern und historischen Bauten, die hier noch zu entdecken sind. Wenig befahrene Landstraßen führen zum keltischen Kultplatz auf dem Mont St-Walfroy und zur Abbaye de Sept-Fontaines, durch die Hügel der Thiérache und des Porcien sowie an die stillen Ufer der Aisne.

Sedan

Die Geschichte der Stadt Sedan, unweit der lothringischen Grenze im Nordosten der Champagne gelegen, erscheint nicht allein durch die Entscheidungsschlacht von 1870 fatal mit Deutschland verknüpft, sondern auch durch weit frühere Ereignisse geradezu verwandtschaftlich mit dem Rheinland verbunden.

Ein rundes Jahrtausend ist jetzt vergangen, seit Kaiser Otto III. am 6. April 997 ein Hofgut und ein Viertel des Kirchenbesitzes von »Villa Sedensi« urkundlich der Abtei Mouzon zuerkannte. Sprachforscher wollen in der Silbe »sed« den »Sitz« eines frühgeschichtlichen Keltenstamms erkennen. In der Tat wurden dort, wo über dem rechten Ufer der Maas (frz.: Meuse) die Ausläufer der Ardennen an den Rand des Pariser Beckens grenzen, gallo-römische Funde gehoben: höchstwahrscheinlich Relikte einer Siedlung mit Namen Tauriciacum (= Ort der Stiere).

Sedan wurde erst nach 1424 bedeutend, als es in den Besitz des Eberhard von der Marck kam, der aus Arenberg am Rhein (bei Ahrweiler) stammte. Er und seine Erben ließen um das im Vertrag von 997 erwähnte (und heute wieder freigelegte) Gotteshaus auf dem Talhang gewaltige Festungsmauern errichten.

Damals wurde, um Mauersteine zu brechen und zugleich ein Hindernis für Angreifer zu schaffen, der natürliche Felsvorsprung durch einen fast 50 m tiefen Graben vom Hinterland abgetrennt. 60 000 m^3 Steinmaterial aus dieser künstlich angelegten Schlucht türmen sich seither bis zu 30 m Breite und sieben Stockwerke hoch zwischen den Wehrfronten und Bastionen der mit 35 000 m^2 größten Festungsanlage jener Epoche auf europäischem Boden. 1521 erwies sie sich als äußerst wirkungsvoll:

Ein Belagerungsheer von 35 000 Mann unter Charles V. konnte nichts gegen sie ausrichten. Durch die eheliche Verbindung einer Nachfahrin Eberhards mit Henri de la Tour d'Auvergne gelangte Sedan in den Besitz seines Geschlechts. Der gleichfalls auf den Namen Henri getaufte Sohn dieses Paars kam in der Burg zur Welt und brachte es später als Marschall Turenne (1611–75) in niederländischen und französischen Diensten zu militärischen Ehren. Durch seinen Sieg über die Spanier bei Dünkirchen (1658) wurde der Pyrenäenfrieden möglich, und durch die von ihm befehligte Verwüstung der Pfalz fügte er den kaiserlich-habsburgischen Truppen eine folgenreiche Schlappe zu.

Die französische Niederlage im September 1870 wird zwar in der Regel mit der Schlacht von Sedan begründet, entschied sich jedoch im benachbarten Bazeilles (s. S. 52 f.). Fataler – da viel waffenstärker – schlug 44 Jahre später die Gewalt des Ersten Weltkriegs zu. Und im Zweiten, 1940 und dann 1944, sanken Sedan und die umliegenden Dörfer unter Bombenwürfen und Artilleriefeuer wiederum in Schutt und Asche.

Sedan 1 Festung und Museum 2 Haus der Dicken Hunde 3 Teppichweberei-Ausstellung 4 Botanischer Garten 5 Altstadtviertel 6 Office de Tourisme 7 Bahnhof

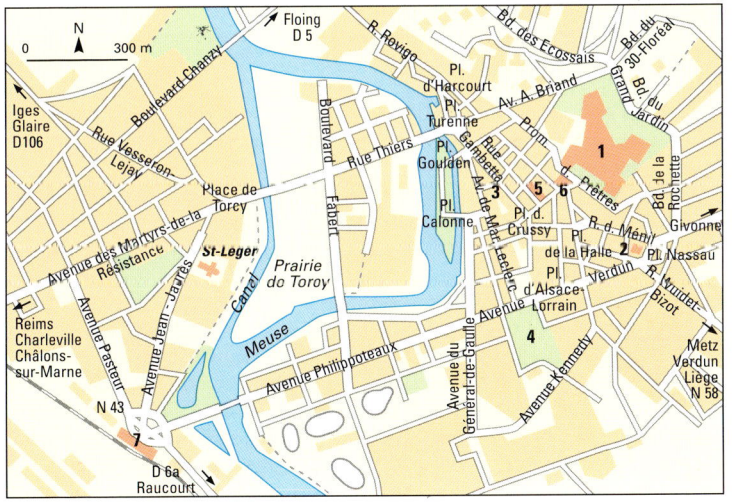

Schlachtfeld-Besichtigung
Heldenmut bis zum letzten Schluck

Östlich von Sedan und nördlich von Bazeilles gewährt der Hügel von Rapaille einen guten Blick über die Talebene. Dorthin war am Morgen des 31. August 1870 der französische Marschall Mac-Mahon geritten, um sich einen Eindruck vom gegnerischen Aufmarsch zu verschaffen. Da explodierten plötzlich zwei Artilleriegeschosse neben ihm. Mit einer Verletzung am Bein mußte Mac-Mahon das Feld räumen und war mithin als Befehlshaber der Entscheidungsschlacht ausgeschieden. Ein Kreuz auf dem Hügel zwischen Balan und La Moncelle erinnert an den folgenschweren Treffer und sein hochrangiges Opfer. Stunden später kam es unten in Bazeilles zu jener dramatischen Auseinandersetzung, als der mit 63 Soldaten im letzten Haus des Ortes (Maison Bourgerie) verschanzte Commandant Lambert von bayerischen Truppen attackiert wurde. Von 10 bis 15 Uhr wehrten sich die Franzosen verzweifelt; schließlich besaßen sie nur noch elf Gewehrpatronen, nach deren Abfeuern die weiße Fahne gehißt werden mußte. Die Überlebenden räumten geordnet das »Haus der Letzten Patrone« und begaben sich in die Gefangenschaft. Zum Zeichen seiner Hochachtung für die soldatische Leistung ließ später der Prinz von Preußen dem Commandant Lambert den eigenen »Ehrendegen« überreichen. Ungefähr zur selben Zeit hielt Wilhelm I. von einer Anhöhe bei Frénois mit dem Fernrohr Ausschau und sah, wie erbittert die Franzosen beiderseits der alten Römerstraße Widerstand leisteten. »Ah, diese tapferen Leute!« rief er aus, und deshalb wurde später an derselben Stelle das *Monument des Braves Gens* aufgestellt.

Auch nach der Kapitulation vom 2. September 1870 gingen nördlich von Sedan die Kämpfe sehr heftig weiter; Mézières und Revin konnten erst Anfang Januar 1871 eingenommen werden. Auch an diese Kriegsperiode erinnern zahlreiche Denkmäler rechts der Maas. Der hart umkämpfte Kalvarienberg von Illy, die Statue des Generals Margueritte in Floing, das *Croix Margueritte* und nahebei das *Mémorial Allemand* markieren im Umkreis mehrerer Soldatenfriedhöfe auf dem Plateau von Illy die einstigen Gefechtsschwerpunkte. Freilich ist bei näherem Hinschauen sogleich zu entdecken, daß die Ruhestätten nur zum geringeren Teil die Gefallenen von 1870 bergen; weit zahlreicher waren die Opfer der beiden Weltkriege auf demselben Boden.

Gleich hinter Sedans Stadtgrenze an der Autobahn in Richtung Charleville-Mézières sieht man links zwischen alten Bäumen das Schloß Bellevue: Dort unterzeichnete Napoléon III. am 2. September 1870 die Kapitulationsurkunde und traf dann mit Wilhelm I. zur letzten Aussprache zusammen. Kriegsberichte – aus zeitlich genügendem Abstand gelesen – können die einst von Politikern und Militärs beschworenen »ewigen Werte« von Pflichterfüllung und Soldatenehre ohne weiteres als Farcen entlarven. So auch die Notizen eines Dr. Matthes, der als Leibarzt des Großherzogs von Weimar 1870 dabei war:

»Heute besuchte Seine Majestät das Schlachtfeld. Ein tüchtiger Gewitterregen hatte während der Nacht den Staub niedergeschlagen und die Atmosphäre gereinigt. Die Landschaft ist prachtvoll, freundliche Dörfer und Städte, scharf konturierte Waldberge und im grünen Tal die vielgewundene Maas, der Grenzstrom zwischen Frankreich und Belgien. Doch durfte man sich nicht zu lange dem Genuß der lieblichen Gegend hingeben. Überall lagen Blessierte unverbunden, obgleich Ärzte und Krankenträger sehr tätig gewesen waren. Manche lagen ganz versteckt; so führte mich General von Treskow nach einer Waldwiese, auf welcher ein paar hundert Soldaten in Reih und Glied gelagert waren, unterm Kopf den Tornister und den Körper mit dem Mantel zugedeckt, den manche wegen des Regens und der nächtlichen Kühle sich über das Gesicht gezogen hatten. Entfernte man ihn, so blickte man oft in ein stilles Leichenantlitz. Wohl der dritte Teil der so Daliegenden war hinübergeschlummert, und vielen sah man an, daß sie bald folgen würden. Ein Unteroffizier von den Sechsundsechzigern, ein schön gebauter, junger Mann, hatte einen Streifschuß im Genick. Neben ihm stand ein Blechgefäß mit Wasser, auf seiner Brust lag ein aufgeschlagenes Neues Testament. Da er so gelähmt war, daß er weder den Kopf noch die Arme bewegen konnte, war er nicht imstande, Gebrauch von den Liebesgaben zu machen. Er konnte nicht mehr schlucken, als ich ihm das Wasser reichte. ›Ich bin bis an den Hals abgestorben, mein Körper ist ganz kalt‹, sprach er ruhig und hatte, als ich nach einer Weile an ihm vorüberkam, ausgelitten, ohne zu klagen, das weit offene Auge nach dem Himmel gewandt. Immer fragt man sich wieder: Sind das dieselben Leute, welche sich in der Heimat oft so kleinlich, rücksichtslos egoistisch und brutal zeigen, die hier, gehorsam ihren Vorgesetzten, die schwersten Anstrengungen, die schmerzhaftesten Verwundungen mutig und geduldig ertragen? Die hier heldenhaft für Fürst und Vaterland in den Tod gehen und sterbend ihre Seele Gott anvertrauen?«

Die **Festung Sedan,** 1961 als militärisches Objekt aufgegeben, ist heute ein Musterschaustück der Kriegsarchitektur und ein Museum, in dem sich das historische Schicksal der Stadt und des Landstrichs nachvollziehen und überdenken läßt. Von den prähistorischen Funden bis zu den modernen – wenngleich waffentechnisch längst überholten – Kampfwerkzeugen sind höchst interessante Objekte zu sehen. Sogar ausgesprochen friedfertige Kunstwerke können angeschaut werden, obgleich das gemalte Schlachtpanorama von 1870 und eine dazugehörige Galerie dramatischer Kriegsbilder wohl am fesselndsten wirken (Besichtigung der Festung und des darin untergebrachten Geschichtsmuseums vom 15. März bis 15. Sept. tägl. 10–18 Uhr, 16. Sept. bis 14. März tägl. 13.30–17.30 Uhr oder nach Vereinbarung unter ✆ 03 24 27 73 75).

In der Stadt Sedan spiegeln überdies das **Haus der Dicken Hunde** von 1688, einst Sitz der königlichen Tuchmanufaktur, und die **Teppichweberei-Ausstellung** am Boulevard Gambetta jenes noch heute am Ort ausgeübte Gewerbe, das seinerzeit von Calvinisten, die hier Zuflucht gefunden hatten, eingeführt wurde und derzeit dank klugen Marketings noch bzw. wieder rentabel ist. Dazu gehört auch die Filzherstellung, etwa in der Fabrik Sommer in Sedan-Glaire, deren Produkte (Teppichböden) sogar über den europäischen Binnenmarkt hinaus gut abgesetzt werden. Auch die traditionelle Eisen-Schwerindustrie (Röhrenwerke Usinor), die Zulieferbetriebe für den Kraftfahrzeugbau, Produktionsstätten der elektronischen Branche (Bildprojektoren) und chemischer Spezialerzeugnisse (Parfümerie) tragen als ökonomische Grundlagen zum Weiterbestehen des kleinen Industriezentrums in und um Sedan wesentlich bei.

Information: Place du Château, 08200, ✆ 03 24 27 73 73, Fax 03 24 29 03 28. In und um Sedan werden auch touristische Pauschalprogramme angeboten (z. B. Schlemmerwochenenden, Fotosafaris); Einzelheiten darüber sind beim Office de Tourisme zu erfragen.

Hotels: **L'Univers, 6–8, Place de la Gare, ✆ 03 24 27 04 35. **Le Strasbourg, 3, Place Goulden, ✆ 03 24 29 14 12. *Le Bellevue, 56, Avenue Philippoteaux, ✆ 03 24 27 03 96. Le Luxembourg, 4, Rue Thiers, ✆ 03 24 27 08 52.

Camping: ***Camping de Sedan (130 Stellplätze), Prairie de Torcy, ✆ 03 24 27 13 05.

Restaurants: **Au Bon Vieux Temps, 1–3, Place de la Halle, ✆ 03 24 29 03 70. Au Chariot d'Or, 20, Place de Torcy, ✆ 03 24 27 04 87. Pierre Mouric, 5, Place de la Gare, ✆ 03 24 27 18 71.

Bahnverbindung: Mit Paris über Charleville-Mézières; Direktverbindung mit Verdun und von dort über Metz nach Luxemburg, Trier und Saarbrücken.

Busverbindung: Mit Verdun (80 km) und Charleville-Mézières.

Hausboote: In Pont-à-Bar (8 km westlich von Sedan) können Kajütboote mit vier bis neun Schlafplätzen gemietet werden, die nach kurzer Einweisung ohne Bootsführerschein gefahren werden dürfen. Routen: auf der Maas bis Lüttich (hin und zurück ca. eine Woche); auf dem Ardennenkanal bis Reims (ca. zehn Tage bei Rückfahrt über den Canal de l'Est). Agentur: Ardennes Nautisme, 16, Rue du Château, ☎ 03 24 27 05 15, Fax 03 24 29 15 22.

Unterhaltung: Fête du Lac (Seefest) jährlich am 13./14. Juli.

Schlachtfelder, Schlösser und Heiligtümer südlich von Sedan

Im Tal der Chiers

Wer kriegsgeschichtliche Spuren sucht, kann in **Bazeilles** in der Maison de la Dernière Cartouche (Haus der Letzten Patrone) Erinnerungen an den Waffengang von 1870 finden (1. April bis 30 Sept. tägl. außer Fr 8–12 und 13.30–19 Uhr, 1. Okt. bis 31. März tägl. 9–12 und 14–17 Uhr). Als lebhafter und ansehnlicher Kontrast dazu steht nahebei das Schloß von Bazeilles, das um 1750 im Stil des Rokoko errichtet wurde.

Entweder auf der Schnellstraße oder auf Landsträßchen parallel zur Maas geht es weiter nach **Mouzon**, wo es vor allem für Kunstfreunde eine überraschende Entdeckung zu machen gibt. Er-

hebt sich doch hier das höchst stilvolle Hauptwerk der gotischen Architektur des gesamten Raums an der mittleren Maas. Es ist die ehemalige Abteikirche Notre-Dame de Mouzon (11.–13. Jh.), die an einer schon zur Römerzeit wichtigen Stelle des Flußübergangs an der Straße Reims–Trier errichtet wurde. Zwar sind infolge mehrerer Beschießungen und Feuersbrünste vom antiken Mosomagus keine baulichen Reste übriggeblieben, doch in der Umgebung (so nahe Carignan) finden sich etliche Ruinenstätten einstiger Römervillen. Im 5. Jh. spielten sich dramatische Szenen in Mouzon ab, als die nachmals heiliggesprochenen Geschwister Viktor und Susanne ihr Martyrium erlitten: Der römische Präfekt hatte Susanne vergewaltigen wollen, doch mit Hilfe ihres Bruders entging sie seinen Nachstellungen. Daraufhin rief jener zur Christenverfolgung auf, ließ Susanne blenden, nachdem er sie gezwungen hatte, als letztes der Enthauptung Viktors zuzusehen. Reliquien und Statuen der beiden Unglückseligen sind in der Kirche geborgen.

Späterhin gedieh Mouzon zu einem Brennpunkt des frühmittelalterlichen Christentums. Chlodwig schenkte nach seiner Taufe den Ort und das Pays de Mouzon dem Erzbistum Reims. Remigius und seine Amtsnachfolger wandten der Gemeinde viel Aufmerksamkeit und Geldmittel zu, so daß sie bald (nach Reims) zur zweitwichtigsten Stadt der gesamten Erzdiözese auf-

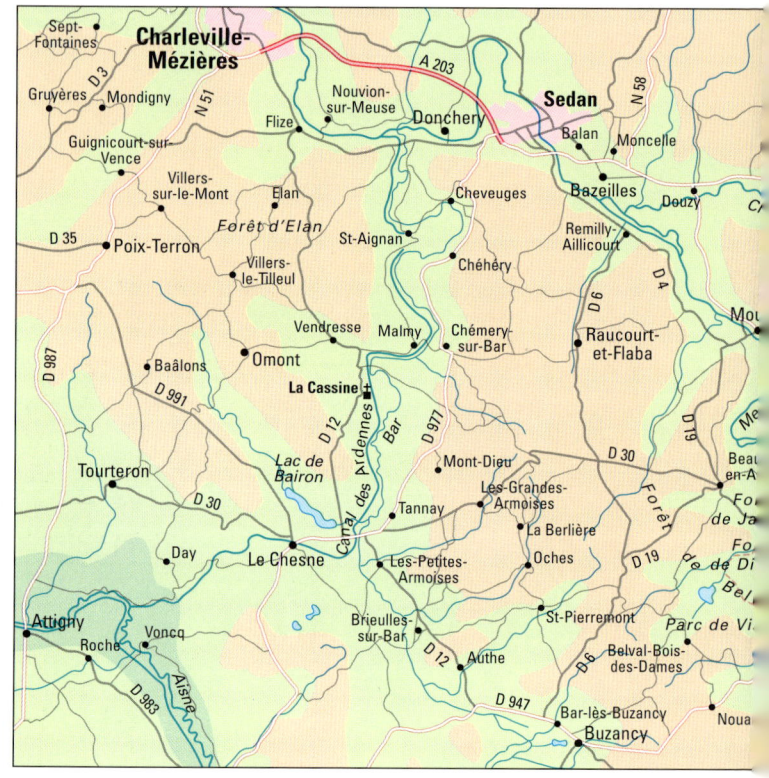

Im Süden von Sedan

◁ An der Maas bei Sedan

stieg. Schon für das 6. Jh. sind mehrere Kirchen der Ecclesia Mosomagensis bezeugt, die im Schnittpunkt bzw. an den Grenzen der Bistümer Reims, Trier und Lüttich lag und auch als Mittlerin zwischen den politischen Interessen des französischen und deutschen Reichs in späteren Jahrhunderten wichtig blieb. Diese geographische Vorzugsstellung hatte unmittelbar zur Folge, daß sich im Lauf der Jahrhunderte berühmte Persönlichkeiten zu Mouzon einfanden: 1119 handelten in der Abtei Papst Calixt III. und Kaiser Heinrich V. die Bedingungen zur Beilegung des Investiturstreits aus, 1131 kam Papst Innozenz II. zu Besuch, indes 1148 Papst Eu-

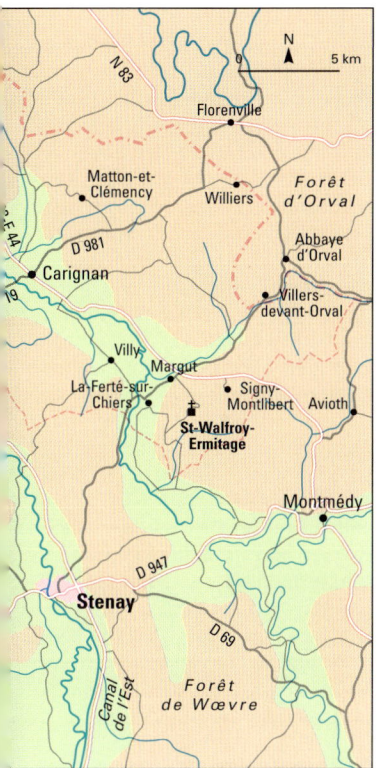

rungen durch Normannen (882) und Magyaren (889). Somit ist die Ende des 11. Jh. begonnene und 1231 geweihte Kirche gleichsam ein architektonisches Konzentrat von stellvertretender Aussagekraft. Freilich ein gewaltiger Zeuge mit mustergültig reinen Formen der Frühgotik, an denen sich die Entwicklung des Stils vortrefflich beobachten läßt. Dies betrifft desgleichen den figürlichen Schmuck am Bogenfeld des Hauptportals, während die skurrilen Wasserspeier der Türme (14./15. Jh.) einer späteren Stilperiode zugehören.

Überreste weltlicher Art sind in einem Hofgebäude des ansonsten unzugänglichen Abteikomplexes (heute ein Altenheim) zu betrachten: Dort präsentiert der Musée du Feutre Fertigungsgeräte und Erzeugnisse aus der letzten noch betriebenen Filzfabrik ganz Frankreichs (April/Okt. Sa und So sowie Mai/Sept. tägl. 14–18 Uhr, Juni tägl. 15–19 Uhr, Juli/Aug. tägl. 10–12 und 15–19 Uhr).

Von der mächtigen Stadtwehr, wie sie ein Stich von 1650 zeigt, blieb lediglich das Burgunder Tor (15. Jh.) stehen. Heute dient es als Museum der Ortsgeschichte und Archäologie. (Musée de la Porte de Bourgogne, 15. Mai bis 15. Sept. tägl. 15–18 Uhr).

Carignan ist 7 km nordöstlich von Mouzon im Tal des Flusses Chiers gelegen. Das antike Epossium war ein legendärer Marktort, an dem die Kelten vom Volk der Treverer den benachbarten Stäm-

gen III. einer Kreuzzugspredigt Bernards de Clairvaux vor den Edelleuten der Ardennen beiwohnte. Und 1164 fand Thomas Becket, Erzbischof von Canterbury, Unterschlupf bei den Mouzoner Mönchen.

Eingedenk dieser Geschichte wundert es nicht, daß in dem kaum 3000 Einwohner zählenden Ort ein so großes Gotteshaus steht. Von älteren Bauten umher blieb nichts übrig; zu schlimm waren Zerstö-

men und auch den römischen Legionen ihre Zuchtpferde verkauften. Von Carignans Ortsgeschichte zeugen nur spärliche Reste einer ehedem starken Mauerwehr, die das seit dem 11. Jh. Yvois genannte Unterzentrum im 17. Jh. erhalten hatte. Die Pfarrkirche birgt nach Zerstörung im Zweiten Weltkrieg (1940) und Wiederaufbau gleichfalls kaum noch Überbleibsel des 16./17. Jh., so daß es nun einiger Phantasie bedarf, sich auszumalen, wie es dort in geschichtlichen Zeiten wohl aussah, als Carignan dermaßen wichtig war, daß sich wechselnde Herrschaften – Luxemburger, Burgunder, Habsburger, Spanier und Franzosen – um seinen Besitz heftig stritten, bis es von Louis XIV. zum Herzogtum (!) erhoben und sodann 1662 den Herren von Savoyen-Carignano übereignet wurde.

Archäologen stießen bei Ausgrabungen zwischen Carignan und dem nördlich gelegenen Ort Matton-et-Clémency auf umfangreiche Reste einer Villa urbana und der gallorömischen Siedlung. Knapp 10 km weiter östlich, exakt auf der Grenze zu Belgien, blieben in einem Waldtal bei **Williers** noch ansehnliche Mauerreste einer antiken Straßenstation erhalten. Unmittelbar daneben führt ein Landgasthof offensichtlich die 2000jährige Tradition der damaligen Taverne fort. Ein geschichtsträchtiges Gebiet also, das mangels touristischer Erschließung noch viel Raum für Entdeckungen im Ländlichen bietet.

Die waldreiche Region an der Chiers bewahrt außer Siedlungsspuren der Antike auch solch bemerkenswerte Sehenswürdigkeiten wie die nach 1926 wiedererstandene **Abbaye d'Orval** (3 km hinter der belgischen Grenze) sowie auf lothringischem Boden die gotische Liebfrauenbasilika von **Avioth**, die »Kathedrale im Bauerndorf«. In **Montmédy**, ebenfalls in Lothringen, ist eine komplett erhaltene Vauban-Festung zu besichtigen. Das merkwürdigste Monument der Region stellt die 350 m hoch auf aussichtsreichem Hügel bei dem Dorf Margut und dem Weiler Signy-Montlibert gelegene **St-Walfroy-Ermitage** dar (s. S. 61 f.). Nicht selten sind im Umkreis auch betonierte und stahlkuppelbewehrte Kampfstände des Maginot-Verteidigungssystems zu erblicken, so das Maginot-Fort von **Villy-la-Ferté** (Juli/Aug. tägl. außer Mo sowie von Palmsonntag bis Allerheiligen So und feiertags 14–16.30 Uhr).

Information in Mouzon: Place de l'Hôtel de Ville, 08210, ☎ 03 24 26 10 63, Fax 03 24 26 27 73.

Hotels/Restaurants in Mouzon: *Le Cheval Blanc, Faubourg Ste-Geneviève, ☎ 03 24 26 10 45. **... in Carignan:** *Le Grand Cerf, 1, Place de la Fontaine, ☎ 03 24 22 00 80, Fax 03 24 22 07 77 (mit Restaurant) **... in Bazeilles:** Château de Bazeilles (luxuriöses Schloßhotel), ☎ 03 24 27 09 68, Fax 03 24 27 64 20 (Restaurant l'Orangerie, ☎ 03 24 27 52 11). **Auberge du Port, Route de Remilly, ☎ 03 24 27 13 89. Fax 03 24 29 35 48 (mit Restaurant).

Vom Haß eines Säulenheiligen auf die Keltengöttin

Über das Leben und Wirken des heiligen Walfroy wurden bereits in frühchristlicher Zeit wunderliche Dinge berichtet. Johann Georg Zimmermann, ein leider fast vergessener Verfechter der deutschen Aufklärung, hat 1785 in seinem umfangreichen Werk »Über die Einsamkeit«, die morgenländischen Impulse nachgezeichnet, die nach dem Zeugnis spätantiker Chronisten bis in die Ardennen drangen: »Tiefe Melancholie und geistlicher Wahnwitz bevölkerten die Einöden Ägyptens oder entstanden dort unter heiligem Harm und gegen sich selbst spitzfindig ausgedachten Qualen.« Und zum Exempel zitiert Zimmermann alsdann die Sitte der »frömmelnden Hochsteherei« und hebt mit Erleichterung hervor, daß sie »keinen Fortgang hatte, denn die Bischöfe ließen die Säule niederreißen, auf der ein lombardischer Mönch namens Vulfilaik im Jahre 591, in der Gegend von Trier, diese mystische Übung versuchte. Es mag auch sein, daß Vulfilaik selbst seinen Kopf dabei nicht sehr erleuchtet fand, denn in dieser an sich schon viel kälteren Gegend stand dieser Märtyrer der Mystik mitten im Winter barfuß auf seiner Säule.«

Keine Frage: Vulfilaik und Walfroy waren ein und dieselbe Person (das Bistum Trier reichte bis an die Chiers). Die örtliche Überlieferung will freilich wissen, daß die Säule des Heiligen noch bis 1940 neben den Resten seiner Eremitage aufrecht gestanden habe und erst bei den Kämpfen um Villy-la-Ferté umgestürzt worden sei. Heute ist an derselben Stelle ein 1959 fertiggestelltes Gotteshaus alljährlich im Oktober, am St. Walfriedstag, Ziel einer Wallfahrt. Und wenn die Schar der Frommen bergan steigt, kommt sie an Kreuzwegstationen vorüber, deren Nischen zum Teil aus merowingischen Sarkophagen bestehen.

Vulfilaik/Walfroy hatte sich die Hügelkuppe keineswegs von ungefähr als Schauplatz seiner asketischen Übungen erwählt. Als er die Säule aufstellen ließ – wahrscheinlich bereits 565 –, hieß die Anhöhe noch Mons Arduinna und war der gleichnamigen Wild- und Waldgöttin der Kelten geweiht. Die Römer hatten Arduinna mit Diana gleichgesetzt, so daß unter ihrer Statue auf dem Hügel noch bei Vulfilaiks Ankunft die uralten Rituale gefahrlos praktiziert werden durften. Dagegen gedachte nun der fromme Mann sein eigenes hartes Beispiel zu setzen: Er stand, wie es in der Chronik heißt, »als einziger Stylit des abendländischen Westens tagaus tagein hoch auf der Säule. Die Heiden, wenn sie näherkamen, lästerten und schimpften ihn einen Storch auf dem Kamin. Doch wenn sie dann ihrer Göttin dienen wollten, erhob jener jedesmal die Stimme und drohte ihnen mit ewigem Verderb.«

Beharrlichkeit zahlt sich aus. Vulfilaik wurde zu einer weit und breit bekannten Attraktion. Selbst der große Gregor von Tours bestieg 585 den Berg und diskutierte mit dem Unduldsamen. Später hielt der Bischof in seinen Aufzeichnungen fest, die Kälte sei so beißend gewesen, daß der Frost dem Eremiten die Fingernägel habe abfallen lassen. Trotzdem habe er aber in feuriger Rede gefordert, nun doch endlich von Amts wegen die grauenhafte Arduinna niederreißen zu lassen, »mit armdicken Stricken und ganz schweren Hammerschlägen«. Diese Notiz läßt ein monumentales Kultbild vermuten. Durch Münzmotive sowie in Gestalt etlicher Stein- und Bronzeplastiken (zum Beispiel im Pariser Cluny-Museum) ist die traditionelle Ikonographie der Göttin überliefert: auf einem mächtigen Wildeber reitend, Pfeil und Bogen zur Hand, einen Köcher auf dem Rücken.

Während an anderen Kultplätzen der keltischen Vor- und Frühgeschichte deren Umwidmung zu christlichen Glaubensstätten zumeist nur vage und durch kaum glaubliche Wundergeschichten mitgeteilt wurde, trat in der Gestalt des Vulfilaik ausnahmsweise eine namentlich bekannte und in der Art ihres spektakulären Vorgehens beschriebene Persönlichkeit auf die historische Bühne. Insofern richtet sich die Verehrung, die St-Walfroy bis heute zuteil wird, nicht bloß auf eine fiktive Figur, sondern tatsächlich auf einen Mann der Kirche von buchstäblich standhaftem Format.

Camping in Mouzon: ***Camping La Tour St-Jérôme (32 Stellplätze), ☎ 03 24 26 28 02, Fax 03 24 26 27 73.

Die Kartause von Mont-Dieu und die Dörfer an der Bar

Das Maasstädtchen **Stenay** war als Residenz der austrasischen Könige im frühen Mittelalter bedeutend. 679 wurde dort König Dagobert beerdigt. 1077 ließ Gottfried von Bouillon eine Burg errichten, die Ludwig XIV. von Vauban zur Festung ausbauen, später jedoch schleifen ließ. Wehrhafte Reste blieben nicht vorhanden. Aber im Zentrum erheben sich Häuser über Arkadengängen, unter denen seinerzeit der deutsche Kronprinz, als er dort anderthalb Jahre im Kriegshauptquartier hofhielt, abends seine

Rapsfeld bei Mouzon

Windspiele Gassi führte. Was die Stabsoffiziere insgeheim an Prinz Wilhelm kritisierten – er kümmere sich mehr um die Hunde als um die Heeresgruppe.

Im **Forêt de Belval**, nördlich der D 947 zwischen Stenay und Buzancy gelegen, wurde mit tatkräftiger Unterstützung durch den Mouzoner Filzfabrikanten François Sommer auf den 350 ha umfassenden Wald-, Wiesen- und Weiherflächen der einstigen Abteidomäne von Belval-Bois-des-Dames ein Freigehege geschaffen. Auf beschilderten Wegen fährt man durch den *Parc de Vision* und kann von Aussichtsplattformen Wildschweine, Hirsche, Elche, Mufflons und Bären beobachten (1. April bis

30. Sept. tägl. außer Di und Mi
13 – 18 Uhr, Juli/Aug. bis 19 Uhr).

Der kleine Ort **Beaumont-en-Argonne** mit hübschen Arkadenhäus-
chen im Norden von Belval ist die
historische Stätte jenes kriegsvor-
entscheidenden nächtlichen Über-
falls vom 29./30. August 1870, als
Preußen, Bayern und Sachsen die
französischen Truppen im Schlaf
überraschten. 2000 Opfer forderte
diese Attacke, die Emile Zola 1892
zum Thema seines Romans »Das
Debakel« machte. Dies nur als erstes Beispiel unter Dutzenden weiterer, die dem nachdenklichen Reisenden im weiten Umkreis der Argonnen und Ardennen immer wieder unvermittelt nahebringen, wie
dramatisch die Namen so vieler
äußerlich unscheinbarer Gemeinden dieser Region mit fatalen Ge-
schichtsereignissen verknüpft sind.

Im Château de la Cour in **Buzancy** erinnert ein schlichtes Denkmal
an General Antoine Alfred Eugène
Chanzy (1823 – 83). Bei einem heftigen Gefecht suchte der vormalige
Gouverneur von Algerien und spätere Botschafter in Sankt Petersburg
zwischen Nouart und Buzancy seine Nation und zugleich sein Eigen-
tum gegen die Deutschen zu verteidigen. Doch der Erfolg blieb ihm
versagt. Das Schloß (18. Jh.) war
übrigens Residenz der lothringischen Herzöge; die zwei steinernen Löwen am Eingang sind Ge-
schenke König Ludwigs XV. an
seinen Schwiegervater gewesen,
den polnischen Exilregenten Stanislas Leszczynski. Von einem

zweiten Schloß am anderen Ortsende blieben nach einem Brand
1805 nur zwei hufeisenförmige
Gesindebauten übrig. Diese recht
interessanten Architekturen mitsamt der Wegeführung dazwischen
sowie mächtige Bäume des früheren Schloßparks lassen noch etwas
von der Großzügigkeit des Herren-
sitzes erahnen.

Knapp 1 km weiter westlich
zweigt hinter Bar-lès-Byzancy nach
Norden das Landsträßchen D 6 ab.
Schon bald hinter einer von weitem
sichtbaren Gruppe dreier Eichen
über einem eisernen Kruzifix auf
Steinsockel geht es alsdann auf eine
noch unscheinbarere Nebenstrecke
(D 24) nach links – und mitten hin-
ein in ländliche Idyllen. Ein charakteristischer Ausschnitt des champagnesken *Bocage:* Viehweiden
und Äcker, eingefaßt von abwechslungsreichen Gehölzstreifen, dazwischen inselartig hineingespren-
kelte Waldstücke. Die Ortschaften
wirken ganz bäuerlich; Neubauten
sind nirgends zu erblicken, aber
viele restehende Gehöfte.

St-Pierremont schiebt sich weithin sichtbar mit seinen Mauer-
fluchten und Dachzeilen hangauf.
Droben steht am Ortsrand ein altes
Manoir (Herrenhaus) und gegenüber auf dem Hügelrist die wuchtige Kirche (13. Jh.), der seitlich ein
Türmchen mit Schießscharten an-
gefügt ist. Ein Kriegerdenkmal mit
der buntbemalten Skulptur eines
französischen Infanteristen (Poilu),
nebenan die ockerfarbenen Wohnhäuser und etwas unterhalb ein al-

ter Laufbrunnen, in dessen Trog noch hin und wieder gewaschen wird: Mit diesen Einzelheiten darf St-Pierremont gleichsam stellvertretend für viele ähnliche Dorfkerne in der gesamten Region stehen – zeitlos, betagt, romantisch und etwas marode. Was dem Ortsfremden nostalgisch und fotogen erscheint, hat seine problematischen Aspekte: Die aufgegebenen Häuser sind klare Indizien für die nach wie vor erhebliche Landflucht. Und beim näheren Hinsehen ist auch zu erkennen, daß kleine Bauernhöfe fast nur noch von alten Leuten bewirtschaftet werden.

Übrigens brachte das kleine St-Pierremont einen großen Sohn hervor: Jean Mabillon (1632–1707), der als Direktor in der Abteibibliothek von St-Germain-des-Prés in Paris wirkte und durch die Veröffentlichung seiner Studien über klösterliche Forschungsstätten berühmt wurde. König Ludwig XIV. lobte ihn: »Ich kenne in meinem ganzen Reich keinen zweiten Geistlichen von größerem Wissen und Geschick.« Die Ortsgemeinde hat ihm eine Ehrentafel gewidmet, die ihn inschriftlich »Dom Mabillon« nennt. Ebenso wie beim berühmten Dom Pérignon von Hautvillers handelt es sich nicht um einen Vornamen, sondern vielmehr um die hochwürdige Auszeichnung DOM: Deo Optimo Maximo, was soviel heißt wie »Gott, dem Besten und Mächtigsten« und sozusagen ein christliches Plagiat aus der Römerzeit ist, abgeguckt von antiken Altären, die mit »IOM« dem Jupiter (Iovis) geweiht waren.

Ein paar Kilometer westlich von St-Pierremont können in **Authe** und **Brieulles-sur-Bar,** zwei kleinen Dörfern im Wiesental der Bar, abermals wuchtige Wehrkirchen besichtigt werden. Diejenige in Authe besitzt über ihrem Gewölbe einen der größten Zufluchtssäle der gesamten Region, während in Brieulles das Wappen der Gonzague daran erinnert, daß hier einst einer der sieben Amtssitze und Hauptstützpunkte der Grafschaft Rethel eingerichtet war.

Die schmale D 24 führt von St-Pierremont über **Oches** und **La Berlière** mit einem niedlichen Schlößchen in einem Park voller Stutzbäumchen nach **Les Grandes-Armoises.** Nördlich von Grandes-Armoises mit schönem Steinkreuz vor der Kirche geht es nun in den Wald von Mont-Dieu. Dort windet sich unter hohen Buchen die Strecke in einen Talgrund hinab. Doch zuvor ein prächtiger Blickpunkt in der Einsamkeit: Mit Fachwerkgiebeln prunkt ein Lustschloß aus dem Wipfelgrün hervor: **Douffy-la-Barbière.** Das Wappenschild am Tor zeigt zwei Lachse, Insignien der von Salm-Salm, jenes noch heute blühenden Adelsgeschlechts, dessen weitverstreute Besitzungen von Franken, dem Elsaß und Lothringen bis in die Mittelgebirge des Hunsrücks, der Eifel und der Ardennen reichen. Hier haben die Salme sogar natürliches Heimatrecht, denn drunten breitet sich

Das vergessene Gefecht

Fatale Kämpfe bei Mont-Dieu

Die Idylle der Kartause im saftigen Wiesental und im Waldgebiet von Mont-Dieu täuscht über Fürchterliches hinweg. In Wahrheit bedeutet die beschauliche Ruhe, wie so vielerorts in der Region, eigentlich doch Grabesstille. Es ist das Schweigen über den Gräbern jener namenlosen Häftlinge, die nach 1798 in den Verliesen des damaligen Staatsgefängnisses Mont-Dieu elend umgekommen sind. Vielleicht auch das Schweigen unter der sagenumwobenen 300jährigen Kartäusereiche *(le Chêne des Chartreux)*, wo 1914 – einer eigenhändigen Notiz zufolge – Kaiser Wilhelm II. über die »Unsterblichkeit des Ruhms« nachgesonnen hatte. Und schließlich das Schweigen im Wald zwischen der Kartause Mont-Dieu und Stonne, wo am 15. Mai 1940 deutsche Infanterie und die Panzer des Generals Guderian gegen Frankreichs Dritte Kürassierdivision anstürmten: 6000 französische und 12 000 deutsche Soldaten fielen der höllischen Schlacht zum Opfer. Deutsche Geschichtswerke über den Zweiten Weltkrieg erwähnen dieses Kriegsinferno allenfalls am Rande.

Längst scheint nun über dem Schlachtfeld das sprichwörtliche Gras gewachsen. Kein Kriegsschrott blieb unter den Bäumen liegen. Und in dem dünnbesiedelten Landstrich waren die baulichen Schäden an Gehöften oder dörflichen Anwesen verhältnismäßig gering und konnten bald beseitigt werden. Was einzig blieb, sind dürftige Worte, die knappen Texte an Denkmalsokkeln. So erinnern in der Waldestiefe ein paar vereinzelte Stelen an jenes vergessene Gefecht, gegen dessen geballte Feuerkraft die weltgeschichtlich so bekannte Beschießung von Sedan (1870) beinahe als eher beiläufiges Scharmützel eingestuft werden könnte. Waffentechnisch wurde ja 1914–18 auf den Ebenen Nordfrankreichs die moderne Materialschlacht erfunden. Und 1940–45 erfuhr – als eine weitere Phase des martialischen »Fortschritts« – das operative System der Kampfführung mit schnellbeweglichen Panzerverbänden seine Generalprobe und Feuertaufe. Man kommt heute einfach nicht umhin, sich an diesen Originalschauplätzen solche nüchternen Fakten als planspielmäßig ausgeklügelten Hintergrund für den gewaltsamen Tod von Hunderttausenden zu vergegenwärtigen.

Auch der Ortschaft Tannay, 3 km südlich der Kartause, ist ihre einstige Rolle als strategischer Punkt nicht mehr anzusehen. Die dreischiffige gotische Kirche (16. Jh.) verfügt über stilvollen Skulpturen-

schmuck am Portal und bildet damit einen denkwürdigen Kontrast zu den künstlerisch recht unbedeutenden Reliefs am Ehrenmal des 1940 aufgeriebenen 16. Jägerbataillons der Franzosen, 1 km südlich neben dem Straßenabzweig in Richtung Stenay. Am Sockel die Inschriften: »Ihr Opfer ließ Tränen des Stolzes fließen« – 1855/56 auf der Krim, 1861 in Syrien, 1864–66 in Algerien, 1870/71 auf heimischem Boden, 1914–18 an der Marne, in den Argonnen, vor Verdun, an der Somme und 1939 an der Saar (beim sogenannten »komischen Krieg« – *drôle de guerre* – vor dem Westwall). Eingedenk derartiger Daten von Taten, deren Blutzoll nicht zu ermessen ist, möchte man als friedfertiger Reisender statt »Mont-Dieu« (Berg Gottes) am liebsten »mon Dieu!« (mein Gott!) ausrufen.

zwischen Schilfsäumen ein großer Weiher aus.

300 m weiter steht ein Gutshof in den Wiesen mit einem gut restaurierten Fachwerk-Wohngebäude und einer steinernen Scheune. Diese wirkt mit ihren Strebepfeilern beinahe wie ein gotisches Gotteshaus und gehörte also offensichtlich zur **Chartreuse du Mont-Dieu,** die 1 km oberhalb in einer breiten Wiesenmulde zwischen Waldkränzen gebettet liegt. Eine Ansicht wie aus dem Bilderbuch: markante Baumgestalten einzeln auf den Hängen umher und vor dem Torhaus die Reste einer Allee. Die Gebäudegruppen dahinter, ungemein malerisch, sind bei all ihrer stilvollen Suggestion mit Renaissance- und Barockelementen leider nur dasjenige Ensemble, das von der ehedem weit größeren Anlage nach Kriegen und der Revolution übriggeblieben ist.

Obwohl nahebei durch den Forst die vielbefahrene Verbindungsstraße von Sedan nach Vouziers verläuft, herrscht im abgeschiedenen Seitental tiefe Stille. Am Waldrand lädt ein Parkplatz mit Sitzgruppen (links oberhalb der umfriedeten Viehweiden) zur Rast; eine Übersichtskarte und Wegweiser sollen zu einer Rundwanderung durch den Forêt de Mont-Dieu verlocken. Zuvor aber die Lektüre einer Schrifttafel am Torhaus: »Als erste Kartause Frankreichs wurde Mont-Dieu 1132 gegründet. Nach der Zerstörung in den Religionskriegen ist sie Anfang des 17. Jh.

wieder aufgebaut worden. Das 18. Jh. sah in ihr Europas schönstes Beispiel für klösterliche Architektur. St-Bernard, Papst Eugen III. und Sir Thomas Becket waren ihre illustren Gäste. Auf 14 Hektar bebauten Landes blieben nach der Revolution nur die Eingangshalle, das Gärtnerhaus, das erzbischöfliche Palais an den Wassergräben, dazu der Nordflügel des Ehrenhofs und im Hintergrund der Pavillon St-Pierre sowie die Wirtschaftsgebäude St-Antoine übrig.«

Frankreichs ältestes Kartäuserkloster ragt nach mehr als achteinhalb Jahrhunderten voll Waffenlärm und Kriegsgeschrei mit rosafarbenem und altersgrauem Gemäuer aus einer üppigen Ländlichkeit hervor, als sei so gut wie nichts geschehen …

Südlich von Mont-Dieu vor Le Chesne bietet im Kranz baumüberschatteter Ufersäume der **Lac de Bairon** ein prächtiges Landschaftsbild. Der durch einen schmalen Damm zweigeteilte See, im Mittelalter von den Kartäusern angelegt und 1840 zwecks Wasserstandsregulierung des Ardennenkanals vergrößert, blieb zu einem Drittel wildlebenden Pflanzen und Tieren als Reservat vorbehalten und ist zum anderen Teil ein Eldorado für Wassersportler geworden. Angesichts ausgedehnter Getreideflächen im Umkreis sprechen die Einheimischen gern vom »Segelrevier in den Kornfeldern.«

Der Ort **Le Chesne** eignet sich als Kreuzungspunkt von mehreren

Die Abbaye de Sept-Fontaines
Spritztour mit dem »Herrn der Quellen«

Schloß Guignicourt: Domizil der Familie de Merode

Mönche vom Orden der Prämonstratenser gründeten 1129 die Abbaye de Sept-Fontaines (= Abtei der Sieben Quellen) südwestlich von Charleville-Mézières, ein Hort des Geistes und der Frömmigkeit für genau 666 Jahre. Ein anmutiger Glaubensstützpunkt, der aber von revolutionären Plünderern verheert und danach (1870–85) von einer Familie Vendroux zum Landsitz erwählt und restauriert wurde. Im Ersten Weltkrieg residierte dort zuerst der französische General Joffre, bis sich die Front veränderte und die Deutschen das Anwesen als Offizierskasino requirierten. Fast täglich, so steht es in der Hauschronik, kamen Kaiser Wilhelm II., der Kronprinz, die Generäle Moltke, Ludendorff und Hindenburg damals zur Tee- und Besprechungsstunde nach Sept-Fontaines. Wie mag dabei der Tochter des Schloßherrn, Yvonne Vendroux, zumute gewesen sein? Denn während hier der Kaiser saß, kämpfte ihr Verlobter weiter nördlich an der Maas als Leutnant gegen die Deutschen. Bei einem Gefecht an der Brücke von Dinant wurde er verwundet, kehrte aber zum Glück nach Kriegsende als Genesener zurück. Er wurde zum Hauptmann befördert und in der nahen Garnison von Charleville stationiert, von wo er alle paar Tage zum Besuch seiner Braut herübergeritten kam. Eine rührende Nachkriegsromanze, die man sich in dieser idyllischen Umgebung recht gut ausmalen kann. Bald wurde dann auch Hochzeit gefeiert, doch wenig später mußten die jungen Eheleute Sept-Fontaines verlassen, weil sich der ehrgeizige Offizier mit Erfolg um ein höheres Kommando anderwärts beworben hatte. Aber jahrzehntelang und noch bis ins hohe Alter zogen sich die beiden immer wieder für stille Urlaubswochen ins Schloß bei den sieben Quellen zurück. Der Name des Soldaten? Er hieß Charles de Gaulle.

1986 erwarb sodann Prinz Léonel de Merode, Sproß eines alten Ardenner Geschlechts, das Anwesen und ließ die ehemalige Abtei zum luxuriösen Schloßhotel nebst vorzüglichem Restaurant umgestalten. Ihm ist außerdem die Anlage eines Golfplatzes auf dem weitläufigen Hügelgelände des alten Parks zu verdanken: Gestaltete Landschaft mit Vorbildcharakter. Selbst der Laie empfindet auf den ersten Blick, daß sich hier Traditionsbewußtsein, ökologische Rücksichtnahme und das Können führender Gartenarchitekten auf ideale Weise miteinander verbunden haben. Bei alledem handelt es sich aber nicht etwa um ein abgekapseltes Refugium für versnobte Müßiggänger, sondern vielmehr um eine hübsche Domäne der sportiv-legeren Lebensart. Der Prinz gibt in eigener Person für sein Konzept der ungezwungenen und gesellschaftlich schnörkellosen Freizeitgestaltung ein augenfälliges Beispiel ab: In Cordhosen und lässigem Pullunder erwartet er am Entrée seine Gäste, denen er beim Frühstück scherzhaft vorschlug, eine Spritztour durch sein »kleines Reich der Quellen« zu unternehmen.

Es wurde eine Fahrt über Feldwege und Waldsträßchen, über Stock und über Stein von einem einsamen Ort zum nächsten. Er zeigte die versteckte Blockhütte, in der es sich unter Freunden nächte- und wochenlang feiern läßt. Wer genügend Grundnahrungsmittel mitbringe und sich außerdem aufs Forellenangeln oder Entenjagen verstehe, könne dort auch noch viel länger in der Abgeschiedenheit verweilen. Die Einzelgehöfte und winzigen Ortschaften im Tal der Vence sind durchweg von altertümlichem Gepräge. So könnte das Schlößchen von Gruyères ohne weiteres die Kulisse für einen historischen Film abgeben, wenn seine Bewohner mal eben das Auto im Hof wegfahren würden. Als liefe die Zeitmaschine rückwärts ... Saftige Talgründe ringsumher, die Obstbaumwiesen und Waldsäume dürften sich gleichfalls bestens als Open-air-Areal für ein nostalgisches Feldlager eignen. Es sind weder Strommasten noch asphaltierte Wege zu erblicken, die bei Dreharbeiten kaschiert werden müßten. Als Bilderbuchschloß hinter Wassergräben zeigt sich auch das Domizil der Familie de Merode in Guignicourt-sur-Vence. Architektonisch ähnelt das Schloß der Kartause von Mont-Dieu. Doch sein Eigentümer weist weniger auf stilistische Feinheiten als auf so manche Details hin, die ihm Sorgen bereiten. Der Unterhalt eines solchen Wohnsitzes verschlingt Unsummen, und die Erträge aus der Gastronomie von Sept-Fontaines sind, wie Prinz Léonel freimütig zugibt, vorerst noch längst nicht ausreichend, um das denkmalpflegerisch dringend Notwendige zu finanzieren.

Einen kurzen Halt verdiente dann das Dörfchen Elan (= Elch) im gleichnamigen Wald. Nur eine Handvoll Häuser, doch überraschende Details: Da steht am Straßenrand ein ziemlich heruntergekommenes Gebäude, das sich mit verblaßter Inschrift als ehemaliges Café präsentiert und über dem Eingang kunstvolle Relieffragmente im Stil der Renaissance aufweist. Gleich nebenan grunzen Schweinze, gewissermaßen im historischen Koben, und über Misthaufen und Bauerngärten ist im Hintergrund sogar ein türmebewehrtes Anwesen zu sehen. Unten steht hinter barocker Fassade (17. Jh.) eine langgestreckte gotische Kirche – und nun, so baten ihn die Gäste, möge der Herr Prinz doch mal gefälligst erläutern, wie der schlichte Weiler im tiefen Wald zu einem derartigen Ensemble stilvoller Bauten gekommen sein mag. Als hätte man's nicht ahnen können: Mönche waren es, die unter Führung des später heiliggesprochenen Abts Roger 1148 das Kloster Elan gründeten, das nun also mit seinen baulichen Relikten sozusagen umfunktioniert und seltsam malerisch ins profane Alltagsleben des Bauerndorfs einbezogen worden ist. Ein paar hundert Meter talaufwärts steht beim Fischteich eine Kapelle, wohin sich Abt Roger gern zum Gebet begeben hat. Und dies alles, Dorf und Weiher und Glaubensstätte, wirkt auf rührende Weise weltvergessen: ein Ort der Stille heute wie ehedem, als zöge jegliches Zeitgeschehen ganz klanglos vorüber.

Aber nein: Prinz Léonel gab zu bedenken, daß einmal im Jahr, am letzten Juniwochenende, Elan zum Schauplatz einer einzigartigen Veranstaltung wird. Dann findet auf den Wiesen vor dem betagten Turmschlößchen die Zuchtschau der Ardenner Pferde statt. Neuerdings werden diese gewaltigen Rösser wieder vermehrt bei Forstarbeiten eingesetzt. Eine so intelligente wie robuste Rasse, die gewiß ebenso wie Kirchen, Abteien und Schlosser zum Kulturerbe dieser Landschaft gehört. Ob wohl der sagenhafte Hengst Bayard, der die Vier Haimonssöhne trug, Stammvater dieser Ardenner war? Immerhin waren es die einzigen Pferde, die 1812 Napoléons Rußlandfeldzug und dessen Winterstrapazen relativ unbeschadet überstanden.

(Unterkunft und Restaurant: **Abbaye de Sept-Fontaines, 08090 Fagnon, ✆ 03 24 37 38 24, Fax 03 24 37 58 75.)

Regionalstraßen bestens zu weiteren Exkursionen durch die Gegend zwischen den Argonnen und der Aisne. Mitten durchs Dorf verläuft der Canal des Ardennes. An seinem Ufer erhebt sich ein während der Gotik errichteter Kalvarienberg, dessen Heiligenfiguren um 1790 von revolutionären Bilderstürmern geraubt wurden. Nahebei die Jakobskirche (13.–15. Jh.) mit klassizistischem Portalvorbau und romanischem Turm, der fein skulptierte Fensterkapitelle aufweist.

Viele schmale Straßen führen durch das wald- und wiesenreiche Hügelland an der Bar zwischen Le Chesne und Donchery. Und die Bauerndörfer dort bergen einige kunsthistorische Kostbarkeiten, so **Day** den runden Donjon seiner Burgfeste (13. Jh.), **Tourteron,** im »Obstgarten der Goldäpfel«, eine enorme Markthalle (16. Jh.) und die 1538 geweihte Kirche St-Brice sowie **Baâlons** einen frühromanischen Sturz des Kirchenportals mit den Reliefgestalten zweier Engel und eines Bischofs. Die Bauernhöfe ringsum besitzen noch Wehrmauern. Eine Gegend für interessante Entdeckungen ist dies allzumal – ob in den historischen Dorfkernen oder in den fossilträchtigen Kalkschichten westlich Baâlons.

Omont ist mit knapp 50 stimmberechtigten Bürgern die »kleinste Hauptstadt aller Kantone Frankreichs«. Zur Nachbargemeinde **Vendresse** gehört das 1585 gegründete Kloster **La Cassine,** dessen Kirche und Dormitorium noch vorhanden und von außen zu besichtigen sind. Nahebei, am Ardennenkanal, finden in den Schloßruinen von La Cassine an Juliabenden illuminierte Aufführungen statt (kostümierte Szenen mit *spectacle son et lumière*). Das feudale Bauwerk, 1571 unter Louis de Gonzague errichtet, wurde 1817 umgebaut und fiel den Kämpfen von 1940 zum Opfer. Es war seinerzeit dort entstanden, wo Mönche der Abtei Elan und später auch die Grafen von Rethel eine Eisengießerei betrieben hatten. An diese frühindustrielle Tradition erinnert noch ein mächtiger Hochofen aus Mauerwerk (1831).

Beim Dörfchen **Malmy** am Ardennenkanal steht ein romanisches Kirchlein. Erneut bringt sich der romanische Baustil mit der Basilika St-Sulpice (12. Jh.) im nahen **Chémery-sur-Bar** zur Geltung. Im Inneren verdient der Hochaltar von 1627 Beachtung: Er stand ehemals in der Abteikirche Mont-Dieu und wurde nach deren Zerstörung hierher versetzt. **Chéhéry** heißt das nächste Dorf an der Strecke nach Sedan, bei dem malerisch am Waldhang das 1555 nach Art einer mittelalterlichen Burg gestaltete Schlößchen Rocan zu sehen ist. Durch sorgfältige Restaurierungsarbeiten konnten seit 1985 bauliche Verunstaltungen des 19. Jh. beseitigt und der Originalzustand wiederhergestellt werden. Als nördlichster Ort an der Bar, unweit ihrer Mündung (und des Ardennenkanals) in die Maas, präsentiert sich

Cheveuges-St-Aignan mit einer romanischen Wehrkirche. Sie weist am Westportal sehr fein behauene Kapitelle auf und ein Tympanon mit den Symbolen zweier Sonnen und zweier Monde in den Winkeln eines byzantinischen Kreuzes.

In **Donchery** an der Maas wird noch immer das Haus des Webers gezeigt, vor dem sich Bismarck und Napoléon III. zu ihrem Gespräch über die Kapitulation getroffen haben. Der deutsche Reichskanzler erinnerte sich später: »Hier hatte ich nun eine Unterredung mit ihm, die fast dreiviertel Stunden dauerte. Er beklagte zuerst diesen unseligen Krieg, den er nicht gewollt habe. Er sei zu ihm durch den Druck der öffentlichen Meinung genötigt worden. Ich entgegnete, auch bei uns hätte niemand und am wenigsten der König diesen Krieg gewünscht.« Warum also und überhaupt? Nur ein Small talk unter Ehrenmännern? Den Gefallenen half das artige Palaver der beiden Prominenten wahrlich nicht mehr auf die Beine. Und die Einwohner der zerschossenen Dörfer im weiten Umkreis hatten jahrzehntelang zu rackern, um wenigstens die materiellen Schäden einigermaßen zu beheben.

Hotels/Restaurants in Le Chesne: La Charrue d'Or, ☏/Fax 03 24 30 10 41 (mit Restaurant). Restaurant La Cloche (gleich neben der Kirche), ☏ 03 24 30 10 31.
... in Donchery: ***Le Château du Faucon, ☏ 03 24 52 10 01, Fax 03 24 52 71 56 (mit Restaurant).

Gästezimmer bei Familie Guillaume in Chémery-sur-Bar, ☏ 03 24 35 40 31, und bei Familie Tisserant in Omont, ☏ 03 24 35 44 39.
Ferien auf dem Bauernhof: M. B. Nicolas, Chémery-sur-Bar, ☏ 03 24 33 11 77. M. G. Michel-Méchin, Cheveuges, ☏ 03 24 33 11 77.

Camping bei Le Chesne: ***Camping Départemental du Lac de Bairon (200 Stellplätze), ☏ 03 24 30 11 66 (ganzjährig geöffnet).

Charleville-Mézières

Förmlich wurde am 1. Oktober 1966 durch einen Vertrag besiegelt, was längst schon offenkundig war: das gänzliche Zusammenwachsen zweier Orte zur homogenen Doppelstadt. Mézières ist der ältere Teil, und gleich hinter seinem ansehnlichen Rathaus läßt sich Geschichtliches – auf kleiner Fläche zusammengedrängt – anhand verschiedener Relikte in Augenschein nehmen: Burgunder und Neues Tor, Joly-Turm und Reste der Stadtmauern (14. Jh.).

Besonders sehenswert ist die fünfschiffige Kirche **Notre-Dame-d'Espérance** (16./17. Jh.), ein Prachtbau in flamboyanter Spätgotik. Das Gotteshaus und der Königsturm (Tour du Roi) erinnern an jenen denkwürdigen Tag am 26. November 1570, als hier König Charles IX. mit Elisabeth von Österreich vor dem Traualtar stand. Dieses glanzvolle Datum stellt histo-

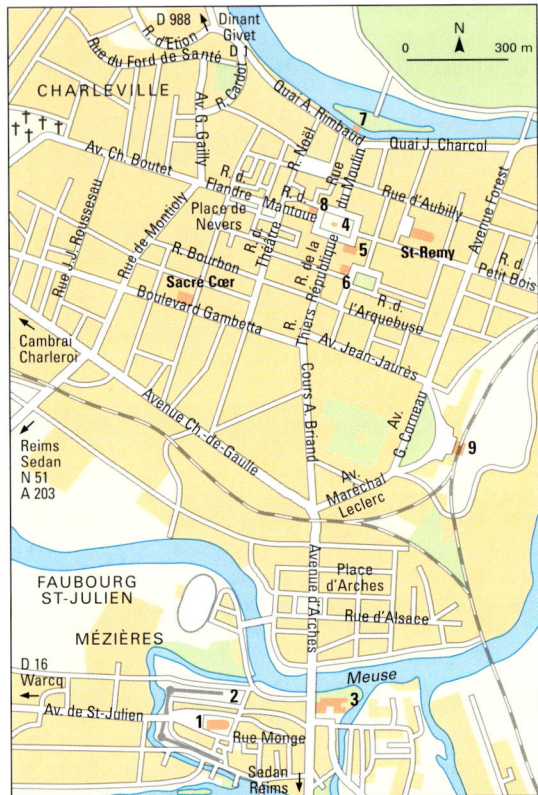

Charleville-Mézières

1 Basilika
   Notre-Dame
   d'Esperance
2 Festungs-
   relikte: Burgun-
   der Tor, Neues
   Tor, Joly-Turm
3 Präfektur
4 Place Ducale
5 Musée de
   l'Ardenne
6 Institut Interna-
   tioanl de la
   Marionnette
7 Alte Mühle
   mit Musée
   Rimbaud
8 Office de
   Tourisme
9 Bahnhof

risch eine Ausnahme in der ansonsten so oft umkämpften und immer
wieder zerstörten Siedlung dar. Ursprünglich entstand Mézières im
Schutz einer mittelalterlichen Burg
und auf den Trümmern des im 5.
Jh. zerstörten römischen Stütz-
punkts Castrices (heutiger Vorort
Montcy-St-Pierre). Von der Burg,
die als Grenzfeste in ungezählten
Kriegen mal standhielt und mal in
Ruinen sank, ist praktisch nichts
mehr zu erblicken. Doch der strategisch wichtigen Lage mußte im
Fortgang der Jahrhunderte stets
Rechnung getragen werden, so Anfang des 16. Jh. durch die Errichtung der Stadtmauern. 1590 erfuhr
der Ort sogar einen Rundumaus-
bau zur Zitadelle, von der noch ein
paar Mauerzüge und das **Burgunder Tor** geblieben sind. Auch die

Präfektur (18. Jh.; ehemals Kriegs-ingenieurschule), in der sich während des Ersten Weltkriegs das Hauptquartier der Deutschen befand, repräsentiert baulich die stärker von militärischen als von ökonomischen Aspekten beherrschte Stadtgeschichte. Dazu paßt, daß der Stadtname von »Maceriae« hergeleitet wurde: die Mauern.

Ein ganz anderes Bild zeigt die **Place Ducale** (Herzogsplatz; s. S. 18 f.) in Charleville, Zentrum und architektonisches Herzstück der Doppelstadt. Die Ähnlichkeit des Platzes mit der Pariser Place des Vosges fällt sofort auf und ist auch kein Zufall: Die Erbauer beider Anlagen waren Brüder. Clément Métezeau entwarf die 23 drei- bis vierstöckigen Pavillons aus altrosa Back- und gelblichem Haustein unter hohen Schieferdächern ganz nach den für das 17. Jh. vorbildhaften Regeln der von Feudalherren gewünschten Urbanität. Dabei kontrastiert eine gewisse Strenge der Fassadenfluchten angenehm mit den leicht verspielten Details der Mansarden vor den Dachschrägen und den grottenartigen durchgehenden Arkadengängen. Mitten auf dem 126 x 90 m messenden Platzrechteck erhebt sich bronzen über hohem Postament die Statue des Stadtgründers (und Namensgebers) Charles de Gonzague (1580 bis 1637). Dieser Sproß aus italienischem Hochadel (von Mantua), als Herzog zu Nevers und Rethel vom französischen König begünstigt, ließ Charleville mit Vorbe-dacht und nach sorgfältiger Planung »im weiten Bogen der schiffbaren Maas« anlegen, weil er es zum Zentrum der ardennischen Eisenindustrien sowie als sicheren Standort für Handwerksbetriebe, Textilmanufakturen und Handelskontore ausersehen hatte. Als Herzog Karl 1627 zum Antritt seines dynastischen Erbes nach Italien übersiedelte, von wo er nie wieder an die Maas zurückkehrte, war das städtebauliche Großprojekt bereits weitgehend fertiggestellt. In dem modernen Gebäudekomplex zwischen der Place Ducale und der Place Winston Churchill ist der **Musée de l'Ardenne** untergebracht (volkskundliche Sammlungen; tägl. außer Mo 10–12 und 14–18 Uhr).

Während die Symmetrie der Straßen und Hauskomplexe am und um den Herzogsplatz bis heute exemplarisch an den Beginn der Stadtgeschichte erinnert, ist nach diversen Kriegsschäden von den auf alten Stichen überlieferten wuchtigen Festungswällen kaum noch etwas zu sehen. Auch die alten Eisenhütten und Hammerwerke Charlevilles und seiner weiteren Umgebung, die über drei Jahrhunderte die »feudale Planwirtschaft« erfolgreich realisierten, arbeiten nicht mehr. Geblieben sind an der Maas und ihren Seitentälern allerdings etliche kleinere Schmieden, die landläufig als *boutiques* bezeichnet werden. Darin sind entweder Kunsthandwerker oder solche Firmen am Werk, die heute Präzisionsteile, zum Beispiel Brem-

Rimbaud –
Der erste Rolling Stone

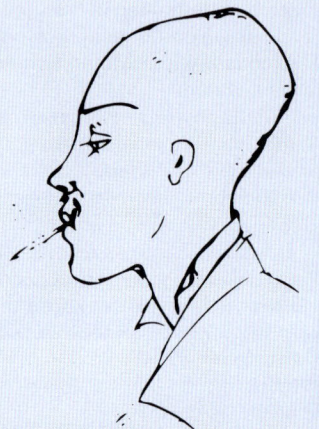

*In einem Speicher, wo ich
als Zwölfjähriger eingesperrt war,
habe ich die Welt kennengelernt,
habe ich die menschliche Komödie
von allen Seiten erfahren.*

Arthur Rimbaud

»Karlsärsche« höhnte Rimbaud die Einwohner seiner Heimatstadt, und deren Nachkommen tun sich noch heute schwer mit dem Gedenken an jenen »größten Sohn«, dessen Sterbedatum sich 1991 zum hundertsten Mal jährte. Was hätten sie auch statt steifer Feierstunden ihm zu Ehren veranstalten sollen? Ihm, der seinen Abscheu vor allem Bürgerlich-Anständigen in fanatischen Versen herausgebrüllt hatte? Das Rimbaud-Museum ist im schönen Gebäude der Alten Mühle untergebracht. Da er sich nicht mehr wehren konnte, ist sein Werk nach langen Jahrzehnten – eben aus bürgerlichem Anstand – gesellschaftsfähig gemacht worden. So trifft man sich im Rimbaud-Freundeskreis, und 1991 zelebrierte man im Rimbaud-Kulturzentrum mit Klaviermusik unterlegte Lesungen seiner Gedichte. Doch eigentlich gab es auch keine Alternative, nicht einmal die vermeintliche derjenigen jungen Künstler, die Comicstrips mit Rimbaud als Hippie, als Punk und als gestyltem Yuppie verkauften. Rimbaud-Anstecknadeln, Rimbaud als Postermotiv, die Touristenroute Rimbaud-Verlaine …

Immerhin: Ein Charleville mag es überall geben, Rimbaud jedoch war einzigartig. Seit Bob Dylan und die Doors seine Texte vertonten, seit Jim Morrison seine Lieder sang und Patty Smith den Dichter als »ersten Rolling Stone« bezeichnete, bahnte sich eine Art Rimbaud-Renaissance an. Doch ähnlich war es schon früher, als ihn nacheinander Dadaisten, Surrealisten, Existentialisten und auch die achtundsechziger Demonstranten in Paris jeweils als Vorläufer für ihr eigenes Opponieren gegen bürgerliche Normen zu vereinnahmen gesucht hatten. Rimbaud, wie erwähnt, konnte sich ja gegen nichts und niemanden mehr wehren.

Ganz knapp und klar der Nachruf aus der Feder seines Intimfreunds Paul Verlaine: »Er war weder Teufel noch Gott. Er war Arthur Rimbaud, das heißt: ein absolut großer und eigenständiger Dichter. Ein Mann von einzigartigem Geschmack, ein Sprachschöpfer sondergleichen. An Einsicht und Kraft war er seiner Zeit voraus, und das zeigte sich in der Geschlossenheit seines Werks.« Ein im doppelten Wortsinn frühvollendetes Genie: Mit 16 Jahren formte er sein Gedicht »Das trunkene Schiff« als visionäre Fragemetapher nach dem Woher und Wohin allen menschlichen Seins, und vier Jahre später hörte Rimbaud bereits mit dem Schreiben auf. So war in weniger als einem halben Jahrzehnt ein ungemein komprimiertes Werk entstanden, das zwischen seligem Taumel und abgründiger Verzweiflung das Leben als Krisenzustand vor Höllenschlünden und qualvollen Halluzinationen umreißt: Alle Hoffnung ist nichts als falscher Schein; den Kosmos beherrscht das Chaos als einzig wahres Prinzip, und die Zivilisation besteht aus tragischen Verkettungen von Trugbildern, Niedertracht und Selbsttäuschung der nur vorgeblich von Moral geleiteten Intellekte. Wer so etwas wie Einsicht oder Inspiration erlangen möchte, wird bestenfalls einen Erkenntniszipfel fassen können, und diesen auch nur dann, wenn die Suche danach in Trance und Delirien verläuft.

Vorschnell wäre nun das Urteil, Rimbaud als lyrischen Propheten des No-future zu betrachten, denn die Strukturen und die inhaltliche Substanz seiner Texte bringen fast Gegenteiliges zutage: die unendliche Sehnsucht nach Lebenshalt und Jenseitsfrieden. Doch mit den Mitteln des Rausches, des permanenten Leugnens verbindlicher Werte und homoerotischer Selbstkasteiung blieben solche Ziele unerreichbar. Rimbaud sagte sich von Verlaine und der Dichtung los. Er ging auf Reisen durch Europa und Afrika, wurde Kaufmann und Waffenhändler. Nach einer Beinamputation starb er am 10. November 1891 sechsunddreißigjährig in Marseille. Der Leichnam wurde nach Charleville überführt, durfte aber nicht eher beigesetzt werden, bis der Polizeichef die amtsübliche Anmeldung (visa d'entrée) ausgefertigt hatte. Das Grab auf dem Friedhof an der Avenue Boutet (Faubourg de Flandre) wird noch heute von späten Verehrern mit Blumen geschmückt. Eine makabre Anekdote aus dem Jahr 1900: Als sich Rimbauds damals vierundsiebzigjährige Mutter probehalber in die Gruft betten ließ, wußte sie hinterher zu berichten, vom Körper ihres Sohns sei nichts übriggeblieben als seine blonden Haare.

Um dieselbe Zeit, ein rundes Jahrzehnt nach des Dichters Tod, setzte wohl die postume Verbürgerlichung seines Vermächtnisses ein. Auf dem Square Rimbaud erhebt sich seit damals über blühenden Rabatten seine Bildnisbüste. Das Wohnhaus seiner Familie am Quai Rimbaud, unweit der Mühle über dem Ufer, sowie das Geburtshaus an der Rue Thiers 12 wurden mit Erinnerungstafeln gekennzeichnet: »Poète et Explorateur« (Poet und Entdeckungsreisender). Aber am ehesten könnte Rimbauds imaginäre Spur im Bahnhof aufgenommen werden, wo er so viele Fahrten begann – nach Paris und Stuttgart, nach Aden, Harar, Alexandria oder Stockholm – und wo er auch erstaunlich oft wieder ankam zu Heimatbesuchen im ungeliebten Nest, seinem »gräßlichen Charlestown, der Jauchestadt«.

Die Ambivalenzen und Widersprüche eines rauschhaften Lebenslaufs, kurz zumal, dem Charleville am Ende doch wohl mehr als nur beiläufig »Dichters Ort« gewesen sein könnte. Und dann kommt man letztlich auch nicht umhin, trotz allem die Museumsstücke etwas eingehender zu mustern: Rimbauds brauner Reisekoffer, sein Eßbesteck, Zeichnungen, Manuskripte, Telegramme, Briefe … Da steht's jetzt auch zu lesen, unscheinbar auf den ersten Blick, was er im Mai 1871 an Théodore de Banville schrieb – eine lyrische Zeitbombe: »Ich will Poet werden, und ich arbeite daran, mich sehend zu machen. Das wird Ihnen ganz unverständlich erscheinen, und ich bin beinahe außerstande, es Ihnen zu erklären. Es geht darum, durch die Entregelung aller Sinne das Unbekannte zu erreichen. Die Leiden sind ungeheuerlich, aber man muß leiden, wenn man zum Dichter geboren ist… Es ist falsch, zu sagen: Ich denke. Man sollte sagen: Es denkt mich. Verzeihen Sie das Wortspiel. Ich ist ein anderer.« Das Wort »sehend« hat er dreimal und »Entregelung« einmal unterstrichen. Es ist ihm, wie er in einem zweiten Schreiben ausführt, um eine sprachliche Wirkung zu tun, die »unmittelbar von Seele zu Seele reicht und alles zusammenfaßt: Düfte, Klänge und Farben«.

Erinnerung und Gegenwart, die Hoffnung auf Bleibendes sowie denkwürdige Irritationen: Aus Eifersucht und stark berauscht hatte Verlaine seinem Freund Rimbaud mit einer Pistole die Hand durchschossen. Und während er für diese Tat hinter den Gittern von Mons seine Haft verbüßen mußte, hockte Rimbaud einen Sommer lang tagaus-tagein in der großelterlichen Scheune und schrieb »Une Saison en Enfer« (Eine Zeit in der Hölle).

sen für den Hochgeschwindigkeitszug TGV, oder luxuriöse Designartikel aus Metall herstellen.

Rimbauds, des großen Sohns der Stadt, des bis vor wenigen Jahren noch schamhaft zu Tode geschwiegenen Dichtergenies, wird in der **Musée Rimbaud** gedacht. Kärgliche Erinnerungsstücke, Utensilien eines kurzen Erdenaufenthalts, dingliche Ausbeute eines Lebenslaufs, dem das ganz und gar Phantastische als Inhalt angediehen war. Nein, Rimbaud selbst hätte in der Alten Mühle, deren Ausstellung jetzt seinen Genius bemüht, wahrscheinlich kein Eintrittsbillet gekauft (Vieux Moulin, tägl. außer Mo 10–12 und 14–18 Uhr).

Doppelgesichtiges Charleville – Epilog für einen gewaltigen Dichter, der immer nur aus der Reihe tanzte, und an der Strippe tanzende Puppen: Heute findet allsommerlich in Charleville-Mézières die *Saison de la Marionnette* statt – keinesfalls bloß Puppenspielerei für ein kindlich-unkritisches Publikum. Dann tanzen an dünnen Fäden die beweglichen Puppen. Und das alle drei Jahre (das nächste 1997) Ende September veranstaltete Weltfestival der Marionnettentheater genießt inzwischen tatsächlich den Ruf eines international bedeutsamen Kulturereignisses. Seit 1987 gibt es in der Maasstadt sogar eine staatliche Kunsthochschule des Gliederpuppenspiels (Ecole Supérieure Nationale des Arts de la Marionnette) und den Sitz der Union Internationale nebst dem **Institut**

International de la Marionnette an der Place Winston Churchill, zu erkennen an der 10 m hohen Spieluhr: Der *Grand Marionnettiste* zeigt zwischen 10 und 21 Uhr stündlich Szenen aus der Sage von den vier Haimonskindern.

Information: 4, Place Ducale, 08000, ✆ 03 24 32 44 80, Fax 03 24 32 40 59.

Hotels: ****Le Château Bleu, 3, Boulevard L.-Pierquin, im Stadtteil Warcq, ✆ 03 24 56 18 19. ***Le Clèves, 43, Rue de l'Arquebuse, ✆ 03 24 33 10 75, Fax 03 24 59 10 25. ***Le Mercure, Rue Louise-Michel, im Stadtteil Villers-Semeuse, ✆ 03 24 59 72 72, Fax 03 24 59 72 50. ***Le Relais du Square, 3, Place de la Gare, ✆ 03 24 33 38 76, Fax 03 24 33 56 66. **Fleuritel, Boulevard Jean-Delattre, ✆ 03 24 37 41 11, Fax 03 24 37 53 06. **Grill Campanile, ZAC du Moulin Blanc/Route de la Francheville, ✆ 03 24 37 54 55, Fax 03 24 37 76 40. **Le Paris, 24, Rue G.-Corneau, ✆ 03 24 33 34 38, Fax 03 24 59 11 21. **Le Pélican, 42, Avenue Leclerc, ✆ 03 24 56 42 73, Fax 03 24 59 26 16. *Le Central, 24, Avenue Leclerc, ✆ 03 24 33 33 69, Fax 03 24 59 38 25. *La Meuse, 8, Rue de l'Epargne, ✆ 03 24 33 34 88. *Le Palais, 1, Place de Nevers, ✆ 03 24 33 32 50. Le Marcassin, 10, Rue d'Alsace, ✆ 03 24 57 40 76.

Camping: ***Camping du Mont Olympe (100 Stellplätze), Rue des Paquis, ✆ 03 24 33 23 60.

Restaurants: ***La Cigogne, 40, Rue Dubois-Crancé, ✆ 03 24 33 25 39. **La Côte a l'Os, 11, Cours Aristide-Briand, ✆ 03 24 59 20 16. *Au

»Le Grand Marionnettiste«

tout va bien, 33, Avenue d'Arches, ☎ 03 24 57 31 29. *Auberge de la Forêt, im Vorort Montcy-Notre-Dame, ☎ 03 24 33 37 55.

Bahnverbindung: Paris (Gare de l'Est), Lille, Calais, Givet, Metz, Straßburg (über Sedan-Verdun), Luxemburg, Basel.

Busverbindung: Mit Sedan–Verdun, Rocroi–Revin, Monthermé, Mouzon.

Ausflüge auf der Maas: Loisirs-Accueil en Ardennes, 18, Avenue Georges-Corneau, ☎ 03 24 56 00 63. **Hausboote:** Ardenne Plaisance, 75, Rue des Forges St-Charles, ☎ 03 24 56 47 61.

Orte und Sagenstätten beiderseits der Maas

Das Tal der Maas bietet als Urlaubsregion und Ausflugsziel bei all seinen landschaftlichen Vorzügen zwar keine Sensationen, aber doch Naturerscheinungen und dörfliche Ensembles, die Neugier erwecken können. Neugier vor allem auf die vielgestaltige Sagenwelt, die an bizarren Felsen, Stromschnellen und etlichen Wehrgemäuern aus fernen Tagen anknüpft. Neugier des weiteren auf den Genuß einer ausgeprägten kulinarischen Tradition, waren doch seit jeher die Reisenden in diesen verwinkelten Durchbruchstälern auf gute Herbergen angewiesen. Tatsächlich können die Hauptorte Monthermé, Revin und Fumay mit einer so bodenständigen wie gleicherweise niveauvollen Gastronomie aufwarten. Entlang der knapp 30 km langen und vielfach gewundenen Talstrecke von Monthermé bis Fumay und Haybes reihen sich Hotel-Restaurants, die vorzugsweise von belgischen Feinschmeckern aufgesucht werden – durchaus ein Indiz für Qualität …

Dank der vorzüglichen Beschilderung sind die Orte und Sagenstätten beiderseits der Maas nicht schwer zu finden. Der **Rocher des Quatre Fils Aymon** (Felsrücken der

Maastal und Ardennen

Legenden strömen mit der Maas

Blau und würzig wölkt der Qualm aus Käpt'n Renés Tabakpfeife vor den Lettern der Rauchverbotstafel über dem Steuerruder empor. Zuerst irritiert dieser eklatante Verstoß die Passagiere des Ausflugsboots ein wenig, doch bald werden sie sich zuhauf danach drängen, ein Erinnerungsfoto mit dem bärbeißig-lustigen Fährmann aufnehmen zu dürfen. Seit langen Jahren schippert René in seinem achtundachtzigsitzigen *Bateau Mouche* zwischen Charleville und Revin auf dem Fluß und dessen Seitenkanal von Ende März bis Anfang November alle Tage hin und zurück. An der Alten Mühle in Charleville, am Kai in Monthermé und im Bouverie-Hafen von Revin, wo auch die Fahrzeiten angeschlagen sind, darf zugestiegen werden. Je nach Saison kostet der zweieinhalbstündige Törn umgerechnet zwischen 15 und 20 Mark. Für den ungefähren Gegenwert einer Kino-Eintrittskarte zeigt und erläutert der Bootsführer die Naturschönheiten und die Legenden der beiderseits durchgängig bewaldeten Maasmäander in bildreicher Sprache – und eben live. Auch wer die Umgebung mit dem Auto, dem Rad oder zu Fuß näher erkunden möchte, sollte diese Bootstour zum Einstieg unternehmen. Eventuelle Sprachhindernisse werden »auf Indianerart« gestisch überbrückt und mit theatralischen Gebärden ausgebügelt ...

Die Orte am Ufer und die felsigen Aussichtspunkte sind vor allem mit der Geschichte von den Vier Haimonskindern (Quatre Fils Aymon) verknüpft, die auf ihrem gewaltigen Wunderroß Bayard zu heroischen Aventuren und Waffengängen wider Karl den Großen ausgeritten sind. Auf dem Hügelrist von Château-Regnault erscheinen sie in Gestalt von vier Gesteinszacken verewigt. Und aus einem Brocken am Steilhang nahebei hat ein Bildhauer den weithin sichtbaren Korpus des Gefechtshengsts und seiner Reiter herausgemeißelt. Drei andere Ritter hatten weniger Glück als die legendären Haimonssöhne: Sie waren zum Kreuzzug aufgebrochen und ahnten nicht, daß sich ihre Gemahlinnen derweil schon bald mit ein paar unredlichen Galanen ehebrecherisch einließen. Doch als die kirchentreuen Recken nach manchen Anstrengungen im fernen Heiligen Land endlich Jerusalems Mauern überwanden, sandte Gott augenblicks ein furchtbares Strafgericht über die ungetreuen Frauen: Er verwandelte sie in drei hohe Felsen, die bis heute als die »Dames de la Meuse« im grünen Kleid der Bäume das Maasufer überragen.

Ein halbes Dutzend anderer Felsgebilde flankiert zwischen Monthermé und Revin den Fluß. Der Romafelsen (La Roche de Roma),

die Klippe der Sieben Dörfer, der sogenannte Siebenstunden-Vor-
sprung (La Roche à Sept Heures), der Langfels (La longue Roche), La
Roche de Laifour und der von George Sand 1869 zum Schauplatz und
Titel ihres Romans »Malgré Tout« auserwählte Berg gehören ebenso
dazu wie über dem Seitental der Semoy jener Roc de la Tour (auch:
Roc-La-Tour – Turmfels), bei dem sensationelle Vorgeschichtsfunde
ausgegraben wurden. Die Turmfels-Legende schreibt das zerklüftete
Wackengebilde freilich dem Satan zu: Der Bocksfüßige sei, wie es
heißt, mit einem Edelmann einig geworden, ihm dort um den Preis der
Verschreibung seiner Seele ein herrliches Schloß zu errichten. Die
Bauzeit solle nur eine Nacht betragen, und der Teufel wettete seine
Hörner, das Werk sei noch vor dem ersten Hahnenschrei vollendet.
Womit er aber nicht gerechnet hatte: Durch den Höllenlärm der Arbei-
ten wurde ein Gockel vorzeitig geweckt, und als er die zuckenden
Baustellenlichter erblickte, verwechselte er diese mit der Morgenröte.
Kurzum: Der Vogel hub zu krähen an, der Teufel ärgerte sich satanisch
und trat und zerstampfte sein eigenes Werk, daß es in Stücke brach.
Viele Steine kollerten ins Tal hinab und bildeten dort die noch vorhan-
denen Stromschnellen. Etliche Quader aber blieben droben stehen
und lehnten sich wie drei Türme gegen den Rand des Plateaus, von
dem aus sich das Legendenland besonders weit überschauen läßt.

Vier Haimonskinder) von Château-Regnault, der **Roc de la Tour** und die verschiedenen Aussichtspunkte von **Roche de Roma, Roche aux Sept Villages** (Sieben-Dörfer-Klippen) sowie der **Dames de Meuse** lassen sich nicht nur vom Boot aus erblicken (s. S. 82 f.), sondern können auch mit dem Auto angesteuert werden. Von den ausgeschilderten Wanderparkplätzen führen jeweils kurze Fußwege zu den Sehenswürdigkeiten. Den besten Überblick erhält man oberhalb von Monthermé vom Roche aux Sept Villages aus; das Panorama der vom Ardenner Wald umhegten »Sieben Dörfer« schließt auch das kleine **Braux** mit ein, dessen Eglise St-Vincent ein frühromanisches Taufbecken mit rätselhaften Reliefs und Masken bewahrt.

In **Monthermé** sind in der Kirche St-Léger (12./15. Jh.) kunsthistorisch wertvolle Fresken aus dem 16. Jh. zu besichtigen. Zwischen den Wäldern und innerhalb der Schlingen eines S-förmigen doppelten Maasmäanders liegt die Kleinstadt **Revin,** die sich gut als Ausgangsort für Exkursionen zum Mont Malgré Tout und zum Faligeotte-Felsen eignet. Wer von Revin die stark gewundene Route nach Les Hauts-Buttés fährt, wird beim Anblick des **Calvaire des Manises** nachdenklich werden: Das Monument ist dem Andenken von 106 ardennischen Widerstandskämpfern gewidmet, die 1944 am Fuß des Faligeotte-Felsens von deutschen Soldaten in die Enge getrieben, gefoltert und erschossen wurden. Abermals ein Zeichen dafür, wie sehr diese entlegene Gegend immer wieder zu Kriegszeiten in Mitleidenschaft gezogen worden ist. Vielleicht wird deshalb die Strecke von Revin nach Rocroi (westlich der Maas) seit alters her das »Tal des Jammers« *(Vallée de la Misère)* geheißen.

Das nächste Städtchen an der Maas ist **Fumay,** das eine hübsche Altstadt besitzt. Im Schiefermuseum im ehemaligen Karmeliterkloster werden Führungen angeboten (Musée de l'Ardoise, Rue des Fusillés, tägl. 17–19.30 Uhr oder nach telefonischer Vereinbarung; ✆ 03 24 41 27 55). **Haybes,** das im Schnittpunkt eines regionalen Wanderwegenetzes liegt, bietet sich mit seinen guten Gastronomiebetrieben auch für einen mehrtägigen Aufenthalt an. Von hier kann man Ausflüge zu den Grotten bei Couvin westlich der Maas unternehmen und in östlicher Richtung über Hargnies ins gleichfalls höhlenreiche Tal der Lesse.

Hargnies gilt mit seinem baumbestandenen Dorfplatz und den alten Häusern ringsum als einer der schönsten Orte des ardennischen Forstplateaus. Aber hart war dort das Leben; nicht nur wegen der mühevollen Arbeit auf kargen Feldparzellen und beim Holzeinschlag, sondern auch deshalb, weil sich hier oben seit dem frühen Mittelalter immer wieder Kriegshorden durchs Dickicht ihre Schleichwege brachen und den einsamen Weiler mit Mord und Brand heimsuchten. So darf auch nicht verschwiegen werden, daß 1914 deutsches Militär ein Massaker an den Einwohnern verübte.

Der zu 80 Prozent mit Wald bedeckte Nordzipfel der Region schiebt sich als 20 km langer und maximal 12 km breiter geographischer »Trichter« von Haybes nach Norden; dorthin, wo die Festung Charlemont einst als wichtiges Bollwerk diente. Folgt man der D 989 oder der N 51 entlang der Maas nach Norden, so kommt man nach **Vireux**, wo auf einem Bergsporn seit dem 3. Jh. ein römisches Kastell stand, das den germanischen Eindringlingen nur ein paar Jahrzehnte lang Einhalt zu gebieten vermochte. An derselben Stelle fanden Archäologen die Reste von prähistorischen Eisenschmelzen (1. Jh. v. Chr.; zwecks Besichtigung wende man sich an das Bürgermeisteramt). Seit damals rauchten fast ununterbrochen die Öfen und Schlote der Gießereien bei **Vireux-Wallerand**, bis die europaweite Stahlkrise nach 1980 das Ende dieser 2000jährigen Industriegeschichte bedeutete. Für manche Ausflügler sind die technischen Monumente der alten Fabriken an der Maas gewiß recht interessante Anschauungsobjekte; die Einheimischen blicken jedoch mit zwiespältigen Gefühlen auf diese Überbleibsel.

Unter der Martinskirche (18. Jh.) von **Vireux-Molhain** geht es mit wenigen Treppenstufen ins Mittelalter hinab. Der Bau erhebt sich nämlich über einer Krypta des 9./10. Jh., die wahrscheinlich das Relikt eines bereits 752 von Pippin dem Kleinen gegründeten Gotteshauses ist. Erneut ein Hinweis darauf, wie wichtig der Talabschnitt im Ardennendurchbruch für die Gebiets- und Kirchenherren war. So wichtig, daß sich die Lütticher Fürstbischöfe und die Herzöge von Bouillon darauf verständigten, gemeinschaftlich den Bau der Burg von **Hierges** (11.–16. Jh.) voranzutreiben. Ihre imposanten Ruinen sind jetzt ein Etappenziel auf der touristischen *Route des Fortifications*. Und einen noch markanteren Blickpunkt bieten über dem Grenzort **Givet** die steilen Bastionen der **Festung Charlemont.** Dieses unter Kaiser Karl V. konstruierte Fort war im 17. Jh. durch Vauban umgestaltet worden und spielte noch bis 1940 eine strategisch bedeutsame Rolle (15. Juni bis 15. Sept. tägl. 10–12 und 14–18 Uhr).

Sehenswürdigkeiten von gänzlich anderer Art bilden nahebei die **Tropfsteingrotten von Nichet** (geführte Besichtigungen von Mai bis Sept. tägl. 9–11 und 14–16 Uhr, Dauer: 1. Std.), während auf der Gemarkung Chooz die Atommeiler der belgisch-französischen Centrale Nucléaire des Ardennes den Urlauber gleichsam zur Entscheidung darüber nötigen, ob er sich von der betonierten Gigantomanie abgestoßen fühlt oder sich einer Besucherführung anschließen soll (Ausstellung und Führungen Mo–Fr 10–18 Uhr).

Von Schieferbrechern, Köhlern und Schmugglern

Von großer wirtschaftlicher Bedeutung waren in der Vergangenheit die Schiefergruben an den Talhängen der Maas. Gewaltig aufgeschichtete Halden bei Fumay und Rimogne sind als unübersehbare Relikte von diesem Bergbau geblieben, der namentlich im 19. Jh. und noch bis um 1960 florierte. Dann kam es rapide zum Niedergang; die letzten Schieferbrüche mußten 1971 stillgelegt werden. Zugleich erlosch die auch kulturgeschichtlich bedeutsame Bergbautradtion, von der man sich heute fast nur noch im Schiefermuseum von Fumay eine Vorstellung verschaffen kann.

Der Grund für jenen wirtschaftlichen Ruin liegt auf der Hand: Durch arbeitsintensive, hohe Lohnkosten verursachende Fertigungsweisen ist der Ardennenschiefer nicht mehr konkurrenzfähig. Als Mitte der siebziger Jahre die Häuser um den Charleviller Herzogsplatz restauriert wurden, mußte bereits der weitaus billigere Importschiefer aus Spanien für die Dacheindeckungen verwendet werden.

Von noch früheren Veränderungen der ökonomischen Erwerbsgrundlagen könnten die Waldbauernhöfe in abgelegenen Dörfern erzählen, wären sie nicht zum überwiegenden Teil ausgebaut und umgestaltet worden. Zwar zeigen sich in La Neuville-aux-Haies, Linchamps oder Les Hauts-Buttés charakteristische Ausschnitte ardennischer Siedlungs- und Lebensformen. Nur noch selten finden sich jedoch Gebäude, in denen die »schwarze Kammer« für Räucherwaren und Brennholz erhalten blieb. Und auch die eigenartigen *beuquettes* sind kaum noch zu sehen: jene ovalen »Lauerfenster«, aus denen die Frauen bei der Küchenarbeit das Treiben im Hof und auf der Dorfstraße beobachten konnten. Merkmale ländlich-hinterwäldlerischer Lebens- und Arbeitsformen erschließen sich nur beim subtilen Nachstöbern; seien es die eingeebneten Flächen an Waldhängen, auf denen einst die Köhler ihre Holzkohlenmeiler glimmen ließen, seien es die Spuren von Torfstichen im moorigen Venn *(fagne)* bei Rocroi und Revin. Und wo noch vor einigen Jahrzehnten zum Schmuggeln abgerichtete Hunde durchs Tal der Semoy mit auf den Rücken geschnallten Tabakpaketen unter dem Kugelhagel der Zöllner von Belgien nach Frankreich hetzten, vergnügen sich jetzt die Urlauber beim Campen, Tennisspielen, Fischen und Wandern im idyllischen Waldrevier um das Freizeitzentrum von Haulmé.

Von Fumay durch den Freiwald *(franc bois)* oder von Revin über die landschaftlich schöne Strecke durch das »Jammertal« geht es in südwestlicher Richtung aus dem Maastal hinauf zum Plateau von Rocroi. Dort war es, wo am 19. Mai 1643 die vom Herzog d'Enghien (dem nachmaligen *Grand Condé*) befehligten Truppen der französischen Krone die Spanier besiegten und damit den jahrhundertelangen Zwist mit dem Reich der Habsburger zu eigenen Gunsten beenden konnten. Fünf Tage zuvor war Louis XIII. verstorben; durch die siegreiche Schlacht wurde die damalige Krise der französischen Monarchie abgewendet und zugleich dem Thronerben, jenem späteren Sonnenkönig, ein wahrhaft glänzender Einstieg in die absolutistische Machtposition beschert. 1675 erteilte Louis XIV. seinem Militärarchitekten Vauban den Auftrag, **Rocroi** zum Festungsstern auszubauen. Die Gesamtanlage mit ihren vor- und zurückgesetzten Bastionen blieb als mustergültiges Paradebeispiel der Wehrarchitektur des 17. Jh. vollständig erhalten.

Den besten Überblick erhält man natürlich von den Wällen aus, die über Treppen gleich seitlich der stadteinwärts führenden Straßen zu ersteigen und noch rundum begehbar sind. Der Siedlungsgrundriß des Ortes liegt klar vor Augen: Rocroi ist tatsächlich ein ganz regelmäßiges Sterngebilde; sämtliche Straßen führen strahlengleich auf den zentralen Hauptplatz, die Place de Luxembourg, zu. Hier informiert der Musée de la Bataille de Rocroy über die Schlacht von 1643 (tägl. 14–18 Uhr, Sa und So zusätzlich 10–12 Uhr).

Über die Nationalstraße wird Charleville-Mézières nach knapp 30 km von Rocroi aus erreicht. Die ungefähr parallel dazu und buchstäblich über die Dörfer verlaufende Bummelstrecke ist zwar länger, doch als idyllische Alternative unbedingt zu empfehlen. **Bourg-Fidèle** (= Ort der Treue) war im 16. Jh. eine wichtige Zuflucht für hugenottische Christen. In seiner wald- und weiherreichen Umgebung zieht der Stausee **Lac des Vieilles-Forges** (= alte Schmieden) die Badelustigen und Wassersportler scharenweise an. Sie schwimmen, paddeln und segeln dort vor der anmutigen Kulisse grüner Hügel.

Renwez besitzt rings um seine prächtige gotische Kirche aus dem 16. Jh. noch eine bemerkenswerte historische Bausubstanz. Außerdem sind die Einwohner dieses charakteristischen Ardennendorfs stolz darauf, daß der berühmte Geschichtsschreiber Jules Michelet (1798–1874) nach oftmaligen Verwandtschaftsbesuchen begeisterte Notizen über Land und Leute veröffentlichte. Heutigen Besuchern wird wohl auch das kuriose Waldmuseum mit seinen forstwirtschaftlichen Dokumentationen und Objekten gefallen (Musée de la Forêt, April tägl. 14–17 Uhr, Mai/Juni/Okt. tägl. 9–12 und 14–18 Uhr, Juli bis Sept. tägl. 9–19 Uhr).

Von Renwez sollte der kurze Abstecher (2 km) zur Burgruine von **Montcornet** nicht versäumt werden. Ihre mächtigen Mauerzüge wurden bereits im 11. Jh. begonnen und bis zum 15. Jh. Stück um Stück erweitert. Michelet nannte sie ein »feudalistisches Kolosseum«, dessen Baumassen sich über zwei Hektar Fläche ausdehnen. (Ostern bis Allerheiligen Sa und So sowie Juli/Aug. tägl. außer Mo 14–18 Uhr).

Über Tournes und Warcq gelangt man in wenigen Minuten nach Charleville-Mézières und ins Tal der Maas zurück.

Information in Monthermé: 6, Rue Etienne Odet, 08800, ✆ 03 24 53 06 50.

… in Revin: 75, Rue Victor Hugo, 08500, ✆ 03 24 40 19 59, Fax 03 24 41 20 98.

… in Fumay: 52, Rue Rochettes, 08170, ✆ 03 24 41 10 25.

… in Haybes: Place de l'Hôtel de Ville, 08170, ✆ 03 24 41 27 20.

… in Givet: Place de la Tour, 08600, ✆ 03 24 42 03 54, Fax 03 24 40 10 70. Zwischen dem 15. Juni und dem 15. Sept. werden vom Bureau du Tourisme Führungen organisiert: tägl. 10–12 und 14–18 Uhr durchs Hammerwerk der Forge Toussaint, zum Victoire-Turm und ins Fort Charlemont.

… in Rocroi: 14, Place Aristide Briand, 08230, ✆ 03 24 54 20 06.

Hotels/Restaurants in Monthermé: **Le Franco-Belge, 2, Rue Pasteur, ✆ 03 24 53 01 20, Fax 03 24 53 54 49. *De la Paix, 1, Rue du Lieutenant-Barbaste, ✆ 03 24 53 01 55. (Beide mit Restaurant)

… in Revin: **Le François I, Quai Camille-Desmoulin, ✆ 03 24 40 15 88, Fax 03 24 40 32 93 (mit Restaurant).

… in Fumay: **Les Roches, 82, Avenue Jean-Jaurés, ✆ 03 24 41 10 12. *Le Lion, 41, Rue de la Gare, ✆ 03 24 41 10 27 (mit Restaurant).

… in Haybes: **Le Saint-Hubert, 47, Grande Rue, ✆ 03 24 41 11 38, Fax 03 24 40 01 56. **Ermitage du Moulin Labotte, ✆ 03 24 41 13 44, Fax 03 24 40 46 72. (Beide mit Restaurant). **Bridoux, 22, Place de la Mairie, ✆ 03 24 41 26 31. *Le Jeanne d'Arc, 32, Grande Rue, ✆ 03 24 41 11 44. *Le Robinson, Rue de Cormont, ✆ 03 24 41 11 73.

… in Givet: **Le Périgord, 35, Avenue Lartigue, ✆ 03 24 42 02 89, Fax 03 24 42 30 19. *Le Nord, 27, Rue Thiers, ✆ 03 24 42 01 78, Fax 03 24 40 46 79 (mit Restaurant). *L'Univers, 37, Avenue Lartigue, ✆ 03 24 40 26 82. Restaurant *Le Lido, 2, Rue du Général-de-Gaulle, ✆ 03 24 42 06 78.

… in Aubrives: **Hôtel Restaurant Debette, Place Louis Debette, ✆ 03 24 41 64 72, Fax 03 24 41 10 31.

… in Rocroi: **Le Commerce, Place Aristide Briand, ✆ 03 24 54 11 15. *Les Remparts, 10, Rue des Remparts, ✆ 03 24 54 11 83, Fax 03 24 54 13 20. (Beide mit Resaurant)

Camping in Monthermé: **Le Port Diseur (70 Stellplätze), Rue A. Compain, ✆ 03 24 53 01 21. Les Rapides de Phades (100 Stellplätze), Route de Thilay, ✆ 03 24 53 06 73, Fax 03 24 53 01 15. **L'Echina (60 Plätze), Rue Louise Michel, ✆ 03 24 53 05 56.

…in Haulmé: ***Camping Départemental d'Haulmé (405 Stellplätze), an der Semoy, ✆ 03 24 32 81 61 (ganzjährig geöffnet).

… in Fumay: Bellevue (60 Stellplätze), Rue du Trou Gigot, ✆ 03 24 41 28 15 (ganzjährig geöffnet).

... in Givet: **La Ballastière (139 Stell-plätze), Parc Résidentiel de Loisirs, ✆ 03 24 42 30 20, Fax 03 24 42 02 44 (ganzjährig geöffnet).
... in Vireux-Molhain: *Les Hayettes (27 Stellplätze), Rue des Hayettes, ✆ 03 24 41 50 00, Fax 03 24 41 50 07.
... in Chooz: *Le Petit Chooz (24 Stell-plätze), Rue de Petit Chooz, ✆ 03 24 42 31 70. **Le Grand Chooz (96 Plätze), Chemin de Mission, ✆ 03 24 42 31 70.
... in Rocroi: Le Couvent (sechs Stellplät-ze), ✆ 03 24 54 10 83. Camping Mi-chel-Nongréau (acht Stellplätze), ✆ 03 24 54 10 83. Les Remparts, ✆ 03 24 54 10 22, Fax 03 24 54 23 42.
... in Bourg-Fidèle: ****La Murée (23 Stellplätze), Chemin de Rocori, ✆ 03 24 54 24 45.
... in Les Mazures: ***Le Lac des Vieil-les-Forges (300 Stellplätze), ✆ 03 24 40 17 31 (ganzjährig geöffnet).

Jugendherberge in Givet: Châ-teau Mon Bijou, Route des Chau-mieres, ✆ 03 24 42 09 60, Fax 03 24 42 02 44.

Festungsstädte und Wehrkirchen zwischen Maas und Aisne

Südlich des Plateaus von Rocroi schließt sich an die Hügelkämme der Vorardennen (Crêtes Préar-dennaises) das im Geländerelief lebhaftere und weithin bewaldete Gebiet der Thiérache an. Die dank lehmiger Ackerböden sehr frucht-bare Landschaft wird durch kleine Flüsse und Bäche zergliedert. Von Charleville-Mézières und Rethel, den zwei größeren Städten am Ost-rand dieses Landstrichs, führen gut ausgebaute Straßen hinüber nach Rumigny und den anderen Dörfern dieser Gegend, die seit dem Vertrag von Verdun (843) bis zur Neuzeit als eine Art Pufferzone zwischen dem französischen Reich, dem Hennegau und Flandern unzählige Male so begehrt wie umstritten war. Ländliche Naturidyllen über-decken heute Geschichtsräume. In den Wäldern, Wiesentälern und Obstgärten sind die Dramen von ehedem nicht mehr zu erspüren, wohl aber in den Burgruinen und insbesondere in den zahlreichen Wehrkirchen der Thiérache. Im Hundertjährigen Krieg, als Englän-der, Armagnaken und Burgunder mit Kriegshorden durch diese Täler zogen, hatten Land und Leute Un-sägliches zu erdulden. Erst um die Mitte des 15. Jh. wurden die Zeiten wieder ruhiger. Mehr als 40 Dörfer mußten damals völlig neu errichtet werden, und eingedenk der ka-

Getreidefeld bei Rumigny

tastrophalen Erlebnisse beschlossen die zurückgekehrten Bauern, gegen künftige Gefahren selbst Vorsorge zu treffen. Auf die Landadligen wollte sich keiner mehr verlassen, zumal auch diese einstweilen genug damit zu tun hatten, ihre eigenen Domizile wieder herzurichten. So entstanden nun, hauptsächlich zwischen 1450 und 1560, die landestypischen Wehrkirchen. Dabei handelt es sich fast durchweg um Bauwerke nach herkömmlichen Architekturmustern (Kirchenschiff und Chor), denen aber ein bergfriedartiger Torturm und/oder zusätzliche Eck- bzw. Flankentürme vorgesetzt worden sind. Diese Verteidigungsblöcke weisen von Dorf zu Dorf mitunter beträchtliche Unterschiede auf, ganz so, als hätten diverse Baumeister mangels eines allgemein als probat akzeptierten Konzepts mit- oder gegeneinander um die bestmögliche Lösung der Wehrmauertechnik konkurriert.

Gemeinsam ist allen Wehrkirchen die Ausstattung mit Schießscharten, Pechnasen über den Portalen sowie Schallschlitzen anstelle größerer Glockenstubenfenster. Und im Inneren der Türme führen entweder Wendeltreppen oder einziehbare Leitern zu den oberen Stockwerken, die außer Waffenständen und Kasematten große Zufluchtsräume für die Gemeinden sowie Vorratskammern und sogar Notküchen enthielten. Nicht wenige dieser Wehrkirchen mußten übrigens nach dem Dreißigjährigen Krieg wiederaufgebaut werden, weil sie der »fortschrittlichen Feuerkraft« der französischen, spanischen und österreichischen Söldnerheere nicht hatten standhalten können.

Von Charleville-Mézières erreicht man auf der D 3 **Launois-sur-Vence**. Die Stephanskirche, im 13. Jh. errichtet, wurde im 16./17.

Jh. befestigt. Ganz in der Nähe blieb außerdem eine historische Poststation des 17. Jh. mit Wohntrakt, Abfertigungshalle und einer langen Reihe von Pferdeställen erhalten. Heute logiert darin ein regionales Kulturzentrum (tägl. 9–12 und 14–17 Uhr). Zweimal monatlich wird ein Sonntagsmarkt der Trödler, Sammler und Antiquitätenhändler abgehalten.

Wenige Kilometer südlich liegt **Vieil-St-Rémy** mit einem ebenso alten Gotteshaus, das gleichfalls um 1600 zwei schießschartenbewehrte Verteidigungstürmchen erhielt, die kurioserweise den Strebepfeilern am Chor aufgesetzt wurden. Fast alle Gemeinden der Umgebung, so auch Raillicourt östlich von Launois, eiferten seinerzeit solchen Vorbildern nach und ließen zumindest entweder die Turmfenster ihrer Kirchen zu Schießscharten verengen oder Pechnasen über den Eingängen anbringen. Wehrhaft geben sich desgleichen manche Einzelgehöfte weit umher.

Zwischen Maas und Aisne

Der hübsche Ort **Signy-l'Abbaye** erhielt seinen Namen von einer 1134 durch Bernard de Clairvaux an den Quellen der Vaux gegründeten Abtei, die 1793 aufgelöst wurde. Signy-l'Abbaye eignet sich gut als Ausgangspunkt für Wanderungen durch den großen Forêt de Signy und für einen Abstecher in nordöstlicher Richtung nach **Thin-le-Moutier**. Hier erinnert die mit einem grotesken Türmchen schier aus dem architektonischen Gleichgewicht geratene Maison Nicolas Pasche (18. Jh.) an den Kriegsminister (1792/93) und Bürgermeister von Paris (1793/94), der als Organisator seiner Armeen ein bedeutender Mitstreiter Napoléons war.

Über Librecy und La Saboterie, wo früher Holzschuhe *(sabots)* hergestellt wurden, sowie über Marlemont führt die D 27 nach **Liart** mit seiner kantigen Glaubensburg Notre-Dame (16./17. Jh.). Gleich nebenan ist 1986 das volkskundliche Zentrum *Maison de la Thiérache* eröffnet worden, das außer Dokumentationen über die Geschichte von Land und Leuten auch touristische Informationen nebst kulturellen Aktivitäten präsentiert (werktags 9.30–12.30 und 14.30–18 Uhr; Juli/Aug. auch So 14.30–18 Uhr).

Folgt man der D 978 nach Nordosten, so ragt nach wenigen Kilometern links der Wehrbauernhof **Le Maipas** mit markantem Umriß aus einer Talsenke hervor. Er wurde nach dem Sieg der Engländer über das Heer des Philippe von Valois bei Crêcy (1346) durch einen schottischen Edelmann namens Douglas erbaut. Das von vier Türmen flankierte und mit dicken Mauern umwallte Anwesen erhielt seinen Namen von der einst schlechten Wegstrecke *(mal pas)* auf der alten Straße von Aubinton nach Mézières. Das benachbarte Dörfchen **Prez** birgt eine Wehrkirche aus dem 16. Jh. von ausgesprochen rustikalem Zuschnitt, während diejenige in **Aouste,** 3,5 km nordwestlich von Liart, als die eleganteste der gesamten Region zu betrachten ist. Dieser im 16./17. Jh. errichtete Bau aus ockerfarbenem Mauerstein ist dem heiligen Remigius geweiht und besitzt nicht nur ein schönes spätgotisches Portal, sondern auch von der Pechnase bis zum Zufluchtssaal über dem dreischiffigen Langhaus sämtliche für das Überstehen kriegerischer Notzeiten erforderlichen Einrichtungen.

Und nun hinüber nach **Rumigny**, dessen weniger aufwendig gebaute Kirche St-Sulpice (16. Jh.) einen jener kunsthistorisch wertvollen frühromanischen Taufsteine birgt, der nach maasländischer (und wahrscheinlich sogar altkeltischer) Tradition mit geheimnisvollen Maskenmotiven verziert ist. Vom Kirchhof am Hang über dem Dorf ist unten das Château de la Cour des Prés (16. Jh.) zu erblicken, dessen Bau von König François I. 1546 befohlen worden war, weil ihm nach den Verwüstungen während der Kämpfe gegen Karls IV. Armeen »dieses herrliche Land zwischen Capelle und Mézières gar zu entblößt und schutzlos« erschienen war.

Von Rumigny führt ein schmales Waldsträßchen Richtung Süden nach Blanchefosse. Auch dort, wo seitlich der einsamen Strecke mehrere aufgegebene Anwesen mit holzbeschlagenem Fachwerk im typischen Stil der Gegend stehen, weisen die in der gesamten Thiérache vorzüglich plazierten Schilder der *Route des Eglises Fortifiés de Thiérache* (Festungskirchen-Route) alle paar Kilometer zur nächstfolgenden Sehenswürdigkeit: in diesem Fall zur **Abbaye de Bonnefontaine** (= Gute Quelle). Zwar läßt sich die Anlage nur vom Eingang aus besichtigen, aber schon dieser Anblick ist den kurzen Abstecher wert. Malerische Relikte im Park führen imaginär vor Augen, welche Faszination nach der Gründung (1152) ungezählte Wallfahrer durch

Landschaft in der Thiérache

viele Jahrhunderte immer wieder herbeigelockt hat, zumal den dort gehorteten Reliquien des heiligen Capricius eine wundertätige Ausstrahlung nachgesagt wurde. Nach Kriegszerstörungen im 16./17. Jh. erfolgte im 18. Jh. ein Wiederaufbau der Abtei. Die Gebäude aus jener Zeit, heute Privatbesitz, bilden mit der am Wiesenhang gelegenen Ruine der Kirche aus dem 12. Jh. ein so weitläufiges wie romantisch anmutendes Ensemble.

In diesem nordwestlichen Winkel der Region Champagne-Ardenne wird mangels industrieller Erwerbsmöglichkeiten neben Feldwirtschaft und Viehzucht bis heute ein extensiver Obstanbau betrieben. Die Dörfer liegen hübsch eingebettet in Apfel-, Birnen-, Kirschen- und Pflaumengärten. Das Angebot an Fruchtsäften und -spirituosen in Dorfgaststätten und etlichen Bauernhöfen erweist sich unterwegs als gelegentliche Labsal. So auch 3 km nordwestlich von Rumigny in **Hannappes,** dessen ansehnliche Kirche St-Jean-Baptiste (12./13. Jh.) sehr schöne Details

(Knospenkapitelle) der Romanik und frühen Gotik aufweist. Von hier führt das Landsträßchen D 31 nach **Bossus-lès-Rumigny** mit einer kleinen Wehrkirche und zum Schlößchen Fontenelle (17. Jh.) sowie dem einstigen Festungsort Antheny. Auch das mit mehreren Türmchen befestigte Gotteshaus von **Signy-le-Petit** deutet auf jene Zeiten zurück, als es in diesem ehedem zur Picardie gehörigen Zipfel der Thiérache weit mehr als etwa nur Obstbaumkulturen zu verteidigen galt.

Von Signy-le-Petit empfiehlt es sich, der südlich verlaufenden N 43 ein Stück Richtung Charleville-Mézières zu folgen und dann auf der D 20 **Auvillers-les-Forges** und Foulzy anzusteuern. Hinter dem Ortsausgang zweigt die D 9 nach Rouvroy-sur-Audry ab. An dieser Strecke stehen weitere Wehrkirchen und Schlösser inmitten altertümlich-idyllischer Dörfer. In **L'Echelle** beachte man das Schloß aus dem 16. Jh. In **Servion** stehen zwei gewaltige Rundtürme einem donjonartigen Torturm aus dem 16. Jh. zur Seite, ein Paradebeispiel der sakralen Festungsarchitektur, das sich überdies höchst wirkungsvoll aus Wiesen und zwischen Obstbäumen erhebt. Nahe Servion verdient das Schloß von **Remilly-les-Po-thées**, wie das von L'Echelle aus dem 16. Jh., Beachtung.

Diese nur von außen zu besichtigenden Anlagen gehörten zu einer regelrechten Festungslinie der Vorardennen, die im Verlauf verschiedener Kriege von durchaus zwiespältiger Bedeutung war. Denn während sich die Adelsherren mitunter wochenlang hinter diesen teils bunkerartigen Wehrmauern verschanzt hielten, wüteten die Belagerungsheere um so länger und barbarischer in den Bauerndörfern umher. Doch die Blutspuren an Bollwerken und Kirchtürmen sind nun längst verblichen, und die Fremdenverkehrsämter übertünchen das Fatale mit Prospektpoesie.

Als Ausgangspunkt für Exkursionen durch das Porcien, die im Mittelalter als »Pagus Portensis« bezeichnete Landschaft nördlich der Aisne und südlich der Thiérache empfiehlt sich Novion-Porcien. Dort verebben die tonhaltigen Kuppen der Vorardennen im sanftwelligen Gelände und gehen fast unmerklich in die eintönigeren Kreideflächen der Trockenen Champagne über. Die geographische Zweiteilung zeigt sich auch in Gestalt der traditionellen Dorfarchitekturen: Sind die durch Verputz, Schindeln oder horizontale Holzbeschläge *(bauchage)* überdeckten Fachwerkhäuser ein typisches Merkmal der auf Weidewirtschaft und Viehzucht ausgerichte-

ten Höfe des Hügellandes, so bestehen die Güter im Feldfrüchte- und Getreideanbaugebiet der Ebene meist aus Stein- und Ziegelmauerwerk.

Auf den ersten Blick hätte das von starkem Durchgangsverkehr behelligte Dorf **Novion-Porcien** nichts Besonderes zu bieten, stünde da nicht gleich neben der Straße vor einem Gasthaus ein amerikanischer Sherman-Panzer. Bei näherem Hinsehen fällt auf, daß Bar und Kriegsmaschine zusammengehören. In dem privaten »Kriegsmuseum der Ardennen« hat ein leidenschaftlicher Sammler auf 500 m^2 viele tausend Originalstücke zusammengetragen. Vom Küraß aus dem Jahr 1870 bis zum Wehrmachts-Geländewagen werden unterschiedlichste Waffen, Ausrüstungen und Kuriositäten präsentiert, die während dreier Kriege liegenblieben (tägl. 9–20 Uhr).

Ab Novion weisen die Schilder der touristischen *Route du Porcien* von der vielbefahrenen Landstraße weg in westlicher Richtung durchs ländliche Gehügel. Im Nachbarort **Mesmont** spiegelt sich ein Wasserschlößchen mit rhombenförmigen Ziegelmustern über Haustein-Untergeschossen malerisch in seinen Wassergräben.

Einige Kilometer südlich lohnt das geschichtsträchtige **Sery** einen kurzen Abstecher. Dort erheben sich die merkwürdigen Monts de Sery, auf denen noch deutlich die Erdwerke eines römischen Lagerkastells zu erkennen sind. Die Hügel sollen in keltischer Frühzeit der Schauplatz druidischer Sonnenkulte gewesen sein, und die örtlichen Heimatforscher behaupten wohl zu Recht, daß der noch heute gepflegte Brauch der Johannisfeuer zur Sommersonnenwende eine bloß oberflächlich christianisierte Form der altertümlichen Beschwörungsrituale sei. In **Wasigny** stehen eine auf Holzpfeilern ruhende Fachwerk-Markthalle und ein schloßähnlicher Wehrbauernhof von 1628 und im benachbarten **Doumely-Bégny** ein Schloß von 1620 mit graphisch gemusterter Schaufront. 5 km nördlich von Wasigny liegt das Apfelweindorf Lalobbe.

Durch die Hügel bei Givron geht es weiter nach **Chaumont-Porcien,** einem hübsch zwischen Wäldern gekuschelten Ort. Von hier aus könnte man **St-Jean-aux-Bois** mit einer Markthalle aus dem 18. Jh., die auf 32 Pfeilern steht, und **Rocquigny** mit seiner großen Wehrkirche aus Ziegelmauerwerk (16. Jh.) einen Besuch abstatten. Die Fahrt führt weiter nach **Fraillicourt** mit einem wehrhaften Gotteshaus und von dort über Renneville (Fachwerkhäuser), Waleppe und Sévigny (Wehrkirche) in ebe nere Gegenden und zum bewaldeten Tal des Barres-Bachs, der sich bei Asfeld in die Aisne ergießt.

 Information in Liart: La Maison de la Thiérache, ☎ 03 24 54 48 33.

 Hotels/Restaurants in Signy-l'Abbaye: **Auberge de l'Abbaye 2, Place Aristide-Briand, ☎ 03 24 52 81 27.

Le Gibergeon, 6–7 Place de l'Eglise, ☎ 03 24 52 80 90. (Beide mit Restaurant)
... in Signy-Le-Petit: Le Lion d'Or, Place de l'Eglise, ☎ 03 24 53 51 76, Fax 03 24 53 36 96.
... in Auvillers-les-Forges: ****Hostellerie Lenoir, ☎ 03 24 54 30 11 (nur Restaurant).

Camping in Signy-l'Abbaye: **Camping Municipal de l'Abbaye (60 Stellplätze), ☎ 03 24 52 81 25, Fax 03 24 52 87 73.
... in Signy-le-Petit: **Camping Base de Loisirs du Pré Hugon (51 Stellplätze), ☎ 03 24 53 51 01, Fax 03 24 53 51 32.
... in Rumigny: Camping Municipal (25 Stellplätze), ☎ 03 24 35 51 05.

Von Asfeld entlang der Aisne nach Vouziers

Wer in **Asfeld** die aus Ziegeln konstruierte Kirche St-Didier (1680–85) erblickt, wird verwundert sein. Es handelt sich um ein ganz ungewöhnliches Exemplar, stellt dieser Bau doch für die Stilgeschichte des Barock ein ausgesprochen elegantes Unikum dar. Einzigartig: Der Grundriß ahmt die Form einer Violine nach; sämtliche Linien sind ohne jegliche Gerade mal konvex und mal konkav geführt. Es heißt, der Architekt François Romain, ein Dominikaner, der auch die berühmte Königsbrücke Pont Royal für Paris entwarf, habe sich sowohl von den Kolonnaden des römischen Petersplatzes als auch von dem Gedanken inspirieren lassen,

Über violinförmigem Grundriß erbaut:
St-Didier in Asfeld

daß aus einem Bau von solcher Form die Gebete wahrhaft hymnisch zum Herrn des Himmels aufsteigen müßten.

Ostwärts begleitet den Flußlauf der Aisne die D 926 bis Rethel. Auf dem Weg liegt **Château-Porcien**. Dort gibt sich das ganz aus Backstein erbaute Schlößchen Vignaucourt (15. Jh.) als reiner Zweckbau zu erkennen. Überhaupt zeigen die meisten Orte dieser Talgegend ein relativ nüchternes Gepräge, ganz so, als wollten sie der drunten zwischen Auwäldern strömenden und mitunter weite Mäander bildenden Aisne einen Kontrast der Klarheit zur Seite geben, wie ihn auch die streng geführte Parallele des Ardennenkanals evoziert.

Rethel ist der wichtigste Verkehrsknotenpunkt der Nordchampagne. Weithin landschaftsbeherrschend bringt sich die Nikolauskirche (12./13. und 15./16. Jh.) hoch auf dem Retheler Stadthügel zur Geltung. Steil hebt sich der ursprünglich gotische und mit Renaissanceelementen verzierte Bau mit seinen zwei ungleichen Schiffen über den hangaufwärts gestaffelten Hausdächern der Kleinstadt hervor. Die Bars und Bistros am Rand des Kirchenvorplatzes sind Jugendtreffs, und an der opulenten Portalfassade mit ihren flamboyant umrahmten Skulpturen brausen die Autos achtlos vorüber. Wer die auf edle Erhabenheit angelegte Architektur mit Muße betrachten möchte, sollte dies schon aus Sicherheitsgründen zur verkehrsärmeren Mittagsstunde versuchen.

Rethels historische Bedeutung als Hauptort der einstigen Grafschaft erscheint längst von der jetzigen Funktion als Verwaltungssitz des gleichnamigen Arrondissements überlagert. Supermärkte und Tankstellen spiegeln die ökonomische Bedeutung eines ländlichen Mittelpunkts. Keine Spur mehr vom geistlichen und kulturellen Kristallisationspunkt des Mittelalters, wo ab 1562 die Herren des Gonzague-Geschlechts und von 1663 bis zur Revolution die Erben des mächtigen Kardinals Mazarin das Sagen hatten. Solche historischen Reminiszenzen finden sich nebst archäologischen und volkskundlichen Sammlungsstücken in der Musée du Rethélois et du Porcien im Palais de Justice (Mi und So 14–16 Uhr oder nach telefonischer Vereinbarung unter ☎ 03 24 38 52 16).

Der Name von Rethel geht auf das römische Castrum Retectum zurück. Eine weit spätere und eher unscheinbare Episode der Stadthistorie hatte mit dem Schulkollegium des Instituts Notre-Dame zu tun: Nach Verbüßung seiner Haftstrafe in Mons war dort nämlich Paul Verlaine als Französisch-, Englisch- und Geschichtslehrer angestellt worden (1877–79). Heute gefällt sich Rethel deshalb als Etappenziel der Touristikroute Rimbaud-Verlaine, doch damals hätte

an solch eine »Ehre« wahrlich niemand zu denken gewagt. Vielmehr schlugen die Wellen der kollektiven Empörung schäumend empor, als ruchbar wurde, daß sich der homosexuelle Verlaine in den Schüler Lucien Létinois verliebt hatte (s. S. 100).

Von Rethel gelangt man über Biermes am Südufer der Aisne nach **Thugny-Trugny**, wo hoch am Hang über der baumbestandenen Flußniederung eine markante Dorfkirche steht (16. Jh.). Am Rand der Bauerngärten zeigen sich die Türme eines Schlößchens (1570; Privatbesitz). Ringsum anmutige Landschaftsbilder: die Aisne strömt mit unzähligen Windungen zwischen Schilf und unter Pappeln dahin, während ihr zur Seite der Canal des Ardennes eine schnurgerade Wasserlinie bildet.

Über Nebensträßchen kommt man zu den Bauerndörfern nördlich der Aisne, die sich mit interessanten Kirchen schmücken: In **Novy-Chevrières** steht eine Basilika aus dem 17. Jh., in **Sorcy** eine spätromanische Kirche aus dem 12. Jh. und in **Alland'Huy-et-Sausseuil** die frühgotische Eglise Ste-Cathérine (um 1300).

In **Attigny**, dem historisch bedeutendsten Ort an der oberen Aisne, erinnert heute nur wenig daran, daß es seit 638 die Hauptresidenz der Merowinger war. 785 mußten sich eben hier die sächsischen Edlen Wittekind und Albion vor Karl dem Großen in den Staub werfen, um anschließend die christliche

Auf den Spuren von Rimbaud und Verlaine

Über Attigny und Vouziers folgt die gut ausgebaute D 983 von Rethel dem Tal der Aisne zu den Argonnen. Zahlreiche Schilder der *Route Rimbaud-Verlaine* weisen am Wegesrand auf die Orte hin, an denen sich die beiden Dichter aufgehalten haben.

Freilich wird man dort außer Gedenktafeln an diversen Gebäuden keine besonderen Monumente oder Museen antreffen, doch ganz im Zeichen der gegenwärtigen Rimbaud-Renaissance fahren erstaunlich viele Verehrer dieser Route nach und suchen beispielsweise in Juniville (15 km südlich von Rethel über die D 985) das Café Lion d'Or, wo sich damals die Dichter am Absinth berauschten. Von dort ist es nicht weit ins *Quartier Petite Paroisse:* Der Bauernhof, in dem sich Paul Verlaine 1880–81 gemeinsam mit Lucien Létinois als Landwirt versuchte, trägt die Hausnummer 15.

Von Juniville über Pauvres (D 43 und D 23) oder von Attigny aus (5 km über die D 987) gelangt man nach Coulommes, wo am Bauerngehöft Malval eine Tafel an Verlaines Bemühen erinnert, hier von der Landarbeit zu leben und zugleich solch rustikaler Einfachheit den Stoff für urwüchsige Dichtungen zu entlehnen. In Malval schrieb Verlaine seine »Sagesse«, doch schon bald mußte der Hof verpfändet werden. Das Bauernleben war gescheitert, und die Literatur blieb desgleichen ohne finanziellen Ertrag. Verlaine flüchtete sich in alkoholische Exzesse, und Rimbaud hörte mit dem Schreiben auf, noch ehe er sich auf Reisen begab und das Abenteuer in Alexandria suchte. Um 1880 waren die beiden Poeten und Trinker wahrscheinlich in sämtlichen Dorfkneipen zwischen Attigny und Vouziers verschrien. Verlaine wurde wegen des Mordanschlags auf die eigene Mutter damals sogar in Vouziers vor Gericht gestellt. Nach dem darauf folgenden einmonatigen Gefängnisaufenthalt feierte er seine Entlassung bis zum Vollrausch in Attigny. Anschließend suchte er in Juniville Geld zum Wiedererwerb des Bauernhofs aufzutreiben – vergeblich. Gänzlich mittellos hat er dann die Region verlassen.

Taufe zu empfangen. Von den Bauten aus jener Zeit ist nichts geblieben. Die stilvolle Renaissance-Torhalle des *Dôme* (Porte Charlemagne) stammt aus späteren Jahrhunderten. Attignys strategische Lage an einem schon zur Römerzeit wichtigen Aisne-Übergang brachte dem Ort im Laufe der Geschichte viel Unheil. Man kann den bitteren

Zungenschlag jenes französischen Chronisten verstehen, der über die jüngsten Zerstörungen schrieb: »Wie schon 1870 wurde der Ort auch 1914 eingenommen. 1918 zwangen die Deutschen mit der Rauheit Widukinds, des Sachsen, russische Kriegsgefangene dazu, sämtliche Häuser in Attigny zu sprengen. Außer zwei Gebäuden wurden alle dem Erdboden gleichgemacht. Und 1940, als der Ort wiederaufgebaut war, kamen andere Widukinds ...«

Im Weiler **Ste-Vaubourg** südöstlich von Attigny wurde 916 eine der heiligen Walburga geweihte Kirche gegründet, deren Fundamente noch unter dem jetzigen Gotteshaus (15.–17. Jh.) verborgen sind. Das benachbarte **Roche** war für Arthur Rimbaud einer der wenigen Orte, in denen er auf dem Bauernhof seiner Großeltern mütterli-

cherseits frohe Kindheitstage zugebracht hat. Gegenüber von Roche liegt jenseits der Aisne das hübsche **Voncq.** Das in aussichtsreicher Lage am Talhang erbaute Dorf war zur römischen Zeit eine bedeutende Straßenstation. Sehenswert ist die mit wertvollen Portalskulpturen verzierte Kirche Notre-Dame (13.–16. Jh.). Nach diesem Abstecher auf die D983 zurückgekehrt, erreicht man bald **Vouziers**, das mit der Kirche St-Maurille (15.–18. Jh.) ein wahres Kleinod besitzt: Diesem spätgotischen Sakralbau wurde als Renaissance-Schmuckstück eine dreigeteilte Portalfassade (1517–65) vorgeblendet.

Information in Rethel: Place des Minimes, 08300, ☎ 03 24 39 51 45.
... in Vouziers: Place Carnot, 08400, ☎ 03 24 71 97 57.

Hotels/Restaurants in Rethel: **Au Sanglier des Ardennes, 1, Rue Pierre-Curie, ☎ 03 24 38 45 19, Fax 03 24 38 45 14. **Le Champagne,

Entlang der Asine

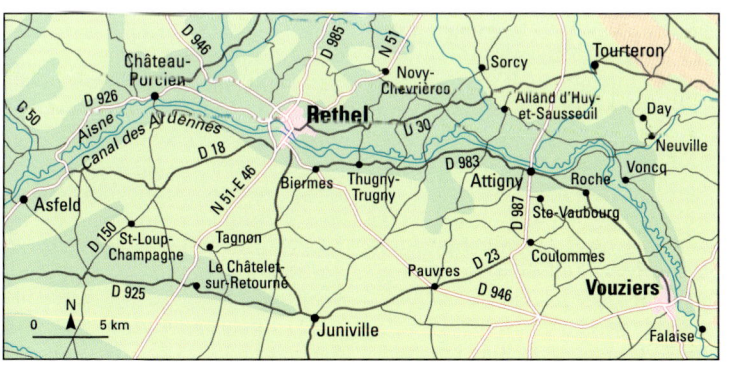

2, Boulevard du 2ème-D.I., ✆ 03 24 38 03 28, Fax 03 24 38 37 70. **Le Moderne, 2, Place de la Gare, ✆ 03 24 38 44 54, Fax 03 24 38 37 84. (Alle mit Restaurant)

... in Vouziers: **La Ville de Rennes, 18, Rue Chanzy, ✆ 03 24 71 84 03. *Les Deux Ponts, 12, Rue d'Aisne, ✆ 03 24 71 82 92. (Beide mit Restaurant)

Camping in Attigny: **Le Vallage (70 Stellplätze), 38, Chemin de l'Assaut, ✆ 03 24 71 23 06, Fax 03 24 71 94 00.

Bahnverbindung: Hauptstrecke von Reims nach Charleville-Mézières; Nebenlinie durchs Tal der Aisne über Attigny und Vouziers nach Grandpré.

Über die Haute Chevauchée nach Verdun und Ste-Menehould

Zwischen Grandpré und Givry-en-Argonne

Das Waldgebiet der Argonnen liegt im Osten der Champagne an der Grenze zu Lothringen. Die Argonnen und die Zone zwischen Argonnen und Maas waren während des Ersten Weltkriegs Schauplatz erbitterter Schlachten. Deren Höhepunkt wurde im August 1917 erreicht, als französische Truppen die weit um Verdun noch von Deutschen besetzt gehaltenen Stellungen zurückeroberten. Soldatenfriedhöfe, Denkmäler, Bunker und Sprengungstrichter erinnern an jenes blutige Geschehen, dem binnen weniger Monate Zehntausende von Menschen zum Opfer fielen.

Als Ausgangspunkt für Fahrten durch die Argonnen bietet sich **Grandpré** am Nordrand des Waldgebiets an (18 km südöstlich von Vouziers). Grandpré war der Hauptort der einstigen Grafschaft Joyeuse. Die Medarduskirche (13.–17. Jh.) sowie die Torgebäude des ansonsten zerstörten Schlosses (17. Jh.) der De Joyeuse sind bemerkenswerte Relikte der glanzvollen Vergangenheit. Das schloßähnliche Gebäude (Privatbesitz) am Hang dahinter wurde 1928 rekonstruiert. Nahebei ist ein kleines Museum der regionalen Volkskunde gewidmet (Musée de l'Argonne; Besichtigung auf Anfrage).

Zunächst führt ein Abstecher Richtung Nordosten nach **Verpel**, wo eine Wehrkirche des 13.–16. Jh. zu besichtigen ist, und nach **Landreville**, wo sich ein Wasserschloß von 1567 befindet, in dem übernachtet werden kann. Dann weiter südlich nach **Romagne-sous-Montfaucon,** das bereits auf lothringischem Boden liegt. Hier rücken der amerikanische Friedhof und das Monument (Freiheitsstatue) der während des Ersten Weltkriegs strategisch hochbedeutenden Schlachtfelder um die Butte de Montfaucon ins Blickfeld. Sie spielten im Kampf um Verdun eine Schlüsselrolle.

Nun geht es zurück zur Aire nach **St-Juvin,** dessen monumenta-

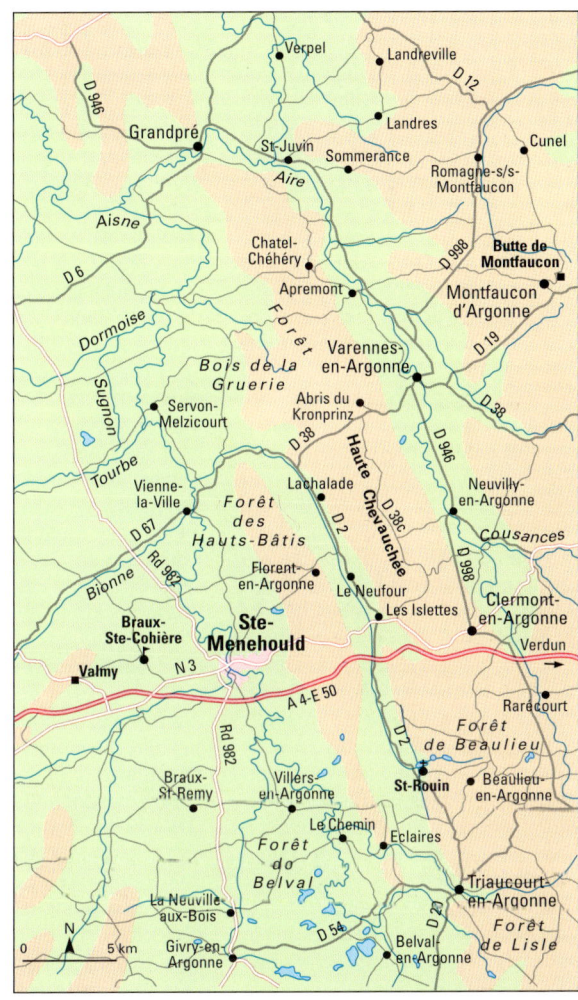

Die Argonnen

le Wehrkirche (1614–24) sich wie ein erratischer Block zwischen vier runden Ecktürmen hoch am Hang über den Auwäldern, Wiesen und Äckern aus den Häuserzeilen erhebt. Und 9 km weiter südlich im weiten und ebenen Tal der Aire zeigt sich **Apremont** (rauher Berg) mit den zauberhaften Silhouetten seiner Gebäude und einer schlichten Kirche auf dem Hügelrist jenseits der Aire. In der Nähe liegt ein großer deutscher Soldatenfriedhof. Das benachbarte **Châtel-Chéhéry** war einst ein Kloster (12. Jh.), von dem noch ein paar Gebäude zu sehen sind.

Der nächste Ort an der D 946 ist **Varennes-en-Argonne.** Sehenswert sind die alte Kirche aus dem 13. Jh. und das in modernen Räumen untergebrachte Argonnen-Museum (Musée d'Argonne; Volkskunde, Kunsthandwerk und Dokumentation der Flucht und Festnahme König Louis' XVI. April bis Juni und Sept. 14.30–17 Uhr, Juli/Aug. 10–12 und 14–18 Uhr). Vor allem ist Varennes aber als jene Stätte bekannt, an der Louis XVI. 1791 von einem Posthalter an seiner Flucht gehindert und danach wieder zurück nach Paris (und später unter die Guillotine) gebracht wurde. Weltgeschichte? Keine 30 m sind's vom heutigen Postamt bis zu dem Türmchen, an dem eine Gedenktafel dieses Ereignis von großer Tragweite zitiert. Und 150 m weiter, oberhalb desselben Platzes, ragen die Kolonnaden jenes Denkmals empor, das 1927 vom US-Bundesstaat Pennsylvania zu Ehren der in der Argonnenschlacht gefallenen GI's errichtet worden ist.

Die Haute Chevauchée (Hoher Reitweg), die am westlichen Ortsausgang von Varennes beginnt, gilt als Rückgrat der Argonnen und ist kriegsgeschichtlich als Frankreichs

Thermopylen bekannt. »Abris du Kronprinz« hieß und heißt noch heute der blockhausähnliche Unterstand, zu dem sich der deutsche Thronfolger seinerzeit begab, wenn er sich über die zähen Kampfverläufe im Dickicht der Argonnen unterrichten lassen wollte. Die Stätten des martialischen Zermürbens und Zerschmetterns gegnerischer Armeen sind erschreckend deutlich längs der Haute Chevauchée zu erblicken. Über rund 10 km zieht sich die Kammstraße durch das geschlossene Waldgebiet. Beiderseits klaffen im Unterholz enorme Granat- und Minentrichter. Beim Anblick der Schützengräben wundert man sich, wie wenig die Geländespuren dieses Krieges von 1914–18 vernarbt sind. Labyrinthische Erdkerben zur Körperdeckung verdichten sich in einer Senke vor der **Gedenkstele für Lieutenant Pierre Monier,** der im Januar 1915 fiel. 2 km südlich des Abzweigs von der D 38 erhebt sich das **Monument aux Morts de l'Argonne;** dahinter ein immenser Sprengungstrichter mitten im geschoßzerfurchten Forst. Dies war das Werk jener Mineure, die von den Bergflanken aus lange Stollen unter die feindlichen Stellungen vortrieben, die dann mittels gewaltiger Dynamitladungen von unten zerschlagen und buchstäblich in die Luft gesprengt wurden.

Vom Brennpunkt des teuflischhinterlistigen Minenkriegs zieht sich das Sträßchen weiter südwärts über den Kamm. Wie ein riesiger

Stahlhelm erhebt sich zwischen den Stämmen des Buchenhochwalds der Betondeckel eines Bunkers. Weitere Kuppelwölbungen sind in der Umgebung zu erblikken. Ein französischer **Soldatenfriedhof** und 250 m weiter ein Picknickplatz. – Wer dort Pause macht, hört das Schießen von den nahegelegenen Truppenübungsplätzen. Man entfernt sich, nachdenklich geworden. Rasch und steil geht's bald hinunter in friedlich anmutende Wiesentäler. Den idyllischen Dörfern am Waldrand ist die dramatische Vergangenheit nicht mehr abzuspüren.

Parallel zur Haute Chevauchée führt durch das tiefe Waldgebiet am westlichen Abhang der Argonnen die D 38/D 2 von Varennes-en-Argonne hinunter nach Les Islettes. An der landschaftlich reizvollen Strecke sind im winzigen Dorf **Lachalade** noch gediegene Bauten eines ehemals bedeutenden Klosters (17. Jh.) zu erblicken. Mal gehörte die Abtei zur Kirchenhoheit von Reims, mal unterstand sie den Bischofen von Verdun – ein Hinweis darauf, wie wenig die mit der Landstraße verlaufende Grenze zwischen der Champagne und Lothringen historisch gewachsen ist. Weiter südlich verdient in **Florent-en-Argonne** eine Zeile landestypischer Häuser Beachtung, deren Wetterseiten allesamt mit Holz verkleidet sind.

Les Islettes war Standort einer einst berühmten Fayencerie, die am Ort aus einer Töpferei aus der Römer-zeit bis 1848 florierte. Im Schlößchen von Bois d'Epense (18. Jh.) logierten die Meister der Manufaktur.

Während einer Fahrt durch die Südargonnen werden die Kontraste zwischen den grünen Hügeln des Waldgebietes und den hier beginnenden Horizonten der ebenen Champagne anschaulich. Die Ortschaften, teils zum Département Marne, teils zu Lothringen gehörend, erscheinen recht malerisch in die Natur gesetzt. Von Les Islettes geht es zuerst nach **St-Rouin**. Die Eremitage des Glaubensboten Rouin, an den Quellen der Biesme gelegen, zieht bis heute fromme Pilgerscharen an. Jährlich Mitte September findet eine Wallfahrt statt.

Einige Kilometer weiter zweigt links ein Sträßchen nach **Beaulieu-en-Argonne** ab. Hier wird noch eine riesige eichene Kelter aus dem 13. Jh. gezeigt, die zu einem bereits im 7. Jh. gegründeten Kloster gehörte. Biegt man dagegen von der D 2 nach rechts ab, so erreicht man nach wenigen Kilometern **Eclaires**, das mit seiner alten Dorfkirche aus dem 13. Jh. gefällig wirkt. Der Nachbarort **Le Chemin** besitzt ein aus Fachwerk errichtetes Gotteshaus von 1545. Von hier erreicht man auf schmalen Landsträßchen das Örtchen La Neuville-aux-Bois, von dem es auf der RD 382 nur noch ein Katzensprung zum Seengebiet um **Givry-en-Argonne** ist. Es ist eine Landschaft mit höchst idyllischen Winkeln, deren schilfumrandete Weiher ein Rückzugsgebiet für seltene Vögel, Insek-

Blick über Ste-Menehould

ten und Lurche bilden. Drei Dutzend Teiche und ringsum Wald: eine Urlaubsgegend für Ruhebedürftige und Naturfreunde. Am Badesee von Givry bieten sich Wassersportmöglichkeiten.

 Information: Rathaus (Mairie) in Varennes, ✆ 03 29 80 71 14.

Hotels/Restaurants in Florenten-Argonne: ***La Jabloire, Place Léon Antoine, ✆ 03 26 60 82 03, Fax 03 26 60 85 45. Auberge de la Menyère, ✆ 03 26 60 93 70: Haus aus dem 16. Jh. (nur Restaurant).
... in Givry: *Hôtel-Restaurant L'Espérance, 22, Place de la Halle, ✆ 03 26 60 00 08, Fax 03 26 60 01 46.
Ferienwohnungen: Schloß Landreville, Auskunft und Buchungen über Loisirs-Accueil en Ardennes in Charleville-Mézières, ✆ 03 24 56 00 63.

Camping in Grandpré: **Camping Municipal (100 Stellplätze), Rue A. Bastide, ✆ 03 24 30 50 71, Fax 03 24 30 23 78.

Jugendherberge in Givry: Le Val d'Ante, 13–15, Rue du Général Leclerc, ✆ 03 26 60 43 54.

Abstecher nach Verdun

Nach Osten lohnt aus den Argonnen ein Abstecher nach Verdun, und zwar aus Gründen, die mit den vergangenen Kriegen in einem eher nebensächlichen Zusammenhang stehen. Denn diese alte Bischofsstadt (seit 350) spielte ja nicht nur durch den dort beschlossenen karolingischen Reichsteilungsvertrag vom 11. August 843 eine weltgeschichtlich bedeutende Rolle, sondern gilt mit ihrer für die rheinische und mosel-maasländische Romanik beispielhaften **Kathedrale** (11./12. und 13./14. Jh.)

mit spätgotischem Kreuzgang sowie mit ihren stilvollen Profanbau-
ten aus dem 16.–18. Jh., ihrer mittelalterlichen **Stadtwehr** und der
gewaltigen **Vauban-Festung** als ein
kunsthistorischer Brennpunkt von
Nordostfrankreich. Freilich richtet
sich das Interesse der meisten Besucher hauptsächlich auf die
Schlachtfelder über dem rechten
Ufer der Maas. Die **Forts von Vaux**

und Douaumont, das durch Gra-
natteppiche buchstäblich ausra-
dierte Dorf Fleury mitsamt dem
nahebei errichteten **Mémorial**
(Kriegsmuseum, 1. bis 22. März
tägl. 9–12 und 14–18 Uhr, 23.
März bis 15. Sept. tägl. 9–18 Uhr,
Sa und So bis 19 Uhr, 16. Sept. bis
28. Febr. tägl. 9–12 und 14–17
Uhr, im Dez. geschlossen), das riesige **Beinhaus** *(Ossuaire)* und der

Die Kanonade von Valmy
und andere Kriegsschauplätze

Die Kanonade von Valmy ging als entscheidende Episode zu Beginn der französischen Revolutionskriege in die Geschichte ein. Die Stellungen und Aufmarschplätze der beteiligten französischen, preußischen und österreichischen Truppen lassen sich anhand der Planskizzen auf den Steinpostamenten bei der Windmühle identifizieren. In der Tat läßt der Rundblick leicht erkennen, weshalb es den schlecht ausgerüsteten und kaum ausgebildeten Freiwilligen der französischen Revolutionsarmee am 20. September 1792 geglückt war, die stramm durchorganisierten vereinigten Truppen Preußens und Österreichs vernichtend zu schlagen. Denn dank der beherrschenden Hügelstellung und aufgrund genauerer Geländekenntnis blieb den französischen Generälen Dumouriez und Kellermann praktisch keine Bewegung der Gegner verborgen. Außerdem befanden sich die durch miserables Wetter, Hunger und Durchfallerkrankungen demoralisierten Soldaten der Koalition in schlechter Verfassung. Durch ein energisches, treffgenaues Kanonenfeuer wurden sie am Vorrücken gehindert. Ihre Infanterie kam überhaupt nicht zum Zug. Das Ergebnis der Kanonade von Valmy kann auch als psychologischer Sieg der Franzosen bezeichnet werden.

Das berühmte Zitat Goethes, der als Kriegsberichterstatter die Schlacht verfolgte, war übrigens in Wahrheit ein sarkastischer Scherz. Der Dichter hat sogar die Glosse dazu gleichsam mitgeliefert, indem er sagte: »Ich hatte die Schar (der Offiziere) gewöhnlich mit kurzen Sprüchen erheitert und erquickt; diesmal sagte ich: Von hier und heute geht eine neue Epoche der Weltgeschichte aus, und ihr könnt sagen, ihr seid dabeigewesen.« Goethe-Fans können das Tagebuch der »Campagne in Frankreich« zwischen Valmy und Grandpré als literarischen Wegbegleiter gebrauchen. Detailliert ist darin beispielsweise das Dörfchen Hans beschrieben (an der D 67, 6 km nördlich von Valmy), in dem sich damals die Kommandozentrale der Deutschen befand. Nachzulesen sind desgleichen die jämmerlichen Begleitumstände des eiligen Rückzugs der geschlagenen Truppen sowie auch die Freuden des Autors beim »Visitieren« (oder Plündern?) eines wohlgefüllten Weinkellers in Somme-Tourbe.

Militärgeschichte bis zum heutigen Tag: Von Valmy Richtung Reims reichen militärische Sperrgebiete beidseits bis an die RD 931 heran. Rings um Suippes (20 km westlich von Valmy) breiten sich die drei riesigen Truppenübungsplätze von Moronvilliers, Mourmelon und Suippes aus. 10 km nördlich von Suippes steht am Straßenrand (RD 977) eine Denkmalspyramide am Ort der einst vehement umkämpften Ferme Navarin. Das Monument wird von der Skulpturengruppe dreier Sturmsoldaten bekrönt und ist inschriftlich »Den Toten der Champagne-Armeen 1914–1918« gewidmet. Gegenüber warnt eine große Tafel mit zwei aufgemalten Totenschädeln vor dem Betreten des Übungsplatzes: In Sichtweite der Gedenkstätte für gefallene Soldaten üben deren gegenwärtige Nachfolger ganz unbeirrt ihr Waffenhandwerk aus. Im nächstgelegenen Dorf, Sommepy-Tahure, gibt es ein Musée 1914–18. Wenig weiter weist ein Schild zum »Monument Américain«.

Die flachen Hügel um die Ferme Navarin, Schauplatz mehrerer entscheidender Schlachten des Ersten Weltkriegs, sind heute zu extensiv genutzten landwirtschaftlichen Anbauflächen geworden. Hin und wieder, heißt es, pflügen die Bauern noch immer Teile von Kriegsschrott aus dem Boden. Für den Reisenden gibt es außer den diversen Mahnmalen und dem Museum von Sommepy-Tahure nichts Auffälliges zu sehen; über viele Straßenkilometer durchziehen schöne Alleen das offene Land, und ringsum dehnen sich die immensen Felder mit ihrer hellgrau bis schlohweiß hervorleuchtenden Ackerkrume aus. Bilder ländlichen Friedens …

makaber anmutende **Bajonettgra-ben** *(Tranchée des Baionnettes)* nebst einigen Dutzend Denkmal-stätten ziehen die Touristen tagaus tagein scharenweise an.

Wer heute als Einzelreisender die Ruinen und Relikte bei Verdun aufsucht, wird unausweichlich mit dem schier grotesken Phänomen des modernen Schlachtfeld-Sight-seeings konfrontiert. Leider bilden die Schlachtfelder nun schon seit etlichen Jahrzehnten eine Etappe für ungezählte Reiseunternehmen, die im Programm ihrer Kurzfahrten nach Paris dieses so denkwürdige Ziel mal eben »mitnehmen«. Am ruhigsten ist es in der Regel am späten Nachmittag.

ⓘ **Information in Verdun:** Place de la Nation, ✆ 03 29 86 14 18, Fax 03 29 84 22 42.

✿ **Einkauf:** Eine schon von Goethe als vorzüglich gerühmte lukulli-sche Spezialität sind die süßen Dragées von Verdun, die in den Confiserien der Stadt und von der Firma Dragées Bra-quier angeboten werden.

Ste-Menehould und Umgebung

Am Westrand der hügeligen Wald-landschaft liegt **Ste-Menehould,** die Argonnen-Hauptstadt, in der übrigens Dom Pérignon geboren wurde (s. S. 144). Spötter nennen ihren historischen Kern an der Pla-ce du Général-Leclerc mit dem an-sehnlichen Rathaus (1730) eine »Taschenausgabe« von Charlevil-le-Mézières. Die architektonische Ähnlichkeit ist in der Tat nicht zu übersehen, schon allein wegen der altrosa Backsteinfassaden unter Schieferdächern. Sehenswert ist auch die Oberstadt, deren fast dörf-lich anmutende Ensembles mit zahlreichen Fachwerkhäusern be-reits die Nähe der ebenen Cham-pagne mit ihren typischen Sied-lungsformen erkennen lassen. Dort erhebt sich die Kirche Notre-Dame (13./15. Jh.), deren größten Kunst-schatz die Steinskulpturen (15. Jh.) mit dem Tod Mariä darstellen.

Bis an den Stadtrand von Ste-Menehould ziehen sich die flachen Hügel und Mulden der Kreide-champagne. Die Farbe der Acker-böden ist ein stumpfes Weiß, und wer seitlich der Autobahn über Ne-benstraßen Châlons-sur-Marne an-steuert, wird schon beim Anblick der vielen staubbedeckten Autos und Landmaschinen sofort einse-hen, weshalb diese Gegend seit al-ters her die *Pouilleuse* (schmutzig bzw. lausig) geheißen wird.

Eine Hauptsehenswürdigkeit der Region ist das **Château Braux-Ste-Cohière** (16./17. Jh.). In dieser ehe-maligen Kommanderie der Leich-ten Kavallerie *(chevaux-légers)* re-sidiert heute der regionale Kultur-verband. Eine Tonbildschau illu-striert den Besuchern die Eigen-tümlichkeiten und die Geschichte des Gebiets. Rund ums Jahr finden Ausstellungen, Festivals und Kon-zerte statt. Bekannt sind vor allem das Sommerfestival der Argonnen

Die flachen Hügel der Kreidechampagne vor den Toren von Ste-Menehould

und die weihnachtlichen Hirtenmessen (25. Juni bis 30. Okt. tägl. außer Di 10–12 und 14–19 Uhr oder nach Vereinbarung, ✆ 03 26 60 83 51).

Nun rücken bereits **Valmy** und die rekonstruierte Windmühle auf dem Hügelrist ins Blickfeld; Wegweiser führen hinauf. Am oberen Ortsrand steht ein Denkmal mit der Bronzeplastik von General Francisco de Miranda (1750–1816), schräg gegenüber ein alter französischer Kampfpanzer, ein Kriegerehrenmal sowie die Büste des lateinamerikanischen Freiheitshelden Simon Bolívar – kriegsgeschichtliche Erinnerungsmale, die sich nicht allein auf die berühmte Kanonade von 1792 beziehen (s. S. 108 f.).

Information in Ste-Menehould: 15, Place du Général-Leclerec, 51800, ✆ 03 26 60 85 83, Fax 03 26 60 27 22.

Hotels/Restaurants in Ste-Menehould: **Saint-Nicolas, 36, Rue Chanzy, ✆ 03 26 60 80 59. **La Poste, 54, Avenue Victor-Hugo, ✆ 03 26 60 80 16, Fax 03 26 60 97 37. **Le Cheval Rouge, 1, Rue Chanzy, ✆ 03 26 60 81 04, Fax 03 26 60 93 09. (Alle mit Restaurant)

Camping in Ste-Menehould: **La Grelette (50 Stellplätze), Chemin de l'Alléval, ✆ 03 26 60 80 21, Fax 03 26 60 62 54.

Das »magische Dreieck«

Höhepunkte der
champagnesken Gotik
in Reims, l'Épine und
Châlons-sur-Marne

Winzerdörfer und Wein-
berge in der Montagne de
Reims

Stilvolle Gotteshäuser
zwischen Épernay und
Sézanne

Verzenay in der Montagne de Reims

Im »magischen Dreieck« der Champagne zwischen Châlons-sur-Marne, Reims und Épernay konzentrieren sich das kulturelle Erbe und die touristischen Anreize der Marne-Region. Die Weinhänge und Winzerdörfer an den Hängen der Montagne de Reims bieten bezaubernde Ausflugsziele. Doch sehenswerte Stätten verbergen sich auch in den Ebenen bei Fère-Champenoise sowie zwischen den grünen Hügeln des Tardenois.

Châlons-sur-Marne

Die Hauptstadt des Départements Marne ist mit ihren rund 55 000 Einwohnern nicht nur ein Zentrum der Verwaltung und der Bildungseinrichtungen, sondern auch einer der wichtigsten Handelsplätze für die Landwirtschaftsprodukte der Region. Als Knotenpunkt von Straßen- und Schienenverkehr sowie als Hafen am Marne-Seitenkanal ist in jüngster Zeit auch Châlons Bedeutung als Standort und Umschlagplatz der Industrie (Chemie, Feinmechanik) gewachsen. Aufgrund der zentralen Lage und dank vorzüglicher Gastronomiebetriebe eignet sich die Stadt gut für einen längeren Aufenthalt, weil sich von dort die Champagne auf Tagesausflügen per Auto erkunden läßt.

Aus der keltisch-römischen Vergangenheit ist im einstigen Hauptort der Catalaunen kein Bauwerk übriggeblieben. Auch an die antiken Schlachten erinnert nichts mehr; 273 n. Chr. besiegte Aurelia-nus hier den Tetricus, und 366 wehrten die Legionäre unter Jovinus die Alemannen ab. 643 nahm Graf Heribert de Vermandois Châlons ein und ließ die Siedlung niederbrennen, 932 wurde sie durch burgundische Heere und 947 von Truppen des Robert de Vermandois zerstört.

1147 rief Bernard de Clairvaux in Châlons zum Kreuzzug auf. 1360 fielen Stadt und Grafschaft an die französische Krone. Henri IV. ließ 1589 das Parlament aus Paris nach Châlons verlegen, und die von Papst Clemens VIII. zwecks Exkommunikation gegen den König ausgesandte Bulle wurde hier 1592 öffentlich vom Scharfrichter verbrannt. Bis 1814, als preußische Truppen einmarschierten, gestalteten sich die Zeitläufte etwas ruhiger, doch während der Kriege des 19. und 20. Jh. kam es in und um Châlons immer wieder zu verlust- und zerstörungsreichen Kämpfen.

Für die Chronisten hatte die Stadt ihre beste Zeit im Mittelalter. Vom 10. bis 14. Jh. profitierte sie

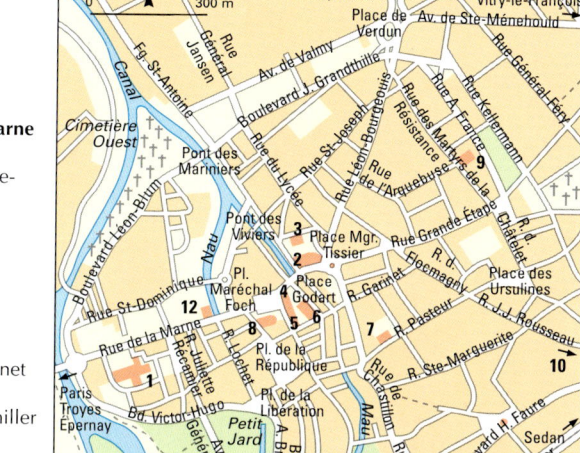

vom lebhaften Fernhandel und dem Ansehen ihrer Bischöfe. Um 1200 lebten ebensoviele Einwohner in Châlons wie heute. Zur selben Zeit wurde mit dem Bau der Kathedrale begonnen und der Grundstein für die Stiftskirche Notre-Dame-en-Vaux gelegt.

Ein Rundgang sollte bei der Kathedrale beginnen, in deren Umkreis zahlreiche Parkplätze zu finden sind. Die **Kathedrale** (12.–17. Jh.) behielt vom romanischen Vorgängerbau die Krypta und einen Turm, ist aber ansonsten gotisch geprägt. Neben ungezählten Kunstschätzen der Plastik und der Malerei verdienen vor allem die herrlichen Farbfenster betrachtet zu werden: Sie repräsentieren die Stilabfolge der Glasmalerei vom 12.–16. Jh. Die Sammlungen des Kirchenschatzes *(Trésor)* in der romanischen Kapelle des Nordturms bergen die drei ältesten Fenster, einen romanischen Taufstein und die aus Schilf geflochtene Schlafmatte des heiligen Bernard de Clairvaux. (Besichtigung des Kirchenschatzes: 1. Juli bis 15. Sept. Di und Sa ab 14.30 Uhr im Rahmen von Führungen des Syndicat d'Initiative). Zwischen der Kathedrale und dem Rathaus (1771) durchmißt die Rue de la Marne als wichtige Verkehrsachse den Kernbezirk der Stadt.

Stadtpalast am Petit Jard

Wie die Kathedrale fußt auch die ehemalige Stiftskirche **Notre-**

Dame-en-Vaux (Liebfrauen in den Tälern; 12.–16. Jh.) noch auf romanischen Mauerzügen und bietet sich im übrigen als gediegenes Baubeispiel der frühen Gotik dar. Auch ihre Farbfenster (16. Jh.) sind meisterliche Kunstwerke. Das 56tonige Glockenspiel gehört zu den größten ganz Europas.

Das **Kreuzgang-Museum** an der Nordseite von Notre-Dame-en-Vaux stellt einen weit über Châlons hinaus bekannten kunsthistorischen Höhepunkt dar. Es birgt die seit 1960 wiederentdeckten und teilweise im Ensemble rekonstruierten Überreste eines um 1175 erbauten und 1759 abgetragenen Kreuzgangs. Dessen Säulen tragen prachtvolle Kapitelle mit üppigen Schmuckformen und zeigen 55 aus den steinernen Schäften gemeißelte Skulpturen von Propheten, Heiligen und Königen, die qualitativ mit den besten Leistungen der Bildhauer von Chartres zu vergleichen sind (April bis Sept. tägl. außer Di von 10–12 und 14–18 Uhr; sonst nach Vereinbarung, ☎ 03 26 64 03 87).

Das **Musée Municipal** (Städtisches Museum) zeigt gleichfalls eine eindrucksvolle Sammlung romanischer und gotischer Skulpturen. Es beherbergt aber auch archäologische Grabungsfunde und volkskundliche Objekte sowie kostbare Gemälde und asiatische Götterbilder des 16./17. Jh. (tägl. außer Di 14–18 Uhr)

Zu denselben Öffnungszeiten ist das in einem Patrizierhaus (19. Jh.) untergebrachte **Musée Garinet et Musée Goethe-Schiller** zu besichtigen. Neben der repräsentativen Inneneinrichtung (Möbel, Gemälde, Kunsthandwerk) im Louis-Seize-Stil und einer Kollektion von Modellen berühmter Kirchen fin-

den sich hier Erinnerungsstücke an die beiden deutschen Dichter.

Für Literatur- und Kunstfreunde gleichfalls ein Muß sind die bedeutenden Sammlungen der **Bibliothek** im ehemaligen Gouverneurspalast (17.–19. Jh.): Deren umfangreiche Bestände bergen unter rund 180 000 Büchern auch solch kostbare Handschriften wie das Werk »Roman de la Rose« (14. Jh.) und das Gebetbuch der Königin Marie-Antoinette, in das sie wenige Stunden vor ihrer Hinrichtung ergreifende Abschiedsworte schrieb (tägl. außer So und Mo 9–12 und 14–19 Uhr, Sa bis 18 Uhr).

An historischen Bauten verdienen in Châlons des weiteren die Kirchen **St-Alpin** (13./16. Jh.), **St-Loup** (15./19. Jh.), **St-Jean** (Schiff 11. Jh., ansonsten 14. Jh.) sowie der 1770 binnen sechs Wochen für den Empfang von Marie-Antoinette errichtete Triumphbogen **Porte Ste-Croix** Beachtung. Nur noch wenige Relikte (Bastionen und Marnebrükken, 16.–18. Jh.) zeugen von der einstigen Stadtbefestigung. Schließlich gehören zu den Sehenswürdigkeiten der Innenstadt die altertümlichen Viertel mit ihren Stadtpalästen und historischen Fachwerkbauten (16.–18. Jh.) sowie die an der Marne und ihrem Seitenkanal gelegenen Parkanlagen des Grand und Petit Jard sowie des Jardin Anglais (Englischer Garten).

ⓘ **Information:** 3, Quai des Arts, 51000, ☎ 03 26 65 17 89, Fax 03 26 21 72 92.

117

Hotels: ***L'Angleterre, 19, Place Msgr.-Tissier, ☎ 03 26 68 21 51, Fax 03 26 70 51 67: vorzügliches Hotel mit erstklassigem Restaurant in ruhiger Lage, Blick auf Notre-Dame-en-Vaux. ***Le Renard, 24, Place de la République, ☎ 03 26 68 03 78, Fax 03 26 64 50 07: zentrale Lage, mit empfehlenswertem Restaurant. **Bristol, 77, Avenue Pierre-Semard (in Fagnières), ☎ 03 26 68 24 36, Fax 03 26 68 22 16. **Grill-Campanile, Route de Reims (in St-Martin-sur-le-Pré), ☎ 03 26 70 41 02, Fax 03 26 66 87 85. **Pasteur, 46, Rue Pasteur, ☎ 03 26 68 10 00, Fax 03 26 21 51 09. **Ibis, Route de Sedan, ☎ 03 26 65 16 65, Fax 03 26 68 31 88. **Porte Sainte-Croix, 1, Boulevard Faure, ☎ 03 26 68 28 81, Fax 03 26 67 50 40. **Le Pot d'Etain, 18, Place de la République, ☎ 03 26 68 09 09, Fax 03 26 68 58 18. *Au Bon Accueil, 81, Rue Léon-Bourgeois, ☎ 03 26 68 09 48, Fax 03 26 64 54 14.

Camping: ****Camping Municipal (130 Stellplätze), Avenue des Alliés, ☎ 03 26 68 38 00.

Jugendherberge: Auberge de Jeunesse L'Embellie, Avenue Kellermann, ☎ 03 26 68 13 56; geöffnet: 1. Juli bis 31. Aug. und nach Reservierung.

Restaurants: **Les Ardennes, 34, Place de la République, ☎ 03 26 68 21 42. *Restaurant de l'Avenue, 86, Avenue de Sainte-Menehould, ☎ 03 26 68 04 44. *Restaurant William, 15, Place de la République, ☎ 03 26 68 16 75. Restaurant du Mont-Saint-Michel, 31, Route de Troyes, ☎ 03 26 68 05 08. Restaurant le Cheval Blanc, 23, Rue Croix-des-Teinturiers, ☎ 03 26 68 04 18. Restaurant Woitier, 42, Rue Pasteur, ☎ 03 26 64 38 75.

Au Petit Chez Soi, 10, Rue de Fagnières, ☎ 03 26 65 16 69.

Bahnverbindung: Linien Ste-Menehould – Verdun – Metz – Saarbrücken, nach Épernay und Reims sowie Vitry-le-François – Bar-sur-Aube – Chaumont.

Busse: Verbindungen mit Reims, Épernay und Troyes.

Ausflüge auf der Marne: Vom 15. Juni bis 15. Sept. werden Rundfahrten mit Ausflugsbooten auf den Kanälen im Stadtbereich von Châlons veranstaltet.

In der Kreidechampagne

L'Épine und die Dörfer südlich von Châlons

Knapp 7 km nordöstlich von Châlons-sur-Marne gelangt man zum Wallfahrtsort **L'Épine**. Dort erhebt sich, schon von fern wie ein Traumgebilde über der Vesle-Niederung zu erblicken, die Basilika Notre-Dame de L'Épine aus dem 15. Jh., ein Meisterwerk des flamboyanten Stils. Paul Claudel hat sie als »lodernde Glut und einen sich aufschließenden Rosenbusch« bezeichnet, und auch Victor Hugo schwärmte von dieser »erstaunlichsten Blüte der gotischen Baukunst«. Mit dem großartigen Schwung der Portalfassade unter den zwei reichverzierten Türmen sowie den ungezählten Details

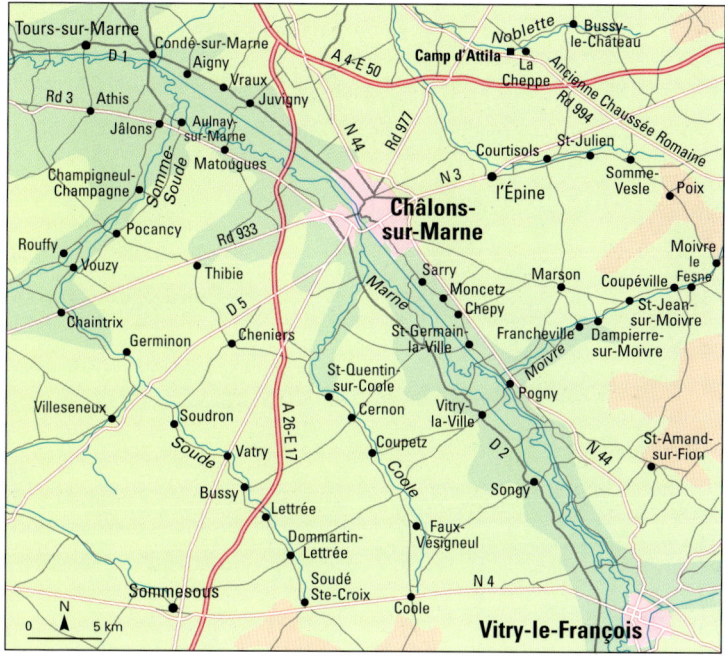

Umgebung von Châlons-sur-Marne

an figürlichem Zierat gilt der Sakralbau nächst der Kathedrale von Reims als Höhepunkt der champagnesken Gotik. Auch das Innere mit einer kostbaren Ausstattung an Gemälden, Altären und Skulpturen, darunter eine Grablegungsgruppe aus dem 15./16. Jh., ist bewundernswert. Victor Hugo verbrachte zwei Stunden mit dem Betrachten der Schätze. Nicht unterlassen sollte man einen Rundgang um die Kirche mit erhobenem Kopf: 99 Wasserspeier sind dort an Traufen und Strebepfeilern zu erblicken. Kuriose Fabelwesen sind's, jenes symbolhafte Gewimmel der Dämonen und lästerlichen Geister, die gemäß mittelalterlicher Glaubenstradition in luftiger Höhe und außerhalb des liturgischen Raums ihren Verbannungssitz einnehmen. Leider sind die wohl skurrilsten dieser Gestalten schon im 19. Jh. entfernt worden, weil ihre »sündhaften Posen und viehischen Possen« den damaligen Kirchenoberen allzu obszön erschienen waren.

Bei Aulnay-sur-Marne

In der Nachbarschaft von L'Épine liegt **Courtisols** mit seinen drei Kirchen und einer Vielzahl landestypischer Wohnhäuser und Wirtschaftsgebäude. Über fast 8 km erstreckt sich dieses längste Straßendorf Frankreichs am Uferrand der Vesle, die im benachbarten Somme-Vesle entspringt.

Die nähere Umgebung von L'Épine war zur frühgeschichtlichen Zeit ein Siedlungsschwerpunkt der Catalaunen. Exakt auf der römerzeitlichen Strecke von Reims nach Bar-le-Duc verläuft heute die RD 394 zwischen La Cheppe und La Maison Rouge. In La Cheppe weisen Schilder zum **Enceinte Celtique dite Camp d'Attila,** dem Lager Attilas. Dieser prähistorische Ringwall, fälschlich dem Hunnenherrscher und seinen Mannen zugeschrieben, umschließt auf brettebenem Gelände Äcker und ein Fußballfeld. Bis etwa 7 m hoch umrundet er bei einem Durchmesser von ca. 300 m die einstige Schutzzone, die höchstwahrscheinlich eine Fliehburg oder ein Oppidum der keltischen Catalaunen gewesen ist.

Im weiten Bogen kann man von L'Épine und Somme-Vesle über Poix, Moivre, Le Fresne, Coupéville und St-Jean-sur-Moivre zur Marne fahren und wird dabei dörfliche Idyllen und uralte Gotteshäuser (meist 12./13. Jh.) entdecken. Romanische Kirchen von stilistisch bedeutender Qualität stehen in **Poix** und **Le Fresne.** Auch **Coupéville** verfügt mit seiner Kirche und den champagnesken Häusern über historisch wertvolle Bausubstanz.

Von **Pogny** (Kirche, 12./16. Jh.) gelangt man auf der D 54 in den Nachbarort **Vitry-la-Ville** (Kirche, 12.–15. Jh., Schloß, 17./18. Jh.) und dann weiter nach Coupetz. Im weiteren Streckenverlauf sind außer stilvollen Dorfkirchen auch immer wieder typisch champagneske Bauensembles und Gehöfte zu erblicken. Entlang dem Coole-Bach führt die Landstraße D 3 von Coupetz nach **Cernon** mit einem Schloß aus dem 17. Jh. und nach **St-Quentin-sur-Coole** mit einer Kirche (16. Jh.), deren künstlerisch hervoragende Bildfenster viele Szenen aus Christi Erdenleben wiedergeben. Südwestlich von Cernon geht es zum Doppelort **Bussy-Lettrée,** wo ebenfalls Glasgemälde und ein Renaissancealtar zu bewundern sind. Bussy-Lettrée liegt am Lauf der Soude, und durch deren Tal geht es nun zunächst nach **Vatry.** Dort erhebt sich eine markante Kirche (13.–16. Jh.) mit einigen Bauteilen aus romanischer Zeit. Auch in den nächsten Ortschaften, **Soudron** und **Germinon,** bilden die alten Gotteshäuser weithin sichtbare Orientierungspunkte in der gleichförmigen Landschaft der ebenen Champagne.

Nun entlang der Somme-Soude nach **Chaintrix** und dann nach rechts auf der D 212/D 37 über **Vouzy** nach **Pocancy,** wo sich ebenso wie in **Champigneul-Champagne** eine romanische Kirche erhebt. Auf der Gemarkung dieses Dorfs wurde ein Menhir gefunden, der wohl zu der Vorzeitnekropole bei Vertus gehörte.

Von Champigneul sind es noch 8 km an die Marne und nach **Jâlons.** Dort überragt der romanische Glockenturm eine Krypta des 12. Jh., und im benachbarten **Aulnay-sur-Marne** bringt sich als nächster Höhepunkt geschichtlicher Baukunst das ehedem mit 14 Wehrtürmen und doppelten Wassergräben ummantelte Schloß St-Georges aus dem 16. Jh. zur Geltung. Entlang der D 1 am Nordufer der Marne reihen sich die Orte **Condé-sur-Marne** mit einer alten Markthalle aus Kastanienholz, **Aigny** und **Vraux.** Sie alle verfügen über sehenswerte Kirchen (12.–16. Jh.) und historische Bauernhöfe. Und in **Juvigny,** kurz vor Châlons, steht außer dem ansehnlichen Gotteshaus (13. Jh.) auch ein im 17. Jh. errichtetes Schloß, dessen Lustgarten höchstwahrscheinlich von dem berühmten Landschaftsarchitekten Le Nôtre angelegt worden sind.

Hotel/Restaurant in L'Épine: ****Aux Armes de Champagne, am Kirchenvorplatz, ✆ 03 26 69 30 30, Fax 03 26 66 92 31; ein bekannter Gourmet-Treffpunkt; zur Saison Voranmeldung empfohlen.

121

Ausflug nach Vitry-le-François

Gut 32 km sind es von Châlons über die N 44 entlang der Marne nach Vitry-le-François, der traditionellen Hauptstadt des Perthois. Kurz hinter Châlons lohnt **Sarry**, wo eine kunsthistorisch wertvolle kleine Basilika aus dem 13. Jh. zu betrachten ist, einen kurzen Besuch.

Nach den Kämpfen gegen Kaiser Karl V. gründete König François I. Vitry-le-François an einem schon zur Römerzeit besiedelten Platz. Die Stadt sollte die durch Brandschatzungen obdachlos gewordene Bewohner der weiten Umgebung aufnehmen. Aber erst im 18. Jh. wurde die nach einem schachbrettähnlichen Plan angelegte Bebauung abgeschlossen, deren Kern sich als nahezu vollendetes Quadrat um die zentrale Place d'Armes gruppiert. Danach wuchs Vitry rasch und wurde ein wirtschaftlich bedeutender Schwerpunkt an der Kreuzung der Fernstraßen von Paris nach Straßburg und von Lille nach Marseille. Desgleichen profitierte es vom Hafenbetrieb auf dem Rhein-Marne- und dem Marne-Saône-Kanal. Im Zweiten Weltkrieg wurde Vitry von den Deutschen im Mai/Juni 1940 zu über 90 Prozent in Schutt und Asche geschossen.

Beim Wiederaufbau konnten zum Glück von der historischen Substanz der klassizistischen **Kirche Notre Dame** (17./18. Jh.) umfangreiche Teile saniert und wiederhergestellt werden. Auch mehrere alte Grabmäler kamen einigermaßen unversehrt wieder aus den Trümmern zutage. Ebenso sind dem **Rathaus** (17. Jh.) die Kriegsschäden nicht mehr anzusehen, und der monumentale Triumphbogen **Porte du Pont** (1748) ist sogar gänzlich intakt geblieben, weil er schon 1938 wegen einer damals beabsichtigten und dann erst 1984 erfolgten Neuaufstellung abgetragen und an sicherer Stelle in Einzelteilen gelagert worden war.

Heute ist das moderne Vitry wegen seiner verkehrsgünstigen Lage – zwischen Kreidechampagne, Perthois und Vallage – und aufgrund der vorzüglichen Gastronomie auch für einen längeren Aufenthalt zu empfehlen. Wanderer schätzen vor allem die östlich gelegenen Waldhügel zwischen Maurupt und Trois-Fontaines.

Information: Place Giraud, 51300, ☎ 03 26 74 45 30, Fax 03 26 72 12 76.

Hotels: **La Cloche, 34, Rue Aristide-Briand, ☎ 03 26 74 03 84, Fax 03 26 74 15 55. ***La Poste, Place Royer-Collard, ☎ 03 26 74 02 65, Fax 03 26 74 54 71. *Le Bon Séjour, Faubourg Léon-Bourgeois, ☎ 03 26 74 02 36, Fax 03 26 73 44 21.

Camping: **La Peupleraie (68 Stellplätze), Avenue de la T.B.B., ☎ 03 26 74 07 24.

Restaurant: *Le Gourmet des Halles, 11, Rue des Sœurs, ☎ 03 26 74 48 88. ***La Cloche (s. Hotels), besonders empfehlenswert.

 Bahnverbindung: Mit St-Dizier, Bar-le-Duc, Chaumont und Châlons-sur-Marne.

Reims

Am Westrand der großen Ebene im Zentrum der Champagne schieben sich mit der Montagne de Reims und dem St-Thierry-Massiv (Petite Montagne) die Ausläufer der Ile-de-France als steile Schichtstufen ins Landschaftsbild. Vor dieser weithin durch Weinberge und Wälder begrünten geologischen Kulisse hat sich das Tal der Vesle zu einem flachen Becken verbreitert, das schon den keltischen Remern als günstiger Siedlungsplatz diente. Das aus dieser historischen Keimzelle entstandene Reims (182 000 Einwohner) profitiert bis heute von seiner Lage als Zentrum und Verkehrsknotenpunkt zwischen den angrenzenden Regionen. Der hier seit der Antike florierende Weinbau trug nachhaltig zum wirtschaftlichen Aufstieg der Champagnermetropole bei. Reims gibt heute wie ehedem ein faszinierendes Beispiel dafür ab, wie abhängig kultureller Reichtum von ökonomischen Faktoren ist.

Christentum, Weinbau, Kunst und Kultur: Wer dächte da nicht so-

Reims: Zentrum
 1 Kathedrale
 2 Palais du Tau
 3 Place Royale
 4 Römisches Forum
 5 Museum Hôtel Le Vergeur
 6 Hôtel de Ville
 7 Porte Mars
 8 Kapitulationssaal
 9 Foujita-Kapelle
10 Kellerei Mumm
11 St-Jacques
12 Musée St-Denis
13 Office de Tourisme

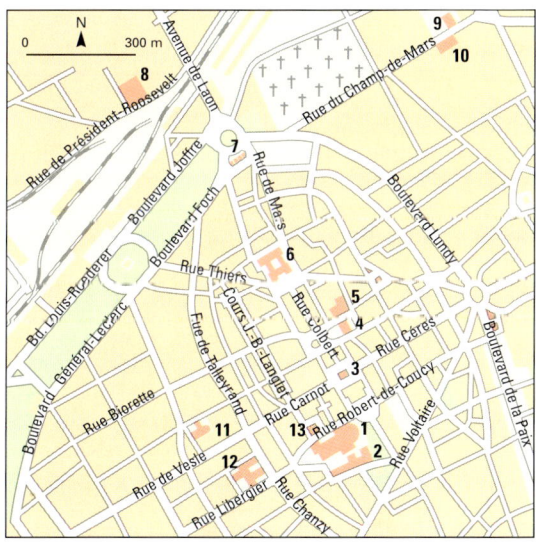

gleich an die vielen biblischen Gleichnisse von Winzerarbeit, Rebstöcken und Traubenblut? Die gemeinschaftliche Anstrengung der ansässigen Kellereien, die zur Instandsetzung des Glockenspiels und der astronomischen Uhr der Kathedrale immense Mittel aufbrachten, ist deshalb eine mehr als nur oberflächliche Konsequenz; kein modernes Ablaßgeschäft, sondern in einer Stadt wie Reims eine historisch begründete Selbstverständlichkeit. So lernen denn auch Besucher, die hier nur Kirchen und Museen besichtigen und keinen Champagnerkeller betreten, die Stadt in der Tat nur zur Hälfte kennen. Neben den vielen Dutzend unterirdischen Kilometern der *caves,* in denen das edle Getränk reift, müssen aber auch die einst in ganz Frankreich berühmten Reimser Pfefferkuchen, die Biskuits, Schokoladen und Öle erwähnt werden: Reims kann buchstäblich über den Gaumen erfahren, erlebt und erschmeckt werden, wozu auch die ansässige Gastronomie einen erklecklichen Beitrag leistet.

Hat Paul Verlaine die Region Champagne-Ardenne als die wahrscheinlich französischste aller französischen Landschaften bezeichnet, so könnte Reims bezüglich der französischen Städte ein ähnliches Prädikat zuerkannt werden. Keltisch der Ursprung, römisch die antike Prägung, franko-romanisch das frühe Mittelalter, gotisch der nachfolgende Glaubens- und Stilgedanke … So entspricht die Geschichte

der Stadt Reims fast symbolhaft den kirchlichen und weltlichen Kraftlinien, aus denen und durch die sich Frankreich zur Nation entfaltete.

Die Stadt der Königskrönungen und des Champagners sandte ihre geistigen und künstlerischen Impulse nicht erst seit dem Mittelalter weit ins Land hinaus. Schon als Chlodwig von Remigius 398 getauft wurde – ein entscheidender Akt für die Herausbildung des christlichen Frankreichs –, konnte die einstige Hauptstadt der keltischen Remer auf ein rundes Jahrtausend geschichtlicher Bedeutung zurückblicken. Immerhin zählte das spätere Reims vor der Eroberung Galliens durch Julius Caesar nicht weniger als 80 000 Einwohner. Und nach 57 v. Chr. erhielten die zum Bündnis mit den Römern bereiten Remer reiche Belohnung, indem ihr Sitz zur Provinzmetropole der Gallia Secunda erhoben wurde. Die Zeit der antiken Blüte hinterließ an den Ufern der Vesle architektonische Monumente, von denen die Porte Mars, die jahrhundertelang als Stadttor diente, das heute beeindruckendste Relikt ist.

Die Kathedrale von Reims spiegelt die einzigartige kirchliche und weltliche Rolle der Stadt seit dem Mittelalter. Erst durch die hier vollzogene Weihe erlangten die Regenten des Ancien Régime ihre Königswürde. Das streng geregelte Zeremoniell begann mit dem Einzug der Mönche von St-Remi, welche die Heilige Ampulle überbrachten, die zur feierlichen Salbung benötigt wurde, und endete mit der eigentlichen Krönung und Einsetzung des Monarchen. Noch 1825 wurde der letzte König Frankreichs, Charles X., nach der überlieferten Weise geweiht und gekrönt.

Im Abglanz solch grandioser Ereignisse entwickelte sich die »Heilige Stadt des Reichs« zu einem Zentrum der von Kirche und Staat gleichermaßen geförderten Gelehrsamkeit. Seit dem Mittelalter bis zur Gegenwart blieb neben dem Handel die Textilindustrie bedeutsamer Wirtschaftszweig – die Reimser Tuche, Woll- und Wirkwaren erfreuen sich eines guten Rufs –, und mit dem Aufleben der Champagnerproduktion verdoppelte sich während des 19. Jh. das ökonomische Volumen insgesamt. Zu Beginn des 20. Jh. siedelten sich um Reims die ersten großen Flugzeugwerke Frankreichs an; internationale Luftfahrttreffen (1909–13) erregten weltweites Aufsehen, ehe mit dem Ersten Weltkrieg das Unheil über die Stadt hereinbrach. Nach der Beschießung im September 1914 war Reims nahezu ausgelöscht – über 80 Prozent der Bausubstanz waren zerstört. Die Stadt mußte großflächig rekonstruiert werden. Architekturkritiker haben übrigens bemängelt, dem Amerikaner Geo B. Ford, der damals als Stadtplaner den Wiederaufbau leitete, sei es zuvorderst um ein »Schéma à l'américaine« gegangen. Andererseits lassen Dutzende schwungvoll dekorierter Fassaden erkennen, daß Neoklassizismus und Jugendstil bei Fords Bemühungen um stilistische Abwechslung recht eigenwillige Nachklänge erfuhren.

Ein Rundgang durch das historische Zentrum, von der Kathedrale zur Porte Mars und zurück (ca. 2 Std.), führt zu den wichtigsten Baudenkmälern zwischen den oval angelegten, dem Verlauf der einstigen Stadtwehr folgenden Boulevards. Die 1,5 km südöstlich der Kathedrale extra muros stehende Basilika St-Remi eignet sich als Ausgangspunkt eines zweiten Besichtigungsbummels (ca. 1 Std.), der die Möglichkeit einschließt, eine der weltberühmten Champagnerkellereien zu besuchen (Taittinger, Heidsieck u. a.).

Besichtigung der Kathedrale

Die Kathedrale Notre-Dame, 1211 begonnen und Anfang des 14. Jh. beendet, gilt als eine der künstlerisch großartigsten Schöpfungen der europäischen Sakralarchitektur – ein wahrhaftes Gesamtkunstwerk im gotischen Stil mit baulich reinen Formen und einer immensen Vielfalt der plastischen Zier: allein an der Hauptfassade sind 530 Skulpturen angebracht. Die kostbaren Farbfenster sowie die reiche Innenausstattung mit Altären, Statuen und Bildteppichen führen den hohen Rang der Kathedrale von Reims als Krönungskirche eindrucksvoll vor Augen.

Doch zunächst ein Blick auf die **Westfassade** mit ihren drei aufwendig verzierten Portalen und der großen Rosette von 12 m Durchmesser. Die beiden 81,5 m hohen Türme büßten ihre Spitzen schon 1480 durch einen Brand ein. Die nun teils dunkelgrau konturierten Figuren aus eigentlich ockerfarbenem Sandstein litten nicht nur durch Verwitterung und sauren Regen, sondern auch durch die enorme Hitze, die beim Brand des Dachstuhls nach dem verheerenden Bombardement im September des Jahres 1914 entstanden war.

Damals war das gesamte Bleidach zerschmolzen. Im benachbarten Museum des Palais du Tau sind noch einige Wasserspeier zu betrachten, deren Rinnen von mächtigen Klumpen des herabgeflossenen und dann erstarrten Metalls ausgefüllt sind. Das Museum birgt außerdem zahlreiche Originale jener Skulpturen, die an der Fassade neuerdings durch Kopien ersetzt werden mußten. Dazu gehört der Lächelnde Engel vom nördlichen Seitenportal, der auch als Stadtemblem mit dem Slogan »Das Lächeln Europas« für das Kulturleben im heutigen Reims werben soll.

Das plastische Bildprogramm der Portalfassade repräsentiert inhaltlich wie stilistisch die champagneske Gotik des 13. Jh.; außer

neutestamentarischen Szenen, wie die Verkündigung an Maria, die Darstellung Jesu im Tempel und die Marienkrönung, sind Apostel, Heilige und zahlreiche Allegorien dargestellt. Am nördlichen Querschiff (linker Hand, Rue Robert-de-Coucy) befinden sich drei Portale, teils noch vom romanischen Vorgängerbau stammend. Hier ist u. a. eine imposante Darstellung des Jüngsten Gerichts zu sehen.

Im **Innern** der Kathedrale imponieren die optisch ausgewogenen Proportionen der gewaltigen Baumassen: 139 m lang, 30 m breit (im Querschiff 49,5 m) und 38 m hoch ist der Kirchenraum. In die Westfassade sind zahlreiche Nischen eingelassen, die üppigen Skulpturenschmuck aufweisen (122 Statuen). Hier ist auch die berühmte »Kommunion des Kreuzritters« zu sehen, der betend im Kettenhemd vor einem Priester steht und von diesem Brot und Wein gereicht bekommt. Der Überlieferung zufolge soll dieses Figurenpaar Abraham und Melchisedek darstellen.

Außer der großen Rosette (13. Jh.) mit Darstellungen der Gottesmutter sowie Aposteln und Engeln blieben nur wenige der ursprünglichen Bildfenster erhalten. Sie finden sich zwischen den neuzeitlichen Glasgemälden mit Motiven aus dem Winzerleben im südlichen Querschiff, die erst Mitte dieses Jahrhunderts entstanden. Die Kapelle der Ostapsis schmücken drei Fenster nach Entwürfen von Marc Chagall (1974). Abgebildet sind hier die

Die Westfassade der Kathedrale

Wurzel Jesse, das Opfer Abrahams, Christi Kreuzigung sowie Chlodwigs Taufe durch Remigius.

Besondere Beachtung verdienen die von Ostern bis Allerheiligen in den Seitenschiffen ausgestellten 15 Wandteppiche (um 1530) mit verschiedenen Szenen aus dem Marienleben. Die darauf dargestellten Personen tragen Kostüme der Renaissance, und auch die Rahmenmotive zeigen denselben Stil. (Besichtigung tägl. 8–19.30 Uhr.)

Im Stadtzentrum

Nach Besichtigung der Kathedrale empfiehlt sich zuerst ein Gang in den unmittelbar südlich benachbarten **Palais du Tau** (1690), dessen museale Sammlungen den Kirchenschatz, Originalskulpturen aus der Kirche, Erinnerungsstücke an die Königskrönungen sowie kostbare Bildteppiche (meist 16. Jh.) enthalten. Die Steinplastiken, die teils aus 30 m Höhe von der Kathe-

Die Verkündigungsszene am rechten Gewände des Hauptportals

Ein Ende der Restaurierungsarbeiten ist nicht in Sicht

dralfassade heruntergenommen werden mußten, faszinieren durch ihre Dimensionen. Eine Statue des Goliath mißt beispielsweise 5,40 m Höhe. Eindrucksvoll sind desgleichen die Tapisserien (15./16. Jh.) in der Salle du Tau: Sie wurden in den Manufakturen von Arras angefertigt und stellen u. a. Chlodwigs Bekehrung, Taufe und Krönung dar. Im Kirchenschatz dann die originalen Requisiten: das Reliquiar der Heiligen Ampulle und der Krönungsornat Charles' X. von 1825 (15. Nov. bis 15. März tägl. 10–12 und 14–17 Uhr, Sa/So bis 18 Uhr; 16. März bis 30. Juni und 1. Sept. bis 14. Nov. tägl. 9.30–12.30 und 14–18 Uhr; Juli/Aug. tägl. 9.30–18.30 Uhr).

An der Nordseite der Kathedrale entlang (Rue Robert-de-Coucy) gelangt man zur Place des Martyrs-de-la-Résistance, von wo es nach links durch die Rue du Cloître zur **Place Royale** geht. Deren Ensemble – rings um die große Bronzestatue König Ludwigs XV. in der Mitte – wird von Gebäuden im Louis-Seize-Stil geprägt. Durch die an der Nordseite einmündende Rue Colbert sind es keine 100 m zur Place du Forum. Die Straße ist nach dem aus Reims stammenden Jean-Baptiste Colbert (1619–63) benannt, der als Finanzverwalter der Monarchie berühmt wurde und seiner Heimatstadt wie der gesamten Region bedeutende Wirtschaftsförderung zukommen ließ. Vor allem die Textilmanufakturen von Reims und die frühindustriellen Eisenwerke an der Maas erfuhren durch den »Colbertismus« um 1650 erheblichen Aufschwung.

Die **Place du Forum** war zur Römerzeit städtischer Mittelpunkt der Civitas Remorum. Dort erhob sich in der Antike ein der Kapitolinischen Trias geweihter Tempel über drei langen Arkadengängen (Galerien), von denen noch der sogenannte Kryptoportikus vorhanden ist. Zwischen zwei Straßenzügen liegen diese Relikte in einer Grünanlage, rund 5 m unter dem jetzigen Bodenniveau, und lassen so deutlich erkennen, auf welch mächtigen Schichten vergangener Epochen das Reims von heute steht (Besichtigung: 15. Juni bis 15. Sept. tägl. außer Mo 14–18 Uhr).

Am Rand der Place du Forum ragt eine attraktive Fassade mit drei Fachwerkgiebeln und einem Ecktürmchen hervor. Es ist ein Patrizierhaus, das **Hôtel Le Vergeur** (13.–16. Jh.), das nach dem Ersten Weltkrieg restauriert wurde und nun ein Museum mit Sammlungen zur Stadtgeschichte beherbergt. Sehenswert sind darin auch das historische Mobiliar sowie mehrere Kupferstiche von Albrecht Dürer. Am Bau selbst verdient vor allem die Innenfassade Beachtung, bei deren Wiederaufbau zahlreiche Renaissanceteile (Fenster- und Türgewände) der originalen Architektur verwendet werden konnten (tägl. außer Mo 14–18 Uhr; geschlossen wie Palais du Tau).

Neben dem Hôtel Le Vergeur führt die Rue de Tambour zum

Rathausplatz, an dem sich das schloßähnliche **Hôtel de Ville** (Anfang 17. Jh.) erhebt. Seiner reich mit Reliefs verzierten Schauseite wurde in der Mitte ein üppig dekorierter dreistöckiger Portalbau vorgeblendet, dessen Blickfang hoch droben ein Reiterstandbild von König Louis XIII. bildet. Es ist ganz nach Art der römerzeitlichen Gigantenreiter gestaltet und führt so sichtlich den imperialen Gestus jener französischen Monarchen vor Augen, die ihr absolutistisches Regime mit der Tradition des antiken Großreichs zu verknüpfen suchten. Original römisch zeigt sich, 300 m nördlich durch die Rue de Mars, die vor der Place de la République gelegene monumentale Triumphpforte **Porte Mars** (um 200 n. Chr.). Unter den antiken Großbauten ganz Nordfrankreichs zählt dieses Tor vor allem wegen seines grandiosen Reliefschmucks zu den eindrucksvollsten. Darunter findet sich auch die grazile Darstellung jener Quellnymphen, die Jean Goujon um 1550 als Vorbild seiner berühmten Allegorie an der Fontaine des Innocents in Paris diente.

Bevor es von der Porte Mars ins Stadtzentrum zur Kathedrale zurückgeht, könnte ein Abstecher zum **Kapitulationssaal** unternommen werden. Er führt jenseits der Place de la République, vorbei am großen Denkmal für die Opfer der Kriege, in die Avenue de Laon und dann nach links in die Rue Franklin-Roosevelt zum Collège Technique: Darin befindet sich der unverändert erhaltene Raum (Salle de Guerre), in dem am 7. Mai 1945 die Kapitulation der deutschen Wehrmacht unterzeichnet und das Ende des Zweiten Weltkriegs besiegelt wurde (1. März bis 31. Dezember tägl. 10–12 und 14–18 Uhr, Jan/Febr. tägl. 14–18 Uhr).

Ein kürzerer Abstecher von der Porte Mars aus wäre durch die Rue du Champ-de-Mars (rechts am Gefallenendenkmal vorüber) zur **Foujita-Kapelle** (1965/66) möglich (ca. 600 m). Sie wurde als Notre-Dame de la Paix errichtet, wird jedoch allgemein mit dem Namen des Künstlers bezeichnet, der sie mit modernen Fresken ausgeschmückt hat. Der Japaner Léonard Foujita (1886–1968), der in Paris seit 1913 zu den kreativsten Künstlergruppen des Montparnasse gehörte, schuf dieses Œuvre als Hommage an die Muttergottes, nachdem er zum katholischen Glauben übergetreten war (15. April bis 1. Nov. tägl. außer Mi 14–18 Uhr, an Frosttagen geschlossen).

Schräg gegenüber befindet sich die **Champagnerkellerei Mumm,** die ebenso wie die nahen *caves* von Heidsieck & Monopole oder Lanson besichtigt werden kann (s. S. 136 f.).

Von der Porte Mars zweigt in südwestlicher Richtung der Boulevard Foch ab, und von diesem geht

Artdéco-Einrichtung im Café de Palais gegenüber dem Justizpalast

es gleich nach links in die Rue de la Tirelire und die Rue de Talleyrand. Durch die rechts von der Rue de Talleyrand abzweigende Rue Condorcet ist rasch die Kirche **St-Jacques** (13.–15. Jh.) zu erreichen, ein gotischer Bau mit modernen Farbfenstern. Zurück auf der Rue

Talleyrand, kommt man alsbald zu den einstigen Gebäuden (18. Jh.) der Abtei **St-Denis,** in denen heute das Kunstmuseum untergebracht ist (Musée des Beaux-Arts, auch Musée-Abbaye St-Denis). Mit Meisterwerken der flämischen Schule (16./17. Jh.), der italienischen Renaissancekunst (15.–17. Jh.) und der französischen Malerei vom 17. Jh. bis zur Gegenwart besitzt es eine der reichsten Gemäldesammlungen Europas. Hervorzuheben sind Arbeiten von Lucas Cranach (Bildnisse deutscher Fürsten), der Gebrüder Le Nain (»Venus in der Schmiede des Vulcanus«) sowie die Landschaftsbilder von Corot, Millet, Pissaro, Monet und Sisley. Gleichfalls mit bedeutenden Arbeiten sind Poussin, Boucher, Renoir, Dufy, Matisse und Picasso vertreten. Das wohl bekannteste Werk in diesem Museum ist »Der Tod Marats« von Louis David (tägl. außer Di 10–12 und 14–18 Uhr).

Beim Parkplatz des Kunstmuseums zweigt von der Rue Chanzy die Rue Rockefeller ab, deren Szenerie von der knapp 150 m entfernt aufragenden Turmfassade der Kathedrale dominiert wird.

Rund um die Basilika St-Remi

(Plan hintere Umschlagklappe)

Bei der Basilika und dem Abteimuseum St-Remi brauchen Autofahrer (anders als im Umkreis der Kathedrale) gewöhnlich nicht lange nach einem Parkplatz zu suchen, sondern werden ihren Wagen zumeist unmittelbar neben dem Kirchenportal abstellen können. Vom Stadtzentrum gelangt man am einfachsten über den Straßenzug Rue Chanzy – Rue Gambetta – Rue du Grand-Cerf und dann, rechts abzweigend, mit der Rue St-Julien auf den Kirchenvorplatz.

Die **Basilika St-Remi** (11./12. Jh.) gilt als das bedeutendste romanische Bauwerk Nordfrankreichs. Sie erhebt sich dort, wo 533 der Bischof (und Heilige) Remigius bestattet worden war und ist bis heute ein vielbesuchtes Wallfahrtsziel geblieben. Ihre Hauptfassade wird von zwei 56 m hohen Türmen flankiert, die den mächtigen Giebel dazwischen nur wenig überragen. Dieser wurde mit einer Rosette und hohen Spitzbogenfenstern im Stil der Spätgotik umgestaltet. Die romanischen Bauformen zeigen sich erst im Innenraum. Zuvor verdienen jedoch die Portale einige Aufmerksamkeit: nicht nur der teils skurrile Reliefschmuck (noch 12. Jh.), sondern auch die beiden Säulen, unter den Statuen der Heiligen Remigius und Petrus, die offensichtlich von einem römerzeitlichen Bau herstammen.

Das Innere der Basilika ist etwas düster, was freilich den Eindruck geheimnisvoller Weihe fördert, zumal die erstaunliche Raumtiefe von 122 m die Orientierung fürs erste erschwert. Leider sind die Details der mit figürlichen und floralen Motiven verzierten Säulenkapitelle im Dämmerlicht kaum zu erkennen. Sehenswert sind die Farbfenster aus dem 12. Jh., die Kapellen des frühgotischen Chors, der 96kerzige Leuchter sowie die feinen Personendarstellungen auf 46 Steinfliesen im nördlichen Seitenschiff (13. Jh.); des weiteren eine lebensgroße Grablegungsgruppe (1530) und der Drei-Taufen-Altar (1610) mit Christus zwischen Kaiser Konstantin und König Chlodwig. Das Grabmal des heiligen Remigius ist im Lauf der Jahrhunderte mehrmals umgestaltet worden. Seine jetzige Gestalt erhielt es erst 1847, während die Statuen des Remigius, des Chlodwig und der zwölf Taufpaten des Frankenkönigs, die in Nischen des quaderförmigen Aufbaus stehen, von einem Monument des 17. Jh. übernommen wurden (tägl. ab 8, Do und Sa ab 9 Uhr bis zum Einbruch der Dämmerung; Juli bis Sept. Sa um 21.30 Uhr Licht-Ton-Darbietungen).

Gleich neben der Basilika bergen die Säle der einstigen Benediktinerabtei (17./18. Jh.) als **Musée-Abbaye St-Remi** das städtische Geschichts- und Archäologiemuseum (Rue Simon), zu dem außerdem eine große Militaria-Sammlung gehört. Bedeutend sind vor allem die Funde aus der römischen Epoche, darunter mehrere Mosaikböden und das großartige Grabmal für den 367 n. Chr. verstorbenen Konsul und Heerführer Jovinus, der 366 bei Châlons die Alemannen besiegt hatte. Kostbarkeiten aus späterer Zeit (um 1525) sind die zehn Bildteppiche mit Motiven aus dem Leben des Remigius (tägl. außer Di 14–18.30 Uhr, Sa/So bis 19 Uhr).

In nordwestlicher Richtung die Rue Simon entlang und dann nach rechts zur Rue du Grand-Cerf gelangt man unmittelbar zum ehemaligen **Jesuitenkolleg** an der Place Museus. Der Gebäudekomplex, zwischen 1619 und 1678 erbaut, gehört zu den ansehnlichsten Architekturen des 17. Jh. in der Champagne. Dreihundertjährige Rebstöcke wachsen im großen Innenhof, um den sich die klösterlichen Räume gruppieren: Refektorium, Küche und Bibliothek. Letztere ist ein Prunkstück barocker Innenarchitektur. Zu besichtigen sind hier des weiteren das städtische Planetarium und eine 1930–52 vom Reimser Feinmechaniker Jean Legros angefertigte astronomische Uhr (Führungen tägl. außer Di/Sa/So vormittags um 10, 11, 14.15, 15.30, und 16.45 Uhr; Planetarium: Sa/So sowie während der Schulferien tägl. 14.15, 15.30 und 16.45 Uhr,).

Nach so viel Geschichte, Kunst und Kultur bieten die schummrigen Kalkhöhlen der Champagnerkellereien eine stimmungsvolle Abwechslung. Vom Jesuitenkolleg ist in östlicher Richtung rasch der Boulevard Victor-Hugo mit der **Kellerei Taittinger** erreicht, und von hier sind es nur wenige Schritte zum Boulevard Henry-Vasnier, der Adresse von **Piper-Heidsieck.** Wer dieser Straße nach rechts zur Place Général-Gouraud folgt, wo links der Boulevard **Pommery** abzweigt, stößt auf die Kellerei gleichen Namens. Und in der Nachbarschaft liegt die Kellerei **Ruinart.** Von hier ist es übrigens nicht weit zum **Automobilmuseum** (in den Boulevard Pommery, dann links in die Avenue Georges-Clemenceau): 150 Oldtimer sowie eine Sammlung von mehr als 2000 historischen Spielzeugautos wollen dort bewundert werden (1. April bis 31. Okt. tägl. außer Di 10–12 und 14–18 Uhr; Sa/So nur bis 17 Uhr).

Von der Place Général-Gouraud führt der Boulevard Diancourt zum Menschenrechtsplatz (Place des Droits de l'Homme) und den dort logierenden Kellereien **Charles Heidsieck** und **Veuve Clicquot Ponsardin.** Vom selben Platz bietet sich mit der Avenue de Champagne die Möglichkeit, Reims Richtung Épernay zu verlassen und längs dieser Strecke noch eine Anzahl weiterer Champagnerkellereien anzusteuern.

Vor den Toren der Stadt

Das **Fort de la Pompelle** (N 44 Richtung Châlons-sur-Marne, ca. 5 km) wurde 1880 errichtet und ist das besterhaltene Verteidigungsbauwerk des Festungsgürtels um Reims. Die große Anlage mit ihren Kasematten und Geschützen sowie einem Museum führt deutlich vor Augen, weshalb die deutschen Truppen im Ersten Weltkrieg vor der Stadt und in den Marneschlachten

scheiterten. Fotos, Karten, Dokumente und Filmvorführungen veranschaulichen den Verlauf der Kämpfe. Zur Ausstellung gehören 500 deutsche Helme und Uniformen (1. April bis 31. Okt. tägl. außer Di 10–19 Uhr; 1. Nov. bis 31. März 10–17 Uhr).

Rund 9 km weiter bietet sich von der N 44 ein Abstecher nach **Courmelois** mit seiner kunsthistorisch wertvollen Kirche an (Chor und Skulpturen, um 1240).

Auf der RD 980 erreicht man nach ca. 6 km **Cernay.** Die dortige Basilika (12./15. Jh.) ist ein Beweis dafür, daß kunsthistorisch bedeutsame mittelalterliche Architektur nicht nur in der Kunstmetropole der Champagne zu finden ist.

Information: 2, Rue Guillaume-de-Machault, 51100, ☎ 03 26 77 45 25, Fax 03 26 77 45 27. Direktion: 12, Boulevard Général Leclerc, ☎ 03 26 77 45 00, Fax 03 26 77 45 19.

Unterkunft: ****Boyer-les-Crayères, 64, Boulevard Henry-Vasnier, ☎ 03 26 88 80 80, Fax 03 26 82 65 52: luxuriöses Hotel mit weltberühmter Küche in einem historischen Stadtpalais. ****Grand-Hôtel des Templiers, 22, Rue des Templiers, ☎ 03 26 88 55 08, Fax 03 26 47 80 60: seit dem 19. Jh. eine der ersten Adressen in Reims mit hervorragendem Service; das Frühstück darf am Rand des hauseigenen Hallenbads eingenommen werden. ****L'Assiette Champenoise, 40, Avenue Paul-Vaillant-Couturier, im Vorort Tinqueux, ☎ 03 26 04 15 56, Fax 03 24 04 15 69. ***Mercure Reims Cathédrale, 31, Avenue Paul Doumer,

Die Schaufenster locken mit den
Delikatessen der Region

☎ 03 26 84 49 49, Fax 03 26 84 49 84:
modernes Komforthotel im Stadtzentrum. ***Mercure Reims Est, Route de
Châlons – Les Essilards, ☎ 03 26 05
00 08, Fax 03 26 85 64 72: am südöstlichen Stadtrand, modernes Haus mit
102 Zimmern. ***Novotel Reims, Autobahnausfahrt Reims-Tinqueux, ☎ 03 26
08 11 61, Fax 03 26 08 72 05. ***Best
Western Hôtel de la Paix, 9, Rue Buirette, ☎ 03 26 40 04 08, Fax 03 26 47

75 04. **IBIS Centre, 28, Boulevard Joffre, ☎ 03 26 40 03 24, Fax 03 26 88 33
19: modernes Stadthotel in zentraler
und doch ruhiger Lage. **Au Tambour,
60–63, Rue de Magneux, ☎
03 26 40 59 22, Fax 03 26 88 34 33:
traditionsreiches kleines Hotel (14 Zimmer) mit gutem Restaurant. *Les Balladins, Rue M.-Hollande, ☎ 03 26 82
72 10, Fax 03 26 82 55 17. *Jeanne
d'Arc, 26, Rue Jeanne-d'Arc, ☎ 03 26
40 29 62: preisgünstige Unterkunft mit
ordentlichem Restaurant. Est Hôtel,
222, Avenue Jean-Jaurès, ☎ 03 26 07
26 59: für Leute mit kleinem Budget.
L'Esplanade, Place Aristide-Briand, ☎
03 26 47 43 52.

Jugendherberge: Centre International de Séjour, Parc Léo Lagrange, ✆ 03 26 40 52 60, Fax 03 26 47 35 70.

Camping: ***Airotel de Champagne (115 Stellplätze), Avenue Hoche, ✆ 03 26 85 41 22, Fax 03 26 82 07 33.

Restaurants: ****Le Florence, 43, Boulevard Foch, ✆ 03 26 47 12 70: stilvolles Eldorado für Gourmets. ***Le Continental, 95, Place Drouet-d'Erlon, ✆ 03 26 47 01 47. ***Le Verzenay, 2, Boulevard Roederer, ✆ 03 26 47 54 56. **La Lorraine, 7, Place Drouet-d'Erlon, ✆ 03 26 47 32 73: lothringische Küchentradition. Colbert, 64, Place Drouet-d'Erlon, ✆ 03 26 47 55 79: stilvoll, Nouvelle Cuisine. *L'Ambroisie, 66, Rue Gambetta, ✆ 03 26 85 46 51: zentrale Lage, rustikales Ambiente. *La Forêt Noire, 2, Boulevard Jules César, ✆ 03 26 47 63 95: rustikale Inneneinrichtung mit Schwarzwälder und Elsässer Dekor. *Le Paysan, 16, Rue de Fismes, ✆ 03 26 40 25 51: traditionelle Küche der Region.

Bahnverbindung: Mit Paris, Châlons-sur-Marne (nach Metz), Charleville-Mézières.

Busverbindung: Busbahnhof am Place du Forum, gute Verbindungen innerhalb der Champagne.

Flughafen: Reims-Champagne, beim Vorort Reims–Prunay, für Inlandsflüge; Auskünfte bei Agence Air France, 26A, Rue de Vesle, ✆ 03 26 47 17 84.

Unterhaltung: Unter dem Slogan »Das Lächeln Europas« *(Le Sourire de l'Europe)* und mit dem Lächelnden

Engel (der Kathedralfassade) als Logo hat sich die Reimser Kulturszene seit Mitte der achtziger Jahre einen in ganz Frankreich beachteten Namen gemacht. Über Veranstaltungsreihen wie die allsommerlichen Musikwochen informieren die jährlich vom Office de Tourisme herausgegebenen Broschüren.

Allsommerlich (Ende Juni bis Ende Aug.) werden in der Kathedrale Licht-Ton-Darbietungen zum Thema »Die Nacht der Königskrönungen« aufgeführt: Beginn 21 oder 21.30 Uhr (die genauen Termine enthält ein Informationsblatt des Office de Tourisme). Festivals der klassischen, modernen und Rockmusik werden um Ostern und von Juni bis Sept. unter dem Motto »*Les Flâneries musicales d'Eté*« veranstaltet und Anfang Juni findet als »*Les Sacres du Folklore*« das größte internationale Folklore-Festival Nordfrankreichs statt.

Weitere Großveranstaltungen sind Mitte März das Festival der europäischen Fernsehanstalten, das Johannisfest am zweiten Juniwochenende mit historischem Festumzug zu Ehren der Jeanne d'Arc und im Oktober der internationale Marathonlauf.

Champagnerkellereien: Champagne Charles Heidsieck, 4, Boulevard Henry Vasnier, ✆ 03 26 84 43 50: Besichtigung nur nach Vereinbarung. Champagne Mumm, 34, Rue du Champ de Mars, ✆ 03 26 49 59 70: 1. März bis 31. Okt. tägl. 9–11 und 14–17 Uhr, ansonsten nach Vereinbarung (Führungen auch in deutscher Sprache). Champagne Pommery, 5, Place du Général Gouraut, ✆ 03 26 61 62 55: 15. März bis 31. Okt. tägl. 10–17.30 Uhr, 1. Nov.–14. März nur werktags nach telefonischer Vereinbarung (auch in Deutsch). Champagne Ruinart, 4, Rue des Crayères, ✆ 03 26 85 40 29: Besichtigung nur nach Vereinbarung (Führungen auch in deutscher Sprache).

Champagne Besserat de Bellefon, Allée du Vignoble, ☎ 03 26 36 09 18 und 03 26 36 30 95: Besichtigung nur nach Vereinbarung.

Champagne Veuve Clicquot Ponsardin, 1, Place des Droits de l'Homme, ☎ 03 26 40 25 42: Besichtigung nach Vereinbarung.

Champagne Jacquart, Allée de la Renommée, ☎ 03 26 07 20 20: Besichtigung nach Vereinbarung.

Champagne Piper-Heidsieck, 51, Boulevard Henry-Vasnier, ☎ 03 26 84 43 44, tägl. außer Sa und So 9–11.45 und 14–17.15 Uhr; 1. März bis 30. Nov. auch Sa/So; Besichtigung (auch deutsch kommentiert) mit einer elektrischen Kleinbahn durch die Lagerstollen.

Champagne Heidsieck & Monopole, 83, Rue Coquebert, ☎ 03 26 07 39 34, 03 26 40 22 73: Besichtigung nur nach Vereinbarung.

Champagne Lanson, 12, Boulevard Lundy, ☎ 03 26 78 50 50: Besichtigung nur nach Vereinbarung.

Champagne Taittinger, Boulevard Victor-Hugo, ☎ 03 26 85 45 35: Besichtigung (Eintritt) tägl. außer Sa und So 9.30–12 und 14–16.30 Uhr vom 1. März bis 30. Nov. auch Sa/So 9–11 und 14–17 Uhr.

Im Kernland des Champagners

Rundfahrt durch Tardenois und Brie

Das durch seine Weinbau- und Champagnerorte bekannte Massiv der Montagne de Reims im Süden der Stadt könnte man als geologisches ›Anhängsel‹ der großen Schichtstufe Côte de Brie am Ostrand des Pariser Großraums bezeichnen. Die unmittelbar mit der Montagne zusammenhängende Brie wird touristisch von der berühmten Nachbargegend zu Unrecht stark überschattet.

Hermonville, 13 km nordwestlich von Reims links der N 44 gelegen, ist ein verschlafen wirkender Ort, der ebenso wie andere Dörfer dieser Gegend auf eine glanzvolle Vergangenheit zurückblickt. Davon zeugt die stilistisch hervorragende Kirche aus dem 12. Jh. mit ihrem romanischen Säulenvorbau, ein Glaubenshort, der im Strahlungsbogen der Reimser Kirchenhoheit entstand.

Westlich von Hermonville liegt die Côte de Brie: Gleich am Ortsrand ziehen sich Rebstockzeilen hügelan. Die Strecke (D 30) über Bouvancourt und Romain nach Fismes führt durch abwechslungsreiches Gelände an der Côte de l'Ile-de-France entlang. Waldstücke und Ackerfluren prägen das Bild. Bei Courlandon geht es hinab ins Tal der Aisne.

Fismes ist ein typischer Ort der Gegend: eine lebhafte Kleinstadt auf dem Talhügel, französische Provinz von Anheimelndsten. Steil geht es von Fismes mit der D 967 die Schichtstufe hinauf zum Plateau von Tardenois (Richtung Château-Thierry). Zwar wird nun für etliche Kilometer das Marne-Département verlassen, doch hi-

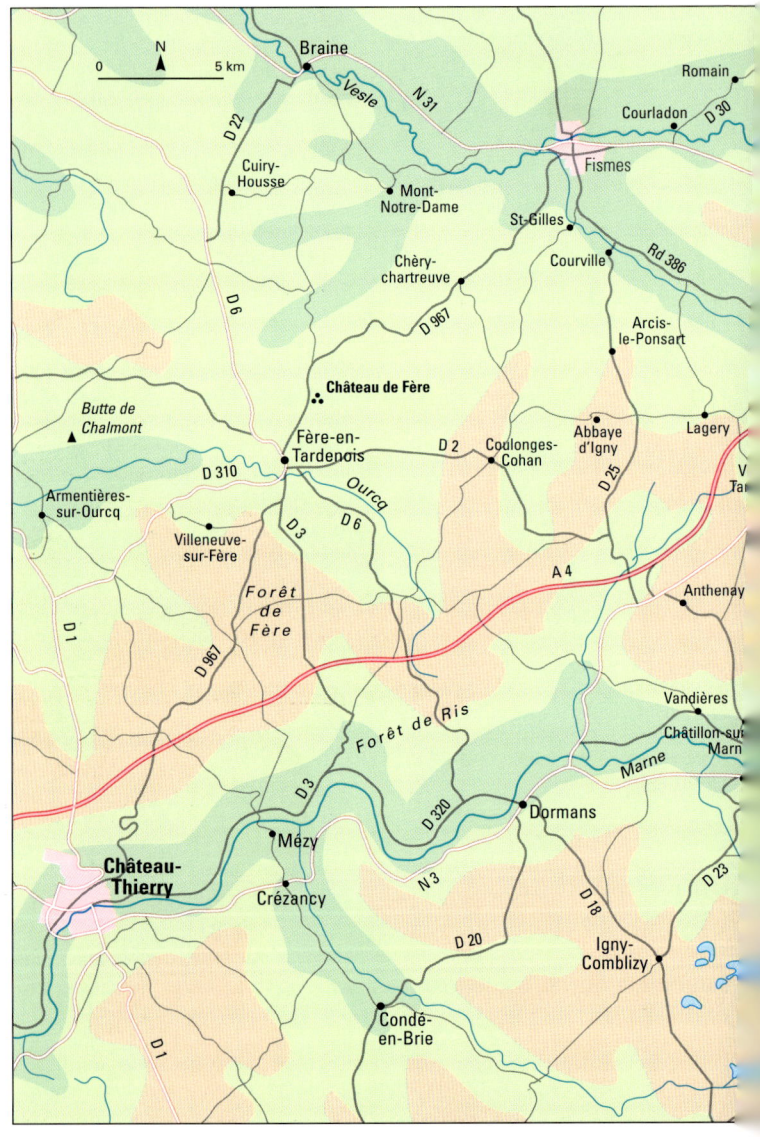

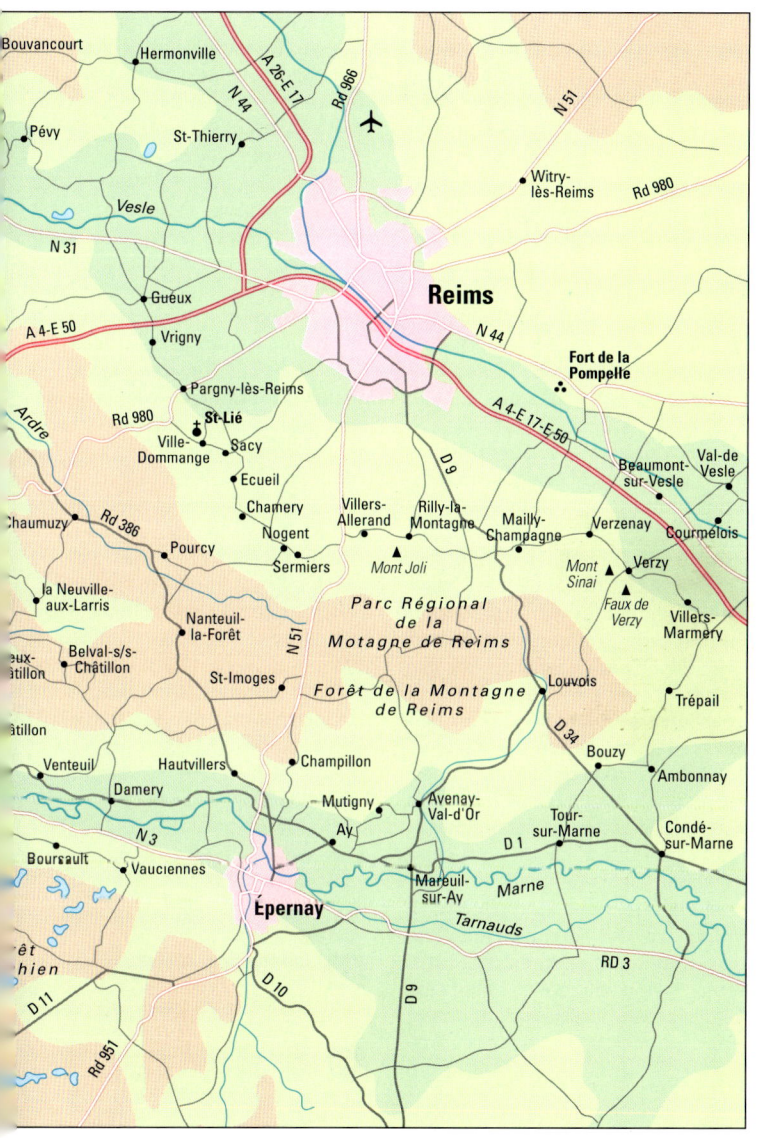

storisch ist diese Gegend ein Teil der Champagne. Bald kommt das gigantische **Château de Fère** ins Blickfeld. Über Buchenwipfeln steigt dieser Baukoloß auf kreisrundem Sockel empor, grandiose Relikte des 13. Jh. Nebenan hat der Duc de Montmorency die tiefe Kerbe im Erdreich mit einer Renaissance-Galerie nach dem Vorbild des Loire-Schlosses Chenonceaux überbrücken lassen. Das Schloßhotel im Nachbarbau (19. Jh.) jenseits des Wallgrabens ist der Kette Relais & Châteaux angeschlossen.

Nur ein Katzensprung ist's von den historischen Gemäuern hinunter in den Ort **Fère-en-Tardenois.** Sein Zentrum wird architektonisch von einer 1540 errichteten monumentalen Markthalle dominiert, deren mächtiges Ziegeldach auf Steinsäulen (außen) und Holzpfeilern (innen) ruht. Jahrhundertelang war dies das Handelszentrum für die Getreidebauern des Tardenois, und unter mehreren ähnlich konstruierten Hallen in Dörfern der weiteren Umgebung ist diese hier, zumindest hinsichtlich ihrer Ausmaße und des guten Erhaltungszustands, das beeindruckendste Objekt.

Neben der Markthalle in Fère-en-Tardenois weist ein Schild nach **Villeneuve-sous-Fère,** wo Paul Claudel 1868 zur Welt kam. Das Haus seiner Kindheitsjahre ist heute eine Gedenkstätte (Besichtigung möglich). Der 1950 mit nationalen Ehrungen überhäufte Frager, Zweifler und Mystiker hatte seine stärksten Inspirationen zweifellos aus dem intellektuellen Vagantismus Rimbauds bezogen (s. S. 76 ff.).

Von Fère oder Villeneuve aus könnte man die D 967 für einen kurzen Umweg verlassen und westwärts rund 10 km ins schöne Tal der Ourcq fahren, wo im Dorf **Armentières** mehrere Bauten der Renaissance und eine imposante Burgruine (13./14. Jh.) stehen. 5 km weiter nördlich war die Butte de Clamont (178 m) Brennpunkt der Marneschlachten im Juni/Juli 1918, woran dort und vielerorts in der nahen Umgebung Monumente und Soldatenfriedhöfe erinnern.

Von Fère-en-Tardenois geht es auf der D 27 zurück nach Reims, vorbei an der **Abbaye d'Igny** (1126 gegründet, im 18. Jh. und nach 1918 restauriert). Nördlich des Klosters liegt **Arcis-le-Ponsart**, ein winziges Dorf mit einer romanischen Kirche (12. Jh.) und einem Schloß (17. Jh.) in landschaftlich reizvoller Lage. **Lagery** mit seiner großen Markthalle (18. Jh.) und einem malerischen Dorfwaschhaus war Geburtsort des Papstes Urban II. (um 1035–99).

Information in Fismes: 28, Rue Letilly, 51170, ✆ 03 26 48 81 28, Fax 03 26 48 21 09.

Hotels/Restaurants in Fismes: La Boule d'Or, 11, Rue Lefevre, ✆ 03 26 48 11 24, Fax 03 26 48 17 08 (mit **Restaurant).

◁ Im Kernland des Champagners

Blick auf Ville-Dommange

... in Fère: **** Château de Fère-Mont-morency, ☎ 03 23 82 21 13, Fax 03 23 82 37 81: berühmtes Logis aus dem 16. Jh. und Restaurant der Spitzenklasse.

Camping in Fismes: **Camping Municipal (43 Stellplätze), Allées des Missions, ☎ 03 26 48 10 26.

Die Winzerdörfer in der Montagne de Reims

Zwischen Reims und Épernay liegen die bewaldeten Anhöhen des Naturparks der Montagne de Reims: das Kernland der auch als »Wiege des Champagners« bezeichneten Wachstumslagen. Die Winzerorte wirken vielerorts wie idyllische Fluchtpunkte über der weiten Ebene ringsum. Und sie sind eine Schatztruhe der Kultur: Überall umflort hier das grüne Blattwerk der Reben altertümliche Gemäuer.

Für eine Rundfahrt durch dieses Gebiet verläßt man Reims Richtung Château-Thierry auf der RD 980 und biegt kurz hinter Pargny-lès-Reims nach links ab. Und schon rückt ein landschaftlicher Höhepunkt ins Blickfeld: Oberhalb von Ville-Dommange steht die **Chapelle St-Lié** (13./15. Jh.), von der sich ein grandioses Panorama über ganz Reims und bei klarer Sicht bis zu den Hügeln von St-Thierry im Norden der Metropole bietet. Unterhalb der Kapelle steht ein schmiedeeisernes Kalvarienkreuz zwischen den hohen Bäumen. Von seinem Standort sind die

Märchenhaft:
Les Faux de Verzy

Weil *faux* übersetzt soviel wie »falsch« heißt, werden die seltsamen Bäume im Wald bei Verzy von deutschsprachigen Betrachtern völlig zu Unrecht als entartete Pflanzen angesehen. Falsch im doppelten Sinn: Denn das Wort ist vom römischen »fagus« abgeleitet, was schlicht und einfach Buche bedeutet. Aber was für Gewächse sind jene Faux de Verzy? Korkenzieherbäume nennt sie der Volksmund, denn ihre aus gemeinsamen Wurzelstöcken emporwachsenden Stämme sind nach allen Seiten spiralförmig gewunden und höchst bizarr verdreht. Darüber breiten sich die niedrigen Kronen wie Zwergenmützen aus und lassen ihr dichtbelaubtes Geäst bis auf den Waldboden herabhängen.

Die Bäume mit ihren 3 bis 5 m hohen Schirmen sind ein beispielloses botanisches Phänomen. 1845 entdeckten Naturforscher diese ungewöhnliche und nur auf jenem Hügel beim Winzerdorf Verzy verbreitete Hainbuchenart. Weder andernorts in Europa noch sonstwo auf dem gesamten Erdball sind ähnlich grotesk anmutende Buchen vorzufinden. Erklärungsversuche dafür klingen holprig und stellen Neugierige kaum zufrieden: Hier handele es sich um eine regional eingegrenzte Mutation, heißt es, ein genetisches Naturexperiment, zustande gekommen und restlos beschränkt auf den eisenhaltigen Boden des Bergbuckels oberhalb von Verzy. Über diese wenig überzeugende These hat sich bislang noch kein Botaniker hinausgewagt.

von kleinen Ortschaften und malerischen Gehölzgruppen durchsetzten Weinhänge bis hinüber nach Villers-Allerand zu überschauen. Besonders malerisch im Vordergrund das alte Winzerdorf **Ville-Dommange** mit seiner die Ziegeldächer gewaltig überragenden Kirche (12.–16. Jh.). Mit der Planung dieses Gotteshauses hatte sich die Gemeinde einst dermaßen übernommen, daß die ursprünglich vorgesehenen Schiffe und Apsiden niemals fertig wurden und nur in sichtlich reduzierter Dimension zur Ausführung gekommen sind. Im Hintergrund die Kirche von **Sacy** mit ihrem weniger aufwendigen Glockenturm.

Mit St-Lié, Ville-Dommange und dem Nachbarort Sacy begegnet schon am Anfang der Route ein höchst charakteristisches Ensemble von Ortschaften, Kirchen und Weinhügeln, wie es in vielfältigen Variationen an der weiteren Strecke immer wieder zu bewundern ist. Ecueil, Chamery und Sermiers mit einer hierzulande seltenen Zwiebelhaube auf dem Kirchturm folgen nun an der Straße nach Montchenot, wo die Wachstumslagen der *Grande Montagne* beginnen.

Bei **Villers-Allerand** (Kirche, 13./14. Jh.) zieht sich der sogenannte Berberpfad durch die Weinberge, eine einstige Römerstraße. Das nächste Dorf, **Rilly-la-Montagne,** liegt prachtvoll am Abhang des Mont Joli (243 m), und das benachbarte **Chigny-les-Roses** hebt sich schön vor dem Waldrand ab.

Über **Mailly-Champagne** leuchten Steinbrüche, und bei **Verzenay** ist als Wahrzeichen eine alte Windmühle auf der Rebhügelflanke zu erblicken. Diese gehört der Champagnerfirma Heidsieck-Monopole und sei auch stellvertretend für die vielen Besitztümer anderer Kellereien von Weltrenommee erwähnt, die sich in Gestalt von schloßartigen Villen, Lagerhäusern und beschrifteten Gemarkungssteinen vielerorts am Straßenrand und in den Dörfern zu erkennen geben. Aus **Verzy** führt ein Sträßchen hinauf in die Wälder auf den Mont Sinaï (288 m) mit seinem Observatorium. Nahebei wachsen die verkrüppelten Buchen der **Faux de Verzy** (s. S. 142). Ein halbstündiger Spaziergang (Wanderparkplatz Mont Sinaï/Les Faux, von Verzy kommend links der Straße) zu den geheimnisvollen Bäumen lohnt auf jeden Fall. Die schmalen Asphaltwege oberhalb von Verzy eignen sich nicht nur für Wanderungen, sondern auch zum Radfahren.

Über Villers-Marmery und Trépail gelangt man von Verzy nach **Ambonnay,** einem »Blumendorf« inmitten von Reben. Mit schmiedeeisernen Aushängeschildern, einem historischen Brunnen und einer großen hölzernen Kelter wird für den hier produzierten Wein bzw. Champagner geworben. Weiter geht es über Bouzy nach **Louvois,** einst Loupvoie genannt (= Pfad der Wölfe). Der Ort birgt mit dem von Mansart entworfenen und in einem Le-Nôtre-Park realisierten Schloß

(17. Jh.; Privatbesitz) ein architektonisches Kleinod.

Von dort kann man durchs Val d'Or (Goldenes Tal) nach Épernay weiterfahren. Ein privates Schloß in **Mareuil-sur-Ay,** das am Weg liegt, und die vielen historischen Winzergehöfte von **Ay** lassen ohne weiteres erkennen, daß sich hier, im Umkreis von Épernay, die weinwirtschaftlichen Ressourcen des »magischen Dreiecks« der Champagne erheblich verdichten.

Wegen des grandiosen Panoramablicks über Épernay und das Marnetal bis zu den Hängen der Côte des Blancs lohnt ein Abstecher von Dizy hinauf nach **Champillon**. Von hier gelangt man über Nebensträßchen nach **Hautvillers**, wo im 17. Jh. der klösterliche Kellermeister Dom Pérignon das Geheimnis der Zubereitung moussierender Schaumweine herausfand. Der Ort wirkt mit seinen historischen Winzergehöften, hohen Torbögen und bunten Aushängeschildern aus Schmiedeeisen recht adrett. Durch eine Allee geht es zum alten Kloster (660 gegründet), in dessen Park ein Picknickplatz zur Rast einlädt. In der Kirche verdient der Mönchschor (17./18. Jh.) mit kunstvoller Eichenvertäfelung, Gemälden und Chorgestühl betrachtet zu werden. Zu sehen ist auch das Grabmal für Dom Pérignon, inschriftlich ausgewiesen als »Cellarius« (Bruder Kellermeister). Von Hautvillers bieten sich schöne Ausblicke übers Tal und die weinbestandenen Uferhänge.

Umfassende Information über den Parc Naturel Régional de la Montagne de Reims hält die Maison du Parc in **Pourcy** bereit (Mo–Fr 9–12 und 14–17 Uhr, 1. April bis 31. Dez. zusätzlich Sa/So 14.30–18.30 Uhr).

Hotels/Restaurants in Montchenot: ****Auberge du Grand-Cerf, ✆ 03 26 97 60 07 (nur Restaurant).

... in Trépail: *Auberge du Vieux-Logis, ✆ 03 26 57 05 67.

... in Ambonnay: **Auberge St-Vincent, 1, Rue St-Vincent, ✆ 03 26 57 01 98, Fax 03 26 57 81 48 (mit Restaurant).

... in Champillon: ***Royal Champagne, Bellevue, ✆ 03 26 52 87 11, Fax 03 26 52 89 69: mit empfehlenswertem erstklassigem Restaurant.

Jugendherberge in Verzy: 16, Rue du Bassin, ✆ 03 26 97 90 10.

 **Champagnerkellereien in Ville-Dommange:** Champagne de la Chapelle, ✆ 03 26 49 26 76, tägl. nach Vereinbarung (Führungen auch in deutscher Sprache).

… in Rilly-la-Montagne: Champagne Vilmart, ✆ 03 26 03 40 01, tägl. außer So nach Vereinbarung, 7.–22. Aug. geschl

… in Chigny-les-Roses: Champagne Cattier, ✆ 03 26 03 42 11, tägl. außer Sa/So nach Vereinbarung (auch in deutscher Sprache).

… in Mailly-Champagne: Champagne Mailly Grand Cru, ✆ 03 26 49 41 10, 1. Mai bis zur Weinlese tägl. außer So nach Vereinbarung, im Nov. und Dez. nur Sa/So 15–17 Uhr (auch in deutscher Sprache).

… in Vaudemange: Champagne Chaudron S. A., ✆ 03 26 69 11 55, 10. Jan. bis 10. Aug. und 10. Sept. bis 20. Dez. tägl. außer Sa/So nach Vereinbarung.

…in Bouzy: Champagne Herbert Beaufort, 32, Rue de Tours, ✆ 03 26 57 01 34, tägl. nach Vereinbarungen (auch in deutscher Sprache.

…. in Ay: Champagne A. Collery, ✆ 03 26 55 18 90, tägl. nach Vereinbarung Führung durch das Musée Champenois d'Ay (auch in deutscher Sprache).

… in Champillon: Champagne Autreau, ✆ 03 26 59 46 00, nach Vereinbarung (Kommentar auch in deutscher Sprache), 23. Dez. bis 3. Jan. geschlossen.

…in Hautvillers: Champagne J. M. Gobillard & Fils, 38, Rue de l'Eglise, ✆ 03 26 51 00 24, 1. April bis 30. Okt. nur Sa und So, sonst nach Vereinbarung (nachmittags auch Empfang und Führungen in deutscher Sprache).

Durch die Weinberge beiderseits der Marne

Von Épernay geht es rechts am Fluß entlang nach **Damery,** dessen romanische Kirche aus dem 12./13. Jh. mit Tierfiguren geschmückte Säulenkapitelle besitzt. Dem idyllischen Nachbardorf **Venteuil** könnte man noch einen kurzen Besuch abstatten, bevor man die D 22 nach Norden nimmt, um in Fleury-la-Rivière nach **Belval-sous-Châtillon** abzubiegen. Die Weinlagen dieses Ortes sowie der Nachbardörfer **Neuville-aux-Larris** und **Baslieux-sous-Châtillon** sind zwar weniger berühmt, die Dorfansichten aber um so ursprünglicher.

Von Baslieux führt die D 24 wieder ins Flußtal zurück und nach **Châtillon-sur-Marne,** einem historischen Marktflecken. Während die spärlichen Relikte seiner Stadtwehr (11. Jh.) kaum beachtet werden, gilt die 33 m hohe Granitstatue wehrhaft umwallten Burgbergs. Von der Festungsanlage des 14. Jh. blieben nur Ruinen übrig, doch ein Spaziergang über die Wälle lohnt sich schon wegen der grandiosen Aussicht über das Tal, die angrenzenden Waldhöhen und das städti-

(1887) des Papstes Urban II. auf dem Burgberg als Attraktion. Im Innern der Figur führt eine Treppe zur Aussichtskanzel auf dem Arm des Kreuzzugpredigers, von wo man weit ins Land schauen kann.

Als regionales Unterzentrum verfügt das historisch zur Champagne zählende **Château-Thierry,** 65 km östlich von Paris, über traditionell vorzügliche Handelsstrukturen zur Versorgung des Umlands. Dies zeigt sich heute nicht nur am Flußhafen, sondern auch in Gestalt der engen Einkaufsstraßen des historischen Kerns zu Füßen des

sche Ensemble, aus dem markant der Kirchturm von St-Crépin (15./16. Jh.) herausragt. Vor den Hausfassaden hinter dem großen Parkplatz am Flußufer steht das Denkmal für den Fabeldichter Jean de La Fontaine (1621–95). Das zum Museum ausgestaltete Geburtshaus (16. Jh., 12, Rue de La Fontaine) soll Besuchern Person und Werk des Autors näherbringen (tägl. außer Di 10–12 und 14.30–17 Uhr).

Über die N 3 kann man sich dann zurück auf den Weg nach Épernay machen, wobei sich in

Crézancy ein Abstecher auf der D 4 durch das landschaftlich sehr schöne Tal des Surmelin nach **Condé-en-Brie** anbietet (Schloß, 16.–18. Jh.; Führungen nachmittags an Sonntagen, im August tägl.). Zurück auf der N 3, ist bald spitzhelmiger Turmgarnitur. Leider ist nur der Park des noblen Anwesens zur Besichtigung freigegeben.

Information in Châtillon: 11, Rue de l'Eglise, 51700, ℡ 03 26 58 32 86.

Dormans erreicht. Dort stehen eine ansehnliche Kirche (13. Jh.) und ein von schönen Parkanlagen umgebenes Schloß (17. Jh.). In den Gärten erinnert ein Denkmal an die unter Marschall Foch errungenen Siege bei der Marneschlacht im Ersten Weltkrieg (13. Juni bis 31. Aug. tägl. 14–18 Uhr).

Ein besonderer Blickpunkt ist **Schloß Boursault** (1848) . Es wurde als romantische Renaissance-Reprise für die durch den Champagnerhandel reich gewordene Witwe Clicquot errichtet – ein nostalgisch-bizarres Traumgebilde mit

... in Dormans: Rue du Pont, 51700, ℡ 03 26 58 21 45.

Hotel-Restaurant in Dormans: *Le Champenois, 14, Rue de Châlons, ℡ 03 26 58 20 44 (mit Restaurant).

Camping in Dormans: **Sous le Clocher de Dormans (110 Stellplätze), Route de Vincells, ℡ 03 26 58 21 79.

Ausflüge auf der Marne: Croisi-Champagne, Cumières, ℡ 03 26 54 49 51, Mai bis Sept. tägl. außer Mo 15.30 bis 17 Uhr.

Champagnerkellereien in Boursault: Champagne J. Berat, 8, Rue St-Roch, ☏ 03 26 58 42 45, tägl. nach Vereinbarung.

... in Œuilly: Champagne Tarlant, ☏ 03 26 58 30 60, 1. März bis 10. Aug. und 20. Aug. bis 20. Dez. tägl. außer Mi und So nach Vereinbarung.

Épernay

Die Kleinstadt (29 000 Einwohner) an der Marne, gut 25 km südlich von Reims, gilt heute neben der Champagnermetropole als wichtigstes Zentrum der Schaumweinpro-

duktion. Épernay wurde im 5. Jh. gegründet und spielte während des Mittelalters als befestigter Stützpunkt eine wichtige Rolle. Von den einstigen Wehrmauern blieb jedoch nichts erhalten. Im Lauf der Jahrhunderte wurde die Stadt 25 Mal erstürmt, zerstört und wiederaufgebaut. Heute prägen die Herstellung und gewinnträchtige Vermarktung des edlen Schaumweins den Ort. Die berühmten Wachstumslagen reichen bis unmittelbar an die Außenbezirke der Wohn- und Geschäftsviertel heran. Dem wirtschaftlichen Aufschwung seit Anfang des 19. Jh. verdankt Éper-

Épernay: 1 Château Perrier   2 Rathaus/Museum   3 Kellerei Mercier   4 Kellerei De Castellane   5 Jardins des Papillons   6 Kirche Notre-Dame   7 Office de Tourisme   8 Bahnhof

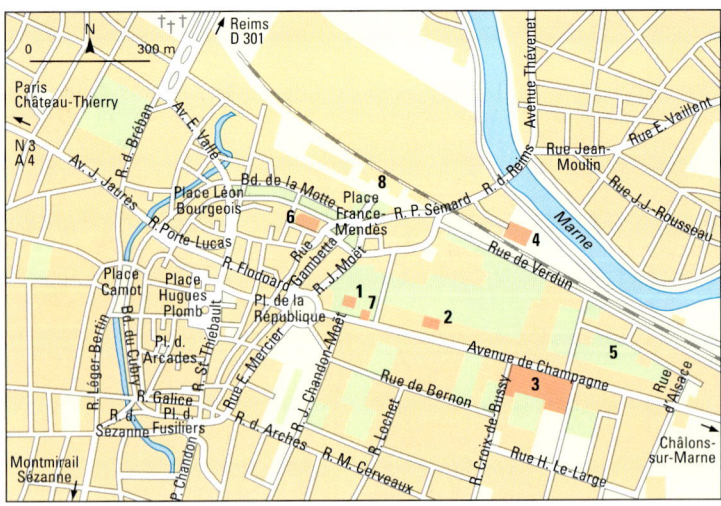

Einkauf in
der Markthalle in
Épernay

nay seine repräsentativen Ge-
schäfts-, Verwaltungs- und Kultur-
bauten. Beiderseits der Avenue de
Champagne reihen sich die in den
Stilen der Neoklassik und Neore-
naissance, neuerdings auch in post-
modernen Formen erbauten Fir-
mensitze. Unter bzw. hinter diesen
Gebäuden verbergen sich die Lagerstollen der Champagnerkellereien (von insgesamt mehr als
100 km Länge).

Im **Château Perrier,** das 1851 im
Louis-Treize-Stil erbaut wurde,
birgt das Museum für Champagner-
kunde auch die Grabungsfunde
von prähistorischen Siedlungsplät-
zen und Gräbern aus der Umgebung, darunter Gebrauchsgegen-
stände, Waffen und Schmuckstücke
aus der Altsteinzeit bis zur frühkel-
tischen Kulturepoche (1. März bis
30. Nov. tägl. außer Di 10–12 und
14–18 Uhr, So 10–12 und 14–18
Uhr, Dez. bis März geschlossen).

Außer dem Château Perrier sind
das **Rathaus** (1858) sowie die Gebäude der **Kellerei De Castellane**
(1891) die auffälligsten Gebäude.
Letztere beherbergen eine Kunst-
sammlung und eine Dokumentation der Firmengeschichte (Rue de

149

Orangerie der Champagnerfirma
Moët et Chandon in Épernay

Verdun, 29. April bis 31. Okt. tägl.
10–12 und 14–18 Uhr).

Zahlreiche Firmen- und Privat-
häuser sowie Hotel-Restaurants,
aber auch Tor- und Gartenanlagen
an der Avenue de Champagne und
um die zentrale Place de la
République führen den architektonischen Charme der Belle Epoque
eindrucksvoll vor Augen. Am besten geht man von der Place de la
République die Avenue de Champagne hinauf, bis von links die Rue
d'Alsace in sie einmündet und
dann in entgegengesetzter Richtung wieder zurück. An der Avenue
de Champagne (Nr. 63 bis 65)
empfiehlt sich auch ein Besuch des

Jardin des Papillons (Garten mit
tropischen Schmetterlingen, 15. Mai
bis 15. Sept. 10–12 und 14–18 Uhr).
Anschließend führt dann ein kurzer
Rundgang durch den historischen
Kern von Épernay: von der Place
de la République durch die Rue
J.-Chandon zur Place des Fusiliers,
von dort nach rechts zur Place des
Arcades und, in derselben Richtung, zur nahen Place H.-Plomb,
von wo es dann erneut zur Place
de la République zurückgeht.

Für die Besichtigung der riesigen
Champagner-Lagerstollen sollte man
genügend Zeit veranschlagen, zumal der enorme Besucherandrang
vom Frühjahr bis in den Herbst oft
längere Wartezeiten mit sich
bringt. Die Geduld zahlt sich aber
aus, denn die großen Firmen haben
Geld und Phantasie investiert, um
ihren Besuchern ein effektvolles,

unterhaltsames und lehrreiches Programm zu bieten. Natürlich stehen werbliche Absichten dahinter, doch einen Kaufzwang gibt es nicht.

Information: Office de Tourisme, 51200, 7, Avenue de Champagne, ☎ 03 26 55 33 00, Fax 03 26 51 95 22. Comité Interprofessionnel du Vin de Champagne, 5, Rue Henri-Martin, ☎ 03 26 54 47 20. Syndicat Général des Vignerons de la Champagne, 44, Avenue Jean-Jaurès, ☎ 03 26 51 04 44.

Hotels: ****Hostellerie La Briqueterie, Route de Sézanne, ☎ 03 26 59 99 99, Fax 03 26 59 92 10: verkehrsgünstig außerhalb von Épernay (nahe Vinay, D 51) gelegenes Haus der absoluten Spitzenklasse. ***Les Berceaux, 13, Rue des Berceaux, ☎ 03 26 55 28 84, Fax 03 26 55 10 36: ein komfortables kleines Stadthotel im Zentrum. **Climat de France, Rue de Lorraine, ☎ 03 26 54 17 39, Fax 03 26 51 88 87. **Ibis, Place des Arcades, ☎ 03 26 55 34 34, Fax 03 26 55 41 72: modernes Mittelklassehotel im Zentrum. *Le Chapon Fin, 2, Place Mendès-France, ☎ 03 26 55 40 03, Fax 03 26 54 94 17: traditionelles kleines Hotel mit gutem Restaurant.

Camping: ***Camping Municipal (140 Stellplätze), Allée de Cumières, ☎ 03 26 55 32 14.

Restaurants: ***Les Berceaux, Restaurant des gleichnamigen Hotels im Stadtzentrum (s. Hotels): traditionelle Küche (seit 100 Jahren), u. a. Meeresfrüchtespezialitäten aus dem eigenen Seewasserbassin. La Terrasse, 5, Quai de la Marne, ☎ 03 26 55 26 05.

Bahnverbindung: Mit Reims und Châlons-sur-Marne.

Champagnerkellereien: Champagne Mercier, 73, Avenue de Champagne, ☎ 03 26 54 75 26, Mo–Sa 9.30–11.30 und 14–16.30 Uhr (So bis 17.30 Uhr); 1. Dez. bis 28. Feb. Di und Mi geschlossen

Champagne Moët & Chandon, 18, Avenue de Champagne, ☎ 03 26 54 71 11, Mo–Fr 9.30–11.45 und 14–16.45 Uhr, vom 1. April bis 31. Okt. außerdem Sa 9.30–11.30 und 14–16.45 sowie So 9.30–11.30 und 14–16 Uhr

Champagne De Venoge, 30, Avenue de Champagne, ☎ 03 26 55 01 01, Mo–Fr 10–12 und 14–16 Uhr

Champagne De Castellane, 57, Rue de Verdun, ☎ 03 26 55 15 33, vom 1. Mai bis 1. Nov. Besichtigungen der Weinkeller und des Castellane-Turms tägl. 10–12 und 14–18 Uhr

Über die Côte des Blancs nach Sézanne

Von Épernay nach Sézanne durchquert die RD 951 als Hauptverbindung meist schnurgerade ein waldreiches Gebiet. Nach 18 km ist **Montmort-Lucy** erreicht, wo eine romanische Kirche (13. Jh.; Farbenfenster, 16. Jh.) und ein Château im Louis-Treize-Stil aus dem 16. Jh. zu besichtigen sind (Gruppenführungen im Schloß vom 1. Mai bis 30. Sept. nach Voranmeldung unter ☎ 03 26 59 10 04).

In **Orbais-l'Abbaye**, ca. 10 km in westlicher Richtung, blieb von einem um 680 gegründeten Kloster eine sehenswerte Kirche erhalten. Diese fußt auf romanischen Grund-

mauer, und ihr von Außenkapel-
len umstandener Chor gilt als ein
Musterbeispiel der frühen Gotik
(14. Jh.).

Fromentières (8 km südlich von
Orbais) bietet abermals ein kirchli-
ches Kleinod: einen monumentalen
Altar (15./16. Jh.) mit Gemälden

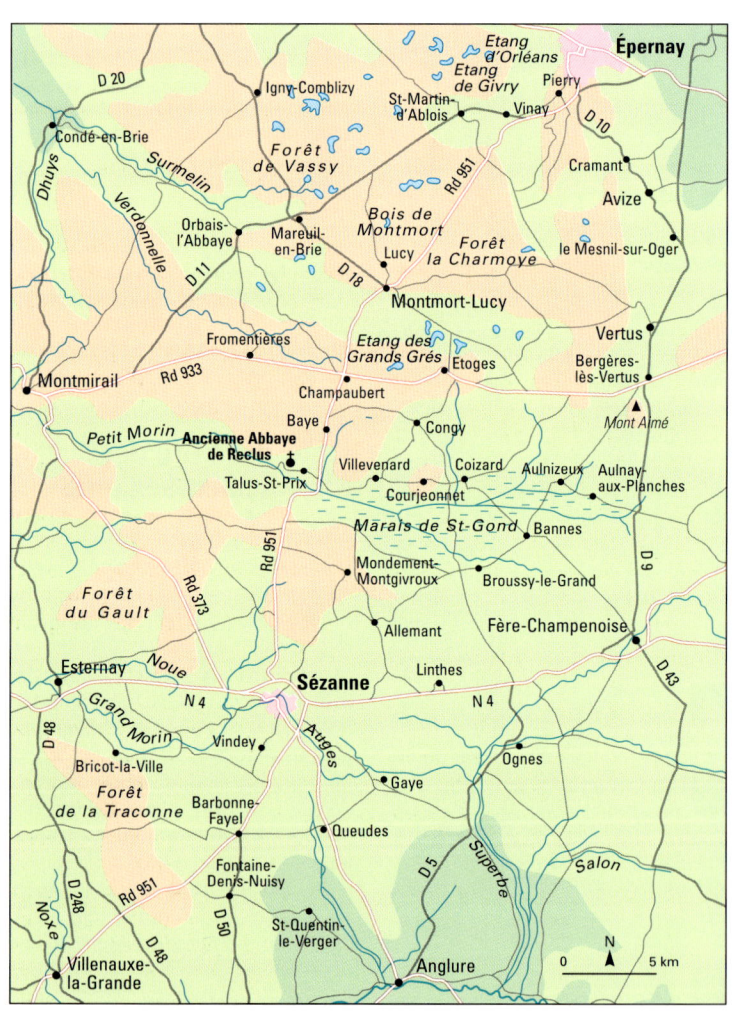

aus der flämischen Schule und 142 meisterlich geschnitzten Figuren.

In **Champaubert** erinnert die Skulptur eines Adlers auf einer Säule daran, daß hier 1814 Napoléons Truppen einen knappen Sieg gegen die Allianz der Preußen und Österreicher erfechten konnten; freilich vergebens, denn schon zwei Wochen später wurde der Kaiser zur Abdankung gezwungen. Nach Süden führt aus Champaubert die RD 951 über Baye und Soizy-aux-Bois in Richtung Sézanne), das sich bereits von weitem als malerisches Musterbild einer champagnesken Hügelsiedlung präsentiert.

Die **Sümpfe von St-Gond** (Marais de St-Gond) erstrecken sich östlich der Straße. Sie wurden in den letzten Jahrzehnten großflächig trockengelegt und der landwirtschaftlichen Nutzung zugeführt, doch blieb die eigentümliche Feuchtvegetation stellenweise erhalten. Wegen des flachen Geländes und der geringen Verkehrsdichte bietet sich diese Gegend für Ausflüge mit dem Fahrrad an.

Die kleinen Dörfer im St-Gond-Gebiet gruppieren sich mit ihren eigentümlichen Gehöften um gedrungene Gotteshäuser, von denen mehrere mustergültige Stilformen der Romanik und Gotik aufweisen. **Etoges** am Nordrand der Sümpfe besitzt ein Schloß aus dem 17. Jh. Von dort erreicht man über Congy

Villevenard mit einem Gotteshaus aus dem 12. Jh. Bei **Mondement** erinnert ein 32 m hohes Steinmal an die blutigen Gefechte der Marneschlacht vom 5. bis 12. September 1914: Die schwierigen Bodenverhältnisse zwischen Bannes und Mondement trugen damals entscheidend zum Ende des deutschen Vormarsches bei; nach verlustreichen Kämpfen mußte Generalfeldmarschall von Bülow seine Truppen nordwärts bis über die Marne zurückziehen. Sehenswert ist auch die so markante wie hübsch gelegene Kirche von **Allemant**.

Eine empfehlenswerte Alternative zur RD 951 von Épernay nach Sézanne ist die Strecke über Avize und Vertus. Sie verläuft im Bogen entlang der Côte des Blancs durch eine Reihe besuchenswerter Weinorte. Die Straße zweigt 1 km südlich von Épernay bei Pierry ab. 3 km weiter ist **Cramant** erreicht, an dessen Ortsrand eine 8,5 m hohe Champagnerflasche steht; ringsum Rebhänge.

Über Avize erreicht man das kleine **Le Mesnil-sur-Oger**, ein bekanntes Feinschmecker-Mekka, in dem sich Bernard Launois nicht nur ums Geschäft seiner Kellerei Launois-Père & Fils kümmert, sondern auch gern sein privates Champagnermuseum zeigt.

Am Südrand der Côte des Blancs liegt **Vertus**. Von der einstigen Stadtbefestigung sind spärliche Relikte beim Baudet-Tor unter alten Kastanienbäumen zu sehen. Mehrere klare Wasserläufe rinnen durch das verwinkelte Dorf, so auch der kleine Bach, dessen Quelle schon den Kelten heilig war und im Mittelalter mit der romanisch-gotischen Martinskirche (12. Jh.) überbaut wurde. Und der **Mont Aimé** (237 m) beim Ortsteil Bergères-lès-Vertus am Rand der Sümpfe von St-Gond ist bereits während der frühen Latènezeit (um 500 v. Chr.) ein kulturprägendes Zentrum gewesen. Hier fand man einen altkeltischen Friedhof.

Schon im Mittelalter war **Sézanne** (6000 Einwohner) als Handelszentrum für Getreide und Wein bedeutend; heute ist es Standort mehrerer Fertigungsbetriebe für optische Geräte und pharmazeutische Artikel. Im historischen Stadtkern finden sich noch idyllische Ensembles an schmalen Straßen und kleinen Plätzen. Die »Promenade der Franziskaner« (Mail des Cordeliers) ringsum verläuft genau dort, wo sich einst die Stadtwehr entlangzog. Wahrzeichen von Sézanne ist die spätgotische Kirche St-Denis (15./16. Jh.) mit ihrem 42 m hohen Renaissance-Turm. Davor steht der »Goldene Brunnen« mit schönem schmiedeeisernem Aufsatz. Wegen seines Charmes, seiner Lage und der Ausflugsmöglichkeiten in der näheren Umgebung eignet sich Sézanne gut für einen längeren Aufenthalt.

Südwestlich der Stadt erstreckt sich der **Fôret de Traconne** mit seinen angenehmen Wanderwegen. Sehenswert in dieser Gegend sind

auch das Schloß (16. Jh.) vor Esternay, das Wein- und Bauerndorf **Vindey** und insbesondere der malerische Waldweiler **Bricot-la-Ville**.

Barbonne-Fayel, 7 km südlich von Sézanne an der RD 951, war ein befestigter Stützpunkt, von dessen ritterlicher Commanderie noch ein Gebäude aus dem 15./17. Jh. steht. Auch die Kirche (16. Jh.) hatte damals Verteidigungsfunktion. In ihrem Schatten zweigt die schmale D 50 nach **Fontaine-Denis-Nuisy** ab, einem freundlichen Ort, in dessen Gotteshaus ein Fresko des 13. Jh. erhalten blieb: Das höllische Motiv zeigt die Verdammten des Jüngsten Gerichts, wie sie in einem großen Wurstkessel schmoren. Eine religiöse Stätte von weniger makabrer Impression findet sich 4 km außerhalb des Orts, wo das Landsträßchen von der Côte hinab ins brettebene Gelände nach St-Quentin-le-Verger weiterführt: Hier steht rechts der Straße ein **prähistorischer Dolmen** inmitten der freien Feldflur. Zurück auf der RD 951 erreicht man das für seine Töpferwaren bekannte **Villenauxe-la-Grande** mit einer stilvollen Kirche (13.–16. Jh.) und einer beachtlichen historischen Bausubstanz.

Von dort führt ein Abstecher nach **Provins** (20 km), einer ehemals bedeutenden Messestadt, die zwar nicht zur Champagne gehört, jedoch kulturell und politisch seit jeher in engster Beziehung zur östlich benachbarten Region steht. Herrisch überragt der Tour de César genannte Wohnturm aus dem 12. Jh. als Teil einer enormen Burg den Ort (Turmbesichtigung April bis Sept. tägl. 9–12 Uhr). Wegen ihrer Kirchen und historischen Gebäude ist die Altstadt von Provins sehenswert. Von der einst umfangreichen Mauerwehr blieb jedoch nur wenig übrig, so die Porte de Jouy (12. Jh.). Das Musée du Provinois im sogenannten Romanischen Haus birgt Fundsammlungen von der Steinzeit bis zur merowingischen Epoche sowie kostbare Skulpturen und Keramiken des 11.–18. Jh. (Pfingsten bis 11. Nov. So 14–18 Uhr, im Juli/Aug. tägl.).

ℹ Information in Sézanne: Place de la République, 51120, ☎ 03 26 80 51 43, Fax 03 26 80 54 13

🛏 Hotels/Restaurants in Montmort-Lucy: **Hôtel-Restaurant de la Place, ☎ 03 26 59 10 38, Fax 03 26 59 11 60, *Hôtel-Restaurant du Cheval Blanc, Route de Sézanne, ☎ 03 26 59 10 03, Fax 03 26 59 15 88.
... in Le Mesnil-sur-Oger: ***Restaurant Le Mesnil, 2, Rue Pasteur, ☎ 03 26 57 95 57: die Küche von Claude Jaillant genießt einen ausgezeichneten Ruf, und die Weinkarte wird als ›legendär‹ bezeichnet.
... in Vertus: ***Hostellerie de la Reine Blanche, 18, Avenue Louis-Lenoir, ☎ 03 26 52 20 76, Fax 03 26 52 16 59: großzügiges modernes Hotel mit sehr gutem Restaurant. **Hôtel Le Thibault IV., 2, Place de la République, ☎ 03 26 52 01 24, Fax 03 26 52 16 59 (mit Restaurant). *Hôtel du Commerce, 4, Rue de Châlons, ☎ 03 26 61 81 45.
... in Bergères-lès-Vertus: **Hôstellerie du Mont Aimé, 4–6, Rue de Vertus, ☎

03 26 52 21 31, Fax 03 26 52 21 39: mit Restaurant; Spezialität Jakobsmuscheln in Champagner (*émincé*).
... in Sézanne: **La Croix d'Or, 53, Rue Notre-Dame, ☎ 03 26 80 61 10, Fax 03 26 80 65 20: mit Restaurant; Spezialität Kalbsnieren nach Sézanner Art. **Le Relais Champenois, 157, Rue Notre-Dame, ☎ 03 26 80 58 03, Fax 03 26 81 35 32: mit Restaurant; Spezialität Champagner-Forelle. **France, 25, Rue Jolly, ☎ 03 26 81 41 48, Fax 03 26 80 59 59 (mit sehr gutem Restaurant). **Hôtel Ménil, 42, Rue Parisot-Dufour, ☎ 26 81 41 11.

⛺ Camping in Sézanne: **Camping Municipal (79 Stellplätze), Route de Launat, ☎ 03 26 80 57 00.

🍸 Champagnerkellereien in Allemant: Champagne Granier, ☎ 03 26 80 60 95, tägl. nach Vereinbarung, 15. Aug. bis 5. Sept. und 20. Dez. bis 5. Jan. geschlossen.
... in Cogny: Champagne Breton Fils, 12, Rue Courte Pilate, ☎ 03 26 59 31 03, tägl. nach Vereinbarung: Broschüre in Deutsch, Möglichkeit zu einem Rundflug über die Weinberge.
... in Pierry: Champagne Paul Gobillard, Château de Pierry, ☎ 03 26 54 05 11, tägl. nach Vereinbarung, 10. Aug. bis 5. Sept. geschlossen.
... in Avize: Champagne Waris & Chenayer, 1, Rue Pasteur, ☎ 03 26 57 50 88, Mo–Fr ganztägig, Sa/So morgens nach Vereinbarung, 10. Aug. bis 10. Sept. geschlossen.
... in Le Mesnil-sur-Oger: Champagne Launois Père & Fils (Ausschank und Museum), 2, Av. Eugène-Guillaume, ☎ 03 26 57 50 15, tägl. nach Vereinbarung.
... in Vertus: Champagne Paul Goerg, 4, Place Mont-Chenil, ☎ 03 26 52 15 31, Mo–Fr nach Vereinbarung, im Aug. geschlossen.

Die großen Seen

Troyes, die
historische Messestadt
der Champagne

Ländliche Idyllen im
Pays d'Othe

Ein Streifzug durch die
Weingärten an Arce und
Ource

Durch das Bauernland am
Lac du Der-Chantecoq

Fachwerkhäuser in Troyes

Als internationales Handelszentrum des Mittelalters spielte Troyes eine maßgebliche Rolle für die Wirtschaftsgeschichte ganz Europas. Die stilvollen Architekturen von Kirchen, Handels- und Patrizierhäusern in der Altstadt sowie die Sammlungen mehrerer Museen veranschaulichen bis heute jene historische Weltläufigkeit. Und noch inmitten der bäuerlich geprägten Landschaft ringsum beweisen die Buntglasfenster und Skulpturen der »Schule von Troyes« in vielen Dorfkirchen, wie dauerhaft einst kommerzieller Wohlstand in kulturelle Werte umgemünzt wurde.

Troyes

Schon seit den mittelalterlichen Messen waren Troyes und seine Umgebung ein Wirtschaftszentrum der Textilmanufakturen. Und nach vielen Höhe- und Tiefpunkten der jüngeren Stadtgeschichte hat sich inzwischen die traditionelle Wirkwarenindustrie wieder bestens erholt und etabliert. Rund 150 Textilhersteller sorgen heute dafür, daß hier beispielsweise 40 % der Baby- und 30 % der Kinderkleidung des französischen Markts angefertigt werden. Auch von den modischen Trendmarken der Gegenwart – man denke an die mit dem grünen Krokodilchen – haben etliche ihren Ursprungsort in und bei Troyes. Des weiteren ist hervorzuheben, daß die nahen Weinbaugebiete, vom Sézannais über das Barséquanais bis zur Großlage bei Bar-sur-Aube (Vignoble de l'Aube), immerhin ein Fünftel des Gesamtertrags

an Most für die Champagnerherstellung liefern (jährlich ca. 25 Mio. Flaschen). Mithin darf diese Gegend des Département Aube als ökonomisch leistungsstarker Standort angesehen werden. Dabei ist dem Gebiet rings um Troyes, sobald die städtische Peripherie und die örtlichen Ballungsräume an der Seine Richtung Romilly aus dem Blickfeld rücken, seine geschäftige Prosperität weithin gar nicht anzumerken.

Am Anfang der Stadtgeschichte erhob sich hier der befestigte Hauptort der keltischen Trecasser, den die Römer in »Augustobona Tricassium« umbenannten. Bereits im 3. Jh. wurde die Stadt zum wichtigen Stützpunkt für die Ausbreitung des christlichen Glaubens in der »Campania«, und 451 soll der legendäre Bischof St-Loup Attila und seine Hunnen auf sagenhafte Weise so beeindruckt haben, daß sie Troyes auf ihrem Zerstö-

Auf dem Rathausplatz in Troyes

rungsfeldzug umgingen, kurz bevor ihnen auf den Katalaunischen Feldern sowieso der Garaus bereitet wurde (s. S. 176 f.). Weit unseliger verlief 889 ein »Besuch« normannischer Freibeuter: Diese hatten seit 845 dreimal Paris geplundert, wurden dort aber 885 militärisch abgewiesen und suchten dar aufhin ihre Kriegsbeute in der weiteren Umgebung; Troyes wurde völlig zerstört.

Seit dem 10. Jh. erfuhr die Stadt unter dem Regime der Grafen von Champagne einen rasanten Wirtschaftsaufschwung als Hauptort der überregionalen Messen. Handelshäuser aus ganz Europa richteten hier eigene Kontore ein; Kölner,

Augsburger und Frankfurter Firmen waren durch Agenturen in Troyes ständig vertreten. Die kunstsinnigen Herrscher förderten Maler, Bildhauer und Dichter nach besten Kräften, so daß sich neben der ökonomischen Blüte auch ein brillantes Kulturklima entwickeln konnte.

Ein Großbrand zerstörte 1188 fast die gesamte Stadt. 60 Jahre später wurde Troyes durch die Heirat der Gräfin Jeanne mit Philipp dem Schönen unmittelbar der königlichen Verwaltung unterstellt; durch administrative Hürden und eine Steuerpolitik ohne Augenmaß wirkte sich dieser Transfer via Eheschluß katastrophal auf die Messegeschäfte aus. Die Wirren des Hundertjährigen Kriegs mit England trugen zum weiteren Niedergang bei, der erst durch den Siegeszug der Jeanne d'Arc 1429 endete.

Und damit setzte für gut zwei Jahrhunderte eine Hochkonjunktur ein, von der wiederum die Künste profitierten. Im Zeichen der Renaissance wurden die Bildhauerschule von Troyes und die auf Gestaltung von Glasgemälden für Kirchenfenster spezialisierten Ateliers zu stilprägenden Zentren von weit über die Region hinaus bedeutendem Rang. Und nachdem Troyes 1524 erneut von einer Feuersbrunst heimgesucht worden war, erhielten Architekten, Steinmetzen und Ma-

---

Troyes
1 Hôtel de Ville
2 Maison du Boulanger
3 Tourelle de l'Orfèvre
4 St-Jean
5 Place du Marché-au-Pain
6 Hôtel de Mauroy (Handwerkermuseum)
7 Maison des Allemands
8 Hôtel des Chapelaines
9 St-Pantaléon
10 Hôtel de Vauluisant (Heimatgeschichtliches Museum und Wirkwarenmuseum)
11 St-Nicolas
12 Hôtel de Marisy
13 Ste-Madeleine
14 Ruelle des Chats
15 St-Urbain
16 St-Rémy
17 Hôtel-Dieu-le-Compte (Pharmaziemuseum)
18 Kathedrale
19 St-Nizier
20 Musée d'Art Moderne
21 Musée St-Loup
22 Office de Tourisme
23 Bahnhof/Busbahnhof

ler eine Fülle von Aufträgen zur Erneuerung der Stadt. Den Künstlern von damals ist ein Gutteil des bis heute erhaltenen innerstädtischen Ambientes zu verdanken.

Obwohl Troyes seine geschichtliche Bedeutung als Handels-, Verwaltungs- und Kunstzentrum vor allem dem Gewerbefleiß der vielen Textilhersteller verdankt, weisen die Einheimischen doch gern daraufhin, daß die Altstadt in der Form eines Champagnerkorkens angelegt worden ist. Wahrscheinlich nichts als ein erheiternder Zufall. Die wichtigsten Straßen sind hier die Boulevards Gambetta, Victor-Hugo und 14-Juillet sowie der Boulevard Henri-Barbusse, der dem inneren Seinebogen folgt. An einem dieser Boulevards sollten Autoreisende ihren Wagen abstellen, um die fußgängerfreundliche Altstadt per pedes zu erkunden.

Ein Rundgang durchs historische Zentrum könnte am Rathaus beginnen. Von der Place du Maréchal-Foch – vor dem 1624–70 erbauten **Hôtel de Ville** – geht es durch die Rue Champeaux unmittelbar in den verwinkelten Stadtkern (Fußgängerzone) mit seinen rund 400 restaurierten Gebäuden. Unter den vielen mehrstöckigen Fachwerkhäusern, die fast alle nach dem Brand von 1524 errichtet wurden, heben sich die **Maison du Boulanger**, das Bäckerhaus, und die **Tou-**

relle de l'Orfèvre, das Haus des Goldschmieds, mit seinem halbrunden Turmerker hervor. Im selben Viertel steht die gotische Kirche **St-Jean** (13. Jh.; 20. Juni bis 15. Sept. tägl. geöffnet, ansonsten auf Anfrage beim Syndicat d'Initiative Besichtigung möglich). An ihrer Südseite führt von der Place du Maréchal-Foch her die Rue Urbain IV. zur Place du Marché-au-Pain (Brotmarkt), von der links die Montée-des-Changes zur Rue du Général-Suassier abzweigt. Dieser folgt man nach rechts bis zur Rue de la Trinité und dem **Hôtel de Mauroy** (1560), in dem das Handwerksmuseum besichtigt werden kann (Mo–Fr 9–13 und 14–18.30 Uhr, Sa/So 10–13 und 14–18 Uhr).

Wo sich Rue de la Trinité und Rue Thérèse-Bordet kreuzen, verdient die **Maison des Allemands** Beachtung: Bereits im Mittelalter stand an derselben Stelle ein Agenturgebäude deutscher Textilhändler. Nach links erreicht die Rue Thérèse-Bordet die Rue Turenne, deren architektonischen Höhepunkt ein Renaissancegebäude bildet, das **Hôtel des Chapelaines** (1530). Zur anderen Seite (nach rechts) sind es nur wenige Schritte zur **Eglise St-Pantaléon** (16./17. Jh.), deren Besichtigung sich wegen ihrer Ausstattung mit Statuen und prachtvollen Farbfenstern aus dem 16. Jh. lohnt (Öffnungszeiten wie St-Jean). Südlich gegenüber sind im **Hôtel de Vauluisant** (16. Jh.) das Museum für Heimatgeschichte (u. a. Skulpturen der

---

Im historischen Zentrum von Troyes

Schule von Troyes) und das der einheimischen Textilindustrie gewidmete Wirkwarenmuseum untergebracht (tägl. außer Di 10–12 und 14–18 Uhr). Von der nahen Place Jean-Jaurès kann man ca. 180 m südwestlich zur **Eglise St-Nicolas** (16. Jh.) gehen, unter deren vielen Renaissance-Skulpturen vor allem der »Fall Jesu unter dem Kreuz« (16. Jh.) als Hauptwerk der örtlichen Bildhauerschule gilt.

Nordöstlich kommt man über die Place Audiffred wieder zur Rue Champeaux und außerdem zur Rue des Quinze-Vingts, von der die Rue Charbonnet abzweigt. Dort logiert im historischen **Hôtel de Marisy** (1551) das moderne Informatik- und Medienzentrum Espace Marisy. Einige Schritte weiter nördlich führt die kurze Rue Madeleine zur **Eglise Ste-Madeleine** (16. Jh.), die noch romanische Architekturteile (12. Jh.), einen prachtvoll verzierten spätgotischen Steinlettner (1508–15) und künstlerisch hervorragende Farbfenster (16. Jh.) aus den Ateliers von Troyes besitzt (Ostern bis 30. Sept. tägl. 10–12 und 14–18 Uhr, ansonsten Besichtigung auf Anfrage beim Syndicat d'Initiative möglich).

Von der Rue Charbonnet geht es in die **Ruelle des Chats** (Katzengasse), deren malerische Fassaden schon mehrfach die Kulisse für Spielfilme abgegeben haben. Das historische Ambiente, das überall in der Messe-Altstadt zu verspüren ist, verdichtet sich hier. Nun wieder durch die Rue Champeaux auf

den Rathausplatz, um mit der Rue Urbain IV. den Weg zur Basilika **St-Urbain** (1262–86) einzuschlagen. Sie blieb 1524 vom Großbrand verschont und wird als »Parthenon der Champagne«, als stilreines Meisterwerk der Gotik gerühmt. Groteske Wasserspeier hoch droben und am Portal das Giebelfeld (13. Jh.) mit dem Jüngsten Gericht und der Auferstehung der Toten als Hauptmotive bringen sich suggestiv zur Geltung, während im Inneren eine Statue der »Madonna mit Weintraube« (16. Jh.) und riesige Buntglasfenster (16. Jh.) zu bewundern sind. Im Chor das Grab Papst Urbans IV., der persönlich den Bau dieser Kirche finanziert haben soll (Besichtigungszeiten wie St-Jean). Rund 150 m nordöstlich erhebt sich die gleichfalls gotische Kirche **St-Remy** (14./16. Jh.), unter deren Kunstwerken das Marmorrelief »Der betende Tod« (17. Jh.) das merkwürdigste ist (Besichtigungsmöglichkeit beim Syndicat d'Initiative erfragen).

An der Rue de la Cité, die von der Basilique St-Urbain zur Kathedrale führt, steht das **Hôtel-Dieu-le-Comte** (18. Jh.), in dessen historischer Apotheke ein Pharmaziemuseum zu besichtigen ist (tägl. außer Di 10–12 und 14–18 Uhr).

Die **Kathedrale St-Pierre-et-St-Paul** (13.–17. Jh.) faßt gleichsam exemplarisch die ganze Fülle der champagnesken Gotik in Bauformen, Steinmetzarbeiten und Glasgemälden zusammen. Ihre großen Fenster repräsentieren die stilistische Entwicklung vom 13. Jh. (Chor) bis zum 16. Jh. (Schiffe). Und 1625 fertigte Linard Gontier für die vierte Seitenkapelle links das berühmte Motiv eines »Christus in der Weinkelter«. Sehenswert ist des weiteren der Domschatz mit kostbaren Elfenbeinschnitzereien sowie Goldschmiede- und Emailarbeiten (16.–18. Jh.) aus dem Limousin. Antike Gemmen und romanische Emails aus maasländischen Werkstätten sind als Zierstücke von Evangeliaren zu bewundern (15. Juni bis 15. Okt. tägl. 10–12 und 14–18 Uhr, ansonsten auf Anfrage beim Syndicat d'Initiative).

Ein Abstecher ist von der Kathedrale zur 300 m nordöstlich stehenden **Kirche St-Nizier** (16. Jh.) zu unternehmen. Das Bauwerk veranschaulicht den Stilwechsel von der Gotik zur Renaissance und birgt außerdem qualitätvolle Skulpturen und Bildfenster der Schule von Troyes (Besichtigungsmöglichkeit beim Syndicat d'Initiative zu erfragen).

Gleich bei der Kathedrale verdienen unbedingt die beiden wichtigsten Museen der Stadt einen Besuch. Das **Museum für Moderne Kunst** im einstigen Bischofspalais (16./17. Jh.) präsentiert 350 Gemälde, 100 Skulpturen und Tausende von Graphiken, die ein Industrieller 1976 dem Staat gestiftet hat. Die bedeutendsten Werke dieser Sammlung entstanden zwischen 1880 und 1930 aus den Händen weltberühmter Künstler: Bonnard, Braque, Cézanne, Degas, Derain, Dufy, Gauguin, Matisse, Modigliani, Picasso und Rouault (tägl. außer Di 11–18 Uhr). Das **Museum St-Loup** in den Gebäuden einer einstigen Abtei (17./18. Jh.) enthält vor allem die archäologischen Funde aus dem Département Aube von der Prähistorie bis zur Merowingerzeit. Die antike Bronzeskulptur eines Apollo sowie frühmittelalterliche Waffen und Schmuckstücke sind seine wertvollsten Schätze. Eine weitere Abteilung zeigt Plastiken des 13. bis 15. Jh. aus Troyes und der weiteren Umgebung, während im oberen Stockwerk Bildteppiche und Gemälde ausgestellt sind, u. a. Arbeiten von Watteau, Boucher, Greuze und Fragonard. Schließlich ist dem Museum St-Loup eine Bibliothek mit 230 000 alten Bänden angeschlossen, darunter 8000 Handschriften und 700 Inkunabeln (ab 7. Jh.; Besichtigung tägl. außer Di 10–12 und 14–18 Uhr).

Fachwerkdetail

Bei soviel Kunst und geschichtlichen Reminiszenzen, wie sie ein Stadtbummel durch Troyes zum Vorschein bringt, wird der Besucher gewiß die eine oder andere Verschnaufpause einlegen wollen. Dazu besteht reichlich Gelegenheit, vor allem in der Fußgängerzone, und gerade dort fällt angenehm auf, daß sich Gastronomie wie Einzelhandel der denkmalpflegerisch gebotenen Zurückhaltung unterordnen und auf allzu plakative Werbeschilder verzichten. Ein paar Ausnahmen bestätigen die Regel…

Vor den Toren der Stadt

Im Vorort **St-André-les-Vergers** im Südwesten von Troyes verdient die Kirche (16. Jh.) wegen ihres *Portail des Maraîchers* Beachtung. *Maraîcher* bedeutet Gemüseanbauer; und in der Tat haben einst die örtlichen Gärtner dieses Portal gestiftet, dessen plastischer Dekor aus Obst und Gemüse besteht.

Ste-Maure auf dem nördlichen Seine-Ufer sollte man wegen seiner Kirche aus dem 15. Jh., in der Sankt Maurus bestattet liegt, aufsuchen.

Von dort gelangt man auf die andere Seite der Seine nach Barberey-St-Sulpice und weiter nach **Montgueux**. Bei diesem hübschen Winzerdorf liegt das kleinste Weinbaugebiet der Champagne.

Information: 16, Boulevard Carnot, 10000, ✆ 03 25 73 00 36, Fax 03 25 73 06 81.

Hotels: ****La Poste, 35, Rue Emile-Zola, ✆ 03 25 73 05 05, Fax 03 25 73 80 76: ein modernes Hotel mit erstklassigem Restaurant. ***Grand Hôtel, 4, Avenue Joffre, ✆ 03 25 79 90 90, Fax 03 25 78 48 93: ein großes Hotel mit nostalgisch eingerichtetem erstklassigem Restaurant. ***Le Relais Saint-Jean, 51, Rue Paillot-de-Montabert, ✆ 03 25 73 89 90, Fax 0325 73 88 60: historisches Fachwerkgebäude, stilvoll eingerichtet. ***Royal Hôtel, 22, Boulevard Carnot, ✆ 03 25 73 19 99, Fax 03 25 73 47 85. **Arcade, 51, Boulevard du 14-Juillet, ✆ 03 25 73 27 28, Fax 03 25 73 25 42. **Patiotel, Cour de la Gare, ✆ 03 25 79 90 90, Fax 03 25 78 48 93. **Hôtel de la Gare, 8, Boulevard Carnot, ✆ 03 25 78 22 84, Fax 03 25 74 16 26. *Marigny, 3, Rue Charbonnet, ✆ 03 25 73 10 67. *Grammont, 6, Rue Pierre, ✆ 03 25 73 22 53.

Camping: **Camping Municipal, an der N 60 im Vorort Pont-Ste-Marie (100 Stellplätze), ✆ 03 25 81 02 64.

Jugendherberge: Groupe ADPS, 18, Avenue des Lombards, ✆ 03 25 71 10 71, Fax 03 25 75 61 08.

Restaurants: ***Le Café de Paris, 63, Rue du Général-de-Gaulle, ✆ 03 25 73 08 30: großes Restaurant unweit der Kirche Ste-Madeleine. *** Le Vivien, 7, Place Saint-Remi, ✆ 03 25 73 70 70. *** Le Bourgogne, 40, Rue du Général-de-Gaulle, ✆ 03 25 73 02 67. **Le Grill Saint-Jean, 21, Rue Champeaux, ✆ 03 25 73 52 26; im historischen Zentrum (Fußgängerzone). ** Le Carpaccio, 35, Rue Emile Zola, ✆ 03 25 73 05 05. *Le Valentino, Cour de la Rencontre, ✆ 03 25 73 14 14 (Mitte Aug. bis Mitte Sept. geschlossen).

Nostalgische Schaufensterfassade
in Troyes

Unterhaltung: Anfang Juni bis Ende Sept. wird abends in der Kathedrale das Ton-Licht-Spektakel »Cathédrale de Lumière« dargeboten; Aushänge informieren dort über die Anfangszeiten. Während des Sommers werden diverse Stadtfeste veranstaltet, und Mitte Sept. finden ein Oldtimer-Autosalon und ein internationales Festival der audiovisuellen Medien statt.

Einkaufen: Verschiedene Textilfabriken unterhalten Verkaufsstellen ab Werk, die mit dem Label »La Mode par Troyes/Prix d'Usine« gekennzeichnet sind. Bekannte Spezialitäten der nahrhaften Art können gleichfalls in vielen Geschäften erworben werden: die Wurstsorten Andouillettes de Troyes und Andouille en Aube sowie die regionalen Käsesorten Eclance, Mussy, Ervy, Rondeau de Champagne, Fromage de Troyes, St-Julien und Chaource.

Champagnerkellereien in Montgueux: Jeweils nach Vereinbarung bzw. Voranmeldung bei Champagne Guérinot, 2, Rue Chanet, ☎ 03 25 74 84 76. Champagne Lassaigne Berlot, ☎ 03 25 74 84 60. Champagne Beaugrand-Corniot, 3, Rue Valance, ☎ 03 25 74 84 37.

Bahnverbindung: Mit Reims, mit Paris (Strecke durchs Tal der Seine), mit Châlons-sur Marne (über Arcis-sur-Aube), mit Chaumont (Strecke nach Dijon).

Busverbindung: Mit Reims, Châlons-sur-Marne, Bar-sur-Aube, St-Dizier.

Flughafen: Barberey-St-Sulpice (5 km nördlich von Troyes), nur Inlandsflüge.

167

Ausflug ins Nogentais und ins Pays d'Othe

Von Troyes kann man auf der Nationalstraße oder kleinen Nebenstrecken flußabwärts der Seine folgen. Kurz vor **Nogent-sur-Seine** liegt am nördlichen Flußufer Pont-sur-Seine mit seiner sehenswerten Martinskirche (12./16. Jh.). Nogents Stadtkulisse hat durch das nahe Kernkraftwerk einen unschönen Hintergrundakzent erhalten. Neben den schönen Fachwerkbauten wollen die Laurentiuskirche (16. Jh.) und das archäologische Museum (Musée Dubois-Boucher) beachtet werden (16. Juni bis 14. Sept. tägl. außer Di sowie 1. April bis 15. Juni und 15. Sept. bis 30. Nov. Sa und So 14–18 Uhr).

4 km südwestlich ist das Schloß von **La Motte-Tilly** (18. Jh.) mit prächtiger Innenausstattung und einem Park einen kurzen Abstecher wert (1. April bis 30. Sept. tägl. außer Di 10–11.30 und 14–18.15 Uhr, Okt./Nov. Sa und So 14–17 Uhr).

Durch das Bauernland südlich von Nogent führt die D 54 nach **Marcilly-le-Hayer.** Hier weisen Schilder zum Dolmen »La Pierre Couverte« und zu den keltischen Ausgrabungen am Four Gaulois nahe Chavaudon.

Bei **Villemaur-sur-Vanne,** dessen Dorfkirche (12./16. Jh.) einen kunstvoll geschnitzten Holzlettner (1521) birgt, werden die grünen Hügel des Pays d'Othe erreicht. In dem idyllischen **Aix-en-Othe** ist eine freskengeschmückten Kirche (16./17. Jh.) zu besichtigen. Die Gotteshäuser der westlich benachbarten Dörfer **Rigny-le-Ferron** und **Bérulle** sind mit Buntglasfenstern (16. Jh.) der Schule von Troyes geschmückt. Über St-Mards-en-Othe geht es weiter nach **Maraye-en-Othe** mit einem Jagdschlößchen aus dem 18. Jh.

Rund 7 km nördlich, bei **Bercenay**, ragen die weißen Parabolspiegel des europäischen Zentrums für das Weltraum-Fernmeldewesen wie gigantische Champignons aus der beschaulichen Feld-, Wald- und Wiesenumgebung hervor. Hier also stehen die Sende- und Empfangsanlagen, die unter dem längsgestreiften Graphiklogo der »Telecom Bercenay« auch dem deutschen Fernsehpublikum via Satellit diverse Programme auf die Bildschirme liefern.

In **Auxon** steht ein Gotteshaus mit einer mustergültigen Kollektion von Glasgemälden und Skulpturen (14.–16. Jh.). Auf direktem Weg sind es knapp 30 km nach Troyes. Wer diesen Rückweg wählt, sollte in **Bouilly** einen Blick in die Laurentiuskirche (16./18. Jh.) mit ihrem kunstvollen Altar werfen.

Auf der etwas längeren Rundfahrt erreicht man in **Ervy-le-Châtel** den südwestlichen Zipfel der Champagne. Auch die dortige Kirche (15./16. Jh.) birgt Glasmalereien, Plastiken und Gemälde aus dem 16./17. Jh. Nahebei steht die zweitürmige Porte St-Nicolas, letz-

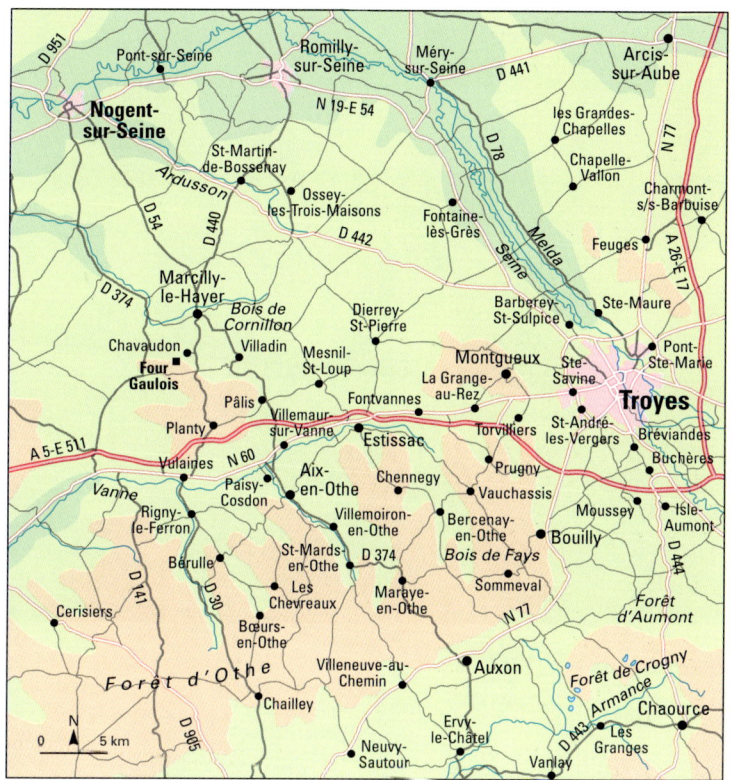

Nogentais und Pays d'Othe

tes Relikt der einst mächtigen Stadtwehr (14. Jh.) und Grenzfeste über den Ufern der Armance.

Vom Nachbardorf Chessy-les-Prés führt die D 443 nach **Chaource**, weltbekannt für seinen seit dem 12. Jh. produzierten Käse. Das Städtchen besitzt hübsche Fachwerkhäuser (teils 15. Jh.) und eine ansehnliche Kirche (13./16. Jh.), in der eine polychrome Grablegungsgruppe (1515) als Hauptwerk der champagnesken Plastik betrachtet werden kann. Von hier geht es zurück. Unterwegs könnte man noch **Isle-Aumont** einen Besuch abstatten, dem »Insula Oppidum« der keltischen Epoche, das schon seit der Jungsteinzeit besiedelt gewesen ist. Die dortige Kirche

Bercenay-en-Othe

St-Pierre (10./12./15./16. Jh.) bewahrt Mauerzüge aus karolingischer Zeit, und neben wertvollen Skulpturen (16. Jh.) sind etliche Fragmente von Sarkophagen und Grabmalen der merowingischen Periode (5.–7. Jh.) zu betrachten. Auch die kleine romanische Basilika (12. Jh.) im benachbarten **Moussey** beschirmt kostbare Skulpturen (16. Jh.).

 Hotels/Restaurants in Nogent: **Loisirôtel, 19, Rue des Fossés,

✆ 03 25 39 71 46, Fax 03 25 24 95 29 (mit Restaurant). *Hôtel de la Seine, 11, Place de la Halle, ✆ 03 25 39 83 60. *Des Deux Ponts, ✆ 03 25 39 87 40. Beau Rivage, 20, Rue Villers-aux-Choux, ✆ 03 25 39 84 22, Fax 03 25 39 18 32 (mit **Restaurant). A la Clef d'Argent, 9, Rue du Lion d'Or, ✆ 03 25 39 80 93 (nur Restaurant).
... in Aix-en-Othe: ***Auberge de la Scierie, La Vove, ✆ 03 25 46 71 26, Fax 03 25 46 65 69 (mit Restaurant).

Camping in Nogent: **Camping Municipal les Dolmes (49 Stellplätze), Rue du Mothois ✆ 03 25 21 74 34, Fax 03 25 21 74 31.
... in Marcilly-le-Hayer: **Camping Municipal, (100 Stellplätze), Rue Anglade, ✆ 03 25 46 75 00

... in Aix-en-Othe: **Camping Municipal, (100 Stellplätze), Rue Anglade, ☎ 03 25 46 75 00.

Von Troyes nach Arcis-sur-Aube

Statt geradewegs auf der N 77 Richtung Norden Arcis-sur-Aube anzusteuern, empfiehlt sich eine Bummelfahrt über die Dörfer östlich der Nationalstraße, wo etliche kleine Dorfkirchen zu bewundern sind, die meist neben kostbaren Skulpturen auch Glasmalereien des 15./16. Jh. besitzen.

In **Pont Ste-Marie**, einem Vorort von Troyes, lohnt eine ungemein kunstreiche Kirche (16. Jh.) mit großartig verzierten Portalen sowie stilvollen Skulpturen und einem prächtigen Farbfenster (17. Jh.) des Meisters Linard Gontier einen kurzen Aufenthalt.

Von Feuges gelangt man auf der D 15 über **Charmont-sous-Barbuise**, dessen Kirche aus dem 16. Jh. stammt, und weiter auf der D 99 nach **Ramerupt** im Tal der Aube, mit seinem Gotteshaus des 16./17. Jh. Knapp 8 km nordöstlich liegt **Dampierre**, das mit St-Pierre-et-St-Paul (13. bis 16. Jh.) eine so stilvolle wie kunstreiche Basilika besitzt. Ihre spätgotischen Portale, das Grabmal eines Pierre de Lannoy (1522) und zahlreiche Plastiken (15./16. Jh.) beweisen, daß hier die hervorragendsten Ateliers der Südchampagne zu Werke gegangen sind. Das nahe Schloß (1671; Privatbesitz) soll nach einem Plan des berühmten François Mansart (1598–1666) erbaut worden sein.

Wegen seiner Architektur, aber auch wegen der noblen Ausstattung mit Figuren und Fenstergemälden (16. Jh.) ist im benachbarten **Lhuître** das der Lokalheiligen Tanche geweihte romanisch-gotische Gotteshaus (12.–16. Jh.) sehenswert.

Das geschichtsträchtige **Arcis-sur-Aube** hieß zur Römerzeit »Arciaca«, und die Aube wurde damals »Alba« genannt: die Weiße. Ihrem berühmtesten Sohn, dem Revolutionär Georges Danton (1759–94), haben die Einwohner von Arcis 1888 ein Denkmal vor der Kirche St-Etienne (15./16. Jh.) errichtet. Mit dem »Deputierten von Arcis« schuf Honoré de Balzac ein literarisches Monument, dessen Schauplatz das Schloß aus dem 17. Jh., das heutige Rathaus, gewesen ist. Bekannt wurde Arcis-sur-Aube jedoch vor allem durch die Niederlage Napoléons am 20. März 1814, als seiner auf 20 000 Mann geschrumpften Armee 90 000 Gegner unter dem österreichischen General Schwartzenberg gegenüberstanden. Die Franzosen mußten sich zurückziehen; die Stadt wurde damals (wie auch 1940) durch die Kämpfe stark beschädigt.

Hotels/Restaurants in Ramerupt: Hôtel-Restaurant du Centre, Grande Rue, ☎ 03 25 37 60 22.
... in Arcis-sur-Aube: **Restaurant Saint-Hubert, 2, Rue de la Marine, ☎ 03 25 37 86 93.

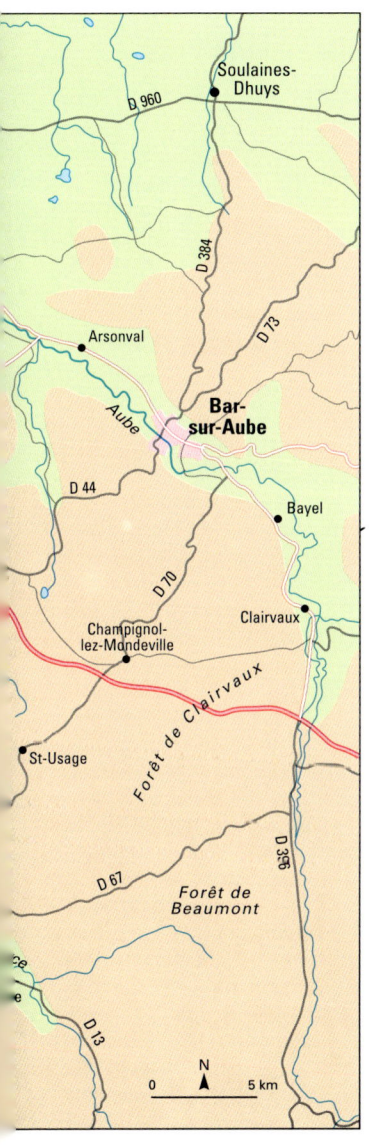

Ländliche Idyllen zwischen Seine und Aube

Bar-sur-Seine und die Weindörfer im Barséquanais

Von Troyes entlang der Seine nach Bar-sur-Seine bietet sich eine Bummelfahrt über die an der D 49 aufgereihten Dörfer an. In der Kirche von **Verrières**, dem ersten Ort an dieser Strecke, lassen sich Kostbarkeiten bewundern: Farbfenster des 16. Jh. und ein spätgotisches Figurenportal derselben Epoche. Im benachbarten **St-Aventin** stehen ein Schloß (19. Jh.) und eine romanisch-gotische Kapelle (12./16. Jh.), gleichfalls mit Fenstern und Plastiken *à la Troyes* ausgeschmückt. **Cléreys** Kirche (12./16. Jh.) birgt einen hölzernen Altaraufsatz (16. Jh.) aus Flandern.

Im nahen **Chappes** sind es in dem St-Loup geweihten Sakralbau abermals die Glasmalereien (16. Jh.), denen Beachtung gebührt. Darunter findet sich jene legendäre Begebenheit abgebildet, derzufolge einst der heilige Wolf (bzw. Wolfgang = St-Loup) den Hunnenherrscher Attila mit Gottes Hilfe und magischer Beschwörung vom Einmarsch in Troyes abgehalten haben soll. Diese Sage weist übrigens in den Landschaftswinkel westlich von Troyes (bei Estissac, Macey und Mesnil-Saint-Loup), zu den einsti-

Zwischen Seine und Aube

173

Über den Gräbern die nackte Frau
Besuch des Grabes von Pierre Auguste Renoir

Pierre Auguste Renoir (1841–1919) zählt zu den berühmtesten impressionistischen Malern. Sein Sohn, Jean Renoir (1894–1979), schuf hingegen als Filmautor und -regisseur cineastisch wegweisende Werke. Beide liegen auf dem Friedhof von Essoyes bestattet. Ihre Beziehung zu dieser Gegend wird in der Maison de la Vigne am Ortsrand verdeutlicht, wo zugleich der Weinbau an der Ource dokumentiert wird. Eine eigentümliche Verschwisterung von Kunst und Winzertum, gleichwohl mit Sinn: Denn es geht vordergründig um den ertragreichen Anbau der Reben, und im Hintergrund sind die kreativen Renoirs quasi als Mit-Vermarkter recht willkommen.

In und um Essoyes malte Pierre Auguste Renoir von 1895 bis 1916 während regelmäßiger Sommerurlaube seine Bilder. Was seither zum kostbaren Bestand weltberühmter Museen zählt, ist zum großen Teil in dieser Landschaft entstanden. Enthusiasten können es detailliert nachprüfen: Der durch Renoir wesentlich mitgeprägte impressionistische Malstil zeigt sich durchaus repräsentativ mittels landschaftlicher Motive vertreten, die in und um Essoyes noch heute zu identifizieren sind.

Renoir wurde auch als Künstler berühmt, der außer Landschaften in leuchtenden Farbtönen immer wieder die »naturhaft-sinnliche Anmut von Frauen und jungen Mädchen« auf der Leinwand wiederzugeben verstand. Kunstkritiker geraten nahezu ins erotische Schwelgen, wenn es um Renoirs Frauenakte geht. Und dann betritt man als zunächst ganz unbefangener Besucher den malerischen Gottesacker von Essoyes und möchte dem großen Impressionisten seine Reverenz erweisen. Doch die solchermaßen beabsichtigte Huldigung wird leichthin zur Farce. Denn dort ruhen zwar Renoirs sterbliche Reste im geweihten Untergrund, aber über den tieferdigen Ruhestätten erheben sich höchst merkwürdige Steingestalten. Unter Frankreichs Friedhöfen dürfte dieser hier wohl als einer der kuriosesten gelten.

Der Anteil, den der ebenfalls hier zur ewigen Ruhe gebettete Bildhauer *(Statuaire)* Louis Morel (1887–1975) zu den Monumenten dieser Liegestatt der Entschlafenen beigetragen hat, dürfte nicht gering sein. Seine eigene bronzene Büste, die Bildnismedaillons am Grabmal der berühmten Renoirs sowie etliche Skulpturen von portraithafter Expression sind überaus sehenswert. Allegorien diverser Engel, Thérèse-Emi-

lie Maire unterm Kapotthütchen, unter Palmenwedeln zum Funeral hinabgeneigte Klageweiber: Sie alle vereinen sich zum manieristisch übersteigerten Personal allegorischer und ans Kitschige grenzender Attitüden. Visionen eines lokalen Steinmetzen?

Aber das Frappierendste am Werk dieses nur örtlich renommierten Bildhauers fällt in Gestalt der lebensgroß als üppige Aktfigur gestalteten Trauernden ins Auge. Dieses Bildwerk dominiert den gesamten Friedhof von Essoyes. Am Sockel ein glaubensfroher Bibelvers: »Und Gott wird abwischen alle Tränen von ihren Augen…«. Im Französischen heißt Abwischen *essuyer*, und deshalb scheint jene weitere Allegorie dafür zu sprechen, daß mittels der Inschrift dem Ortsnamen eine Deutung vorgegeben werden sollte. Ein Akt der jüngsten Mythen?

Möge Renoir getrost auch weiterhin in Frieden schlafen. Aber die Obsession in Gestalt einer attraktiv aus Stein gebildeten nackten Schönheit, des Weiblichen schlechthin, beherrscht optisch den Gottesacker von Essoyes. Renoir hätte jenes Idol nicht schöner und sinnlicher malen können.

gen Mauriacensischen Feldern (Macey!); Heimatforscher glauben, daß hier der römisch-burgundisch-catalaunische Endsieg über die Hunnen stattgefunden habe und nicht bei La Cheppe zwischen Châlons-sur-Marne und Suippes.

Nahebei, an der N 71, liegt **St-Parres-lès-Vaudes**, dessen Kirche aus dem 15. Jh. meisterliche Plastiken (16. Jh.) aus der Schule von St-Mihiel besitzt (Ligier Richier; s. S. 195 f.). 3 km südlich erreicht man **Rumilly-lès-Vaudes** mit seiner gediegenen Kirche (16. Jh.), in der qualitätvolle Skulpturen, ein reliefierter Altar von 1533 und malerische Bildfenster des 16. Jh. aus den Ateliers von Troyes zu sehen sind. Das nahe Schloß (16. Jh.) zitiert bauliche Formen des Mittelalters.

Schließlich dann weiter nach **Bar-sur-Seine**, einem etwas größeren und dennoch sehr behaglich wirkenden Ort mit einer turmlosen Kirche im historischen Kern, ein paar Villen und viel Fachwerk. Ein traditionsreicher Marktflecken, in dessen Gotteshaus St-Etienne (16. Jh.) wieder ansehnliche Glasmalereien der Schule von Troyes beachtet werden wollen. Nahebei ragt unter all den sehenswerten champagnesken Fachwerkhäusern an der Rue Thiers die Maison Renaissance (16. Jh.) heraus.

Von Bar-sur-Seine empfiehlt sich eine Rundfahrt (ca. 60 km) durch die Weinbaugebiete an Laignes, Arce und Ource. In südlicher Richtung ist nach 4 km **Polisot** erreicht, das eine Kirche (16. Jh.) mit beachtlichen Portalskulpturen und Glasgemälden der späten Gotik besitzt, während das benachbarte **Polisy** nicht nur ein gleichfalls sehenswertes Gotteshaus derselben Zeit und desselben Stils präsentiert, sondern außerdem ein Schloß (16. Jh.) über der Mündung der Laignes in die Seine. Weiter nach **Les Riceys,** einem Doppelort mit drei Kirchen im Stil der Renaissance (16. Jh.), der von Kennern hauptsächlich wegen der auf den Hängen über der Laignes gedeihenden Reben geschätzt wird (vorzügliche Roséweine).

In **Mussy-sur-Seine** wollen eine große Kirche (13. Jh.) mit vielen interessanten Skulpturen und ein Museum der Résistance (Mai bis Okt. Sa und So 14.30–18 Uhr) besichtigt werden. Von Mussy-sur-Seine fährt man einige Kilometer nach Norden, um in Courteron dem Abzweig nach **Essoyes** zu folgen. Auf dem Friedhof dieses Ortes wurden der Maler Pierre Auguste Renoir und sein Sohn Jean Renoir bestattet (s. S. 174 f.). Über die Beziehungen beider Männer zu Essoyes gibt ein kleines örtliches Museum ebenso Auskunft wie über die Bedeutung des Weinbaus in dieser Gegend (Ostern bis Allerheiligen Sa und So 15–18 Uhr, 1. Juli bis 31. Aug. tägl. außer Di).

In den Seitentälern von Arce und Ource ziehen sich die Weingärten die Talhänge hinauf: Dies ist das Herzstück des Vignoble de l'Aube, der für den Champagner genutzten Wachstumslagen des Bar-Séquanais. Sanfte Formen der geologischen Reliefgestalt und durch Rebstockzeilen streng gegliederte Anstiege kontrastieren zu den Au-wald-Mäandern längs der üppig bewachsenen Bachufer. In Dörfern wie **Landreville** haben viele Generationen von Winzern an den Gehöften aus hellem Sandstein gebaut. Die Innenhöfe hinter schmiedeeisernen Toren sind mit Blumenrabatten geschmückt. Diese Gegend hier gehört zu den wichtigsten Anbauflächen für Weine der Champagne, und sie besitzt eine ganz eigene unverwechselbare Charakteristik. Für eingeweihte Kenner sogar eine geschmackvoll-köstliche Alternative: Etliche Kellereien – längst nicht so bekannt wie diejenigen in Épernay und Reims – laden zum Besichtigen, Verkosten und (selbstverständlich) zum Einkauf ihrer süffigen Produkte ein, nicht nur in Landreville, sondern auch in **Celles-sur-Ource**.

ℹ️ Information in Bar-Sur-Seine: 132, Grande rue de la Resistance, 10110, ✆/Fax 03 25 29 94 43.

🛏️ Hotels/Restaurants in Bar-sur-Seine: **Le Cères, 11, Faubourg de Champagne, ✆ 03 25 29 86 65, Fax 03 25 29 77 51. **Du Commerce, 30, Avenue de la République, ✆ 03 25 29 86 36, Fax 03 25 29 64 87. *Du Barséquanais, 6, Avenue du Général-Leclerc, ✆ 03 25 29 82 75, Fax 03 25 29 70 01. (Alle mit Restaurant)

⛺ Camping in Bar-sur-Seine: **L'Atout Vert (80 Stellplätze), Chemin de la Motte Noire, ✆ 03 25 29 86 38.

… in Les Riceys: *Camping Municipal (25 Stellplätze), Château St-Louis, ✆ 03 25 29 30 32, Fax 03 25 29 72 09.

🚉 Bahnverbindung: Mit Troyes und mit Châtillon-sur-Seine (Burgund).

🍸 Champagnerkellereien in Landreville: Champagne Robert Dufour & Fils, 4, Rue de la Croix-Malot, ✆ 03 25 38 52 25, Mo–Fr nach Vereinbarung. Champagne René Jolly, 10, Rue de la Gare, ✆ 03 25 38 50 91. Anmeldung mindestens 24 Stunden vorher erforderlich.
… in Celles-sur-Ource: Champagne Marcel Vézien, Rue de la Lande, ✆ 03 25 38 50 22, Mo–Sa nach telefonischer Anmeldung zwei Wochen vorher. Champagne Bernard Tassin, 46, Grande Rue, ✆ 03 25 38 50 19, Mo–Fr nach telefonischer Anmeldung vier Tage vorher.

Zum Forêt d'Orient und nach Bar-sur-Aube

Durch die landestypischen Stadtrandareale der Supermärkte, Möbelhallen und Auto-Servicestationen führt die Hauptstrecke N 19 von Troyes nach Osten rasch in ländliche Breiten. Leider allzu rasch – und deshalb brausen die Reisenden meist achtlos an **St-Parres-aux-Tertres** vorüber. Die Kirche St-Parres (16. Jh.), dem heiligen Patroklus wegen seines Märtyrertods (3. Jh.) an dieser Stelle geweiht, präsentiert eine beeindruckende Fülle an Skulpturen und Farbfenstern aus den Ateliers von Troyes.

Bar-sur-Aube

Und auch im benachbarten **Thennelières** stellt das dortige Gotteshaus aus dem 12. und 16. Jh. eine wahrhafte Schatzkammer der historischen Plastik und Fenstermalkunst dar.

In **Montiéramey** steht eine kleine Basilika (12./16. Jh.), die als einziger Bau von einer 837 gegründeten Klosteranlage erhalten blieb. Sie bewahrt künstlerisch wertvolle Altargemälde (17./18. Jh.) sowie Glasfenster (16. Jh.) der Ateliers von Troyes.

Nördlich des Ortes erstreckt sich der **Parc Régional de la Forêt d'Orient**. Das Wald- und Seengebiet zwischen den Orten Piney, Radonvilliers, Lusigny- und Vendeu-vre-sur-Barse umfaßt auf fast 70 000 ha Fläche die Gemarkungen von 47 Dorfgemeinden. Es handelt sich also nicht etwa um ein rundum naturgeschütztes Reservat, sondern um einen besiedelten Großraum mit einer Anzahl speziell ausgewiesener Schutzzonen. Diese Lebensräume für bedrohte Tier- und Pflanzenarten finden sich hauptsächlich am nordwestlichen Ufer des Sees von Orient (2300 ha Wasserfläche), der 1966 zur Regulierung der Seine angelegt wurde und abseits der Schutzgebiete auch für Wassersportler (keine Motorboote) und Campingurlauber zugänglich ist.

Die Orte **Géraudot** am Norden-de des Lac Seine und **Mesnil-St-Père** an seiner Südseite verfügen nicht nur über Beherbergungs- und Freizeiteinrichtungen, sondern bieten sich auch als Ausgangspunkte für Wanderungen, Rad- und Autoausflüge durch den Eichenwald rings um den See an. Im Forst von Piney vermittelt die Maison du Parc alle erforderlichen Informationen über die touristischen Möglichkeiten einschließlich diverser Exkursionen (mit Führung) zu den Schutzgebieten.

Weiter geht es vorbei am Vergnügungspark »Nigloland« nach **Bar-sur-Aube,** eine quirlige Kleinstadt mit engen Gassen, durch die sich der Straßenverkehr zwängt. Die Kirche St-Maclou (12./14./18. Jh.) und die grauen Markthallen überschauen ein malerisches Ambiente. Herrisch überragt das Gotteshaus St-Pierre (12.–18. Jh.) die historische Bausubstanz und die betagten Wohnhäuser. Zur künstlerisch wertvollen Ausstattung im Innern gehört der marmorne Hochaltar aus der berühmten Abtei von Clairvaux.

Südlich von Bar-sur-Aube, mit einem Seitensprung in den Kristallerie-Ort **Bayel** (Führungen von ca. 1,5 Std. Dauer in der Kristallerie tägl. um 9.30 Uhr), sollte ein kurzer Abstecher nach **Clairvaux** nicht versäumt werden: Er führt in jenes Zentrum mittelalterlicher Frömmigkeit, das der säkularen Logik (oder Perversion?) zufolge seit 1808 als Zuchthaus dient. Die opulente Torfront zeigt sich als eindrucksvoll-abweisende Fassade, vor der sich tagsüber ein sichtlich sorgenbeladenes Besucherpublikum die Beine vertritt. Unweit der

seltsamen Zugangspforte führen am Straßenrand Stufen aus eichenen Eisenbahnschwellen durch Wald den Hang hinauf zur Statue des Klostergründers Sankt Bernhard (Hinweisschild). Der steht, aus Stein gebildet, sozusagen händeringend droben: den Blick verklärt zum Himmel gewandt, ganz so, als wolle er die scheußlich profane Gegenwart seines Glaubenshorts am liebsten überhaupt nicht zur Kenntnis nehmen (s. S. 25).

Clairvaux heute: Darf am Ende von »Einsperrung im Klosterfrieden« gesprochen werden? Oder geht's vielleicht um so etwas wie spirituellen Strafvollzug? Kann die Haft in den Mauern jener für die abendländische Christenheit einst ungeheuer bedeutsamen Abei mit der vom heiligen Bernhard propagierten frommen Zucht verglichen werden? Wachttürme auf den Mauerecken, die Fenster des einstigen Palais' der Äbte vergittert … Beim Betrachten des übrigens sehr weitläufigen Komplexes stellen sich zwiespältige Gefühle ein. (Mai bis Okt. Sa 13.45 und 15.15 Uhr. Vorlage eines Ausweises ist Pflicht. Die Führungen dauern ca. 1,5 Std.)

Etappenziel und Ausgangspunkt für weitere Entdeckungen kann Brienne-le-Château, 23 km nördlich von Bar-sur-Aube sein. In **Brienne-la-Vieille** steht die teils noch romanische Kirche St-Pierre (12.–17. Jh.) mit schönen Bildfenstern (16. Jh.). Nahebei kann eine historische Stellmacherwerkstatt besichtigt werden (Musée de Charronage; 1. Mai bis 31. Oktober tägl. nachmittags). Im benachbarten **Brienne-le-Château** begann Napoléons militärische Laufbahn. Dort erlernte der nachmalige Feldherr und Imperator von 1779–84 das Waffenhandwerk in der Offiziersschule, dem heutigen Musée Napoléon (tägl. außer Di 9–12 und 14–17.30 Uhr). Brienne war bereits seit dem 10. Jh. als wichtiger Stützpunkt der Grafschaft Champagne von strategischer Bedeutung gewesen. Anstelle einer einstigen Burg (10. Jh.) erhebt sich nun auf dem bewaldeten Hügel über der Stadt ein Schloß im klassizistischen Stil (1770–89; heute Krankenhaus). Mit ihren Glasgemälden und Altären erweist sich die Pfarrkirche St-Pierre-et-St-Paul (14.–18. Jh.) als mustergültige Galerie der von Troyes inspirierten Sakralkunst.

Gleich nordwestlich der Stadtgrenze von Brienne, kaum 100 m links der D 960, ist die alte Römerstraße von Lyon nach Reims noch als meterhoher Wall zu erblicken, der sich Dutzende von Kilometern durch die Felder und Wälder der Umgebung fortsetzt.

Information Forêt d'Orient: Maison du Parc, 10220 Piney, ☎ 03 25 43 81 90, Fax 03 25 41 54 90.

... in Bar-sur-Aube: Place de l'Hôtel de Ville, 10200, ☎/Fax 03 25 27 24 25.

... in Brienne-le-Château: 78, rue de l'École Militaire, 10500, ☎ 03 26 92 86 64.

Hotels/Restaurants in Mesnil-St-Père: **Auberge du Lac, ☎ 03 25 41 27 16, Fax 03 25 41 57 59 (mit Restaurant).

... in Géraudot: *Hôtel du Parc, ☎ 03 25 41 24 35.

... in Magnant: **Le Val Moret, ☎ 03 25 29 85 12., Fax 03 25 29 70 81 (mit Restaurant).

... in Bar-sur-Aube: **Le Commerce, 38, Rue Nationale, ☎ 03 25 27 08 76 (mit Restaurant). **La Pomme d'Or, 78, Faubourg de Belfort, ☎ 03 25 27 09 93, Fax 03 25 27 18 61.

... in Brienne-le-Château: **Les Voyageurs, 30, Avenue Pasteur, ☎ 03 25 92 83 61, Fax 03 25 92 80 99. *La Croix Blanche, 7, Avenue Pasteur, ☎ 03 25 92 80 27, Fax 03 25 92 98 57. (Beide mit Restaurant)

Camping bei Géraudot: **Camping Départemental de l'Épine aux Moines (186 Stellplätze), ☎ 03 25 41 24 36. Aire Naturelle Communale (38 Stellplätze), ☎ 03 25 41 29 19. Aire de Camping (25 Stellplätze), ☎ 03 25 41 23 15.

... in Lusigny-sur-Barse: *Camp Municipal de Tourisme (25 Stellplätze), Rue du Stade, ☎ 03 25 41 20 01, Sept. bis Juni geschlossen.

... bei Mesnil-St-Père: **Camping Départemental de la Voie Colette (300 Stellplätze), ☎ 03 25 41 27 15. **Les Frégates (48 Stellplätze), ☎ 03 25 41 28 06.

... in Radonvilliers: Le Garillon (55 Stellplätze), Grande Rue, ☎ 03 25 92 21 46.

... in Bar-sur-Aube: **La Gravière (62 Stellplätze), Avenue du Parc, ☎ 03 25 27 12 94.

Ecomusée de la Forêt d'Orient: Die Einrichtung in Brienne-la-Vieille ist der Agrargeschichte gewidmet; dazu gehört auch die alte Mühle von Brienne, tägl. außer Di 14–18 Uhr.

Lac du Der-Chantecoq

Das Bauernland am Lac du Der-Chantecoq

Wildfreigehege: Am Ostufer des Lac d'Orient (Hinweisschilder), 1. April bis 30. Sept. Sa und So sowie an allen Ferientagen von 16 Uhr bis zur Dämmerung, ansonsten nur am 1. und 3. So monatl. von 15 Uhr bis zur Dämmerung. Auskünfte: Maison du Parc.

Unterhaltung: Bei Dolancourt stellt der Vergnügungspark »Nigloland« (nicht nur) für Kinder ein Ziel der Belustigung durch zeitgemäße Attraktionen dar (z. B. Wasser-Bootsrutschen); 1. April bis 14. Okt. Mo–Sa 10–19 Uhr, So 9–20 Uhr.

Wenige Kilometer südlich der vierspurigen N 4 zwischen Vitry-le-François und St-Dizier liegt der größte Stausee Europas (4800 ha). Er wurde 1974 zur Regulierung der Wasserstände von Marne und Seine angelegt. Inzwischen ist er zu einem touristischen Magneten im Süden des Marne-Départements geworden. Eine immense Zahl von gastronomischen Betrieben, Camping- und Picknickplätzen, Sport- und Badeanlagen wurde an seinen

Die Fachwerkkirchen
am Lac du Der-Chantecoq

Stolz sind die Einheimischen darauf, daß der große Eichenwald des Der-Gebiets schon zur Zeit der Kelten wuchs und bis heute bestehen blieb: ein biologisch bzw. genetisch endogener Pflanzenbestand seit mindestens zwei Jahrtausenden. Und wie der Wald den Stausee umringt, so grenzt außen von allen Seiten das mit Gehölzinseln anmutig aufgelockerte Weideland des Bocage de Champagne an seine Ränder. Die Bauweise im Der gründet sich unmittelbar auf die nachwachsenden Rohstoffe des Eichenwalds. Dieser bot den Bauern nicht nur seit jeher Früchte für die Schweinemast und Laub als Stallstreu und den Köhlern die benötigten Knüppel und Scheite, sondern lieferte seit keltischen Zeiten auch stets das Balkenholz, aus dem die Häuser gezimmert wurden. Deren Konstruktionsmerkmale – eng verstrebte Langhölzer seitlich schmaler Gefache – erinnern entfernt an Bauformen der Normandie, doch sind die Wandflächen ausladender. Auch zum Ausfüllen der Gefache, für die sogenannten Fachwerkspiegel, bedienten sich die Zimmerleute der Champagne ökologisch sinnvoller Rohstoffe: Lehm und Haferstroh bildeten die Grundmasse der Füllungen, die mit einem Gemisch aus Sand, Kalk, Pferdemist und sogar Haferkörnern gehärtet wurden. Erst wer um solche Einzelheiten weiß, wird die Leistungen jener Baumeister begreifen können, die sich zu Beginn des 16. Jh. sogar an die höchst schwierige Konstruktion geräumiger Fachwerkkirchen wagten.

Insgesamt können auf der knapp 75 km langen *Route des Eglises à Pans de Bois* 13 Gotteshäuser angesteuert und besichtigt werden. Ein in deutscher Sprache abgefaßtes Informationsblatt mit Streckenskizzen und Erläuterungen ist kostenlos im Maison du Lac von Giffaumont-Champaubert erhältlich.

Besonders erfreulich für Besucher ist, daß tagsüber sämtliche Fachwerkkirchen geöffnet sind. Während des Sommers werden sie sogar allabendlich hübsch angestrahlt. Viele dieser Bauten wie auch die restaurierten Häuser in den Dörfern blieben vor allem deshalb so gut erhalten, weil im 19. Jh. die Sitte aufkam, das ärmlich wirkende Fachwerk zu verputzen und zu übertünchen. Unter dieser Schicht waren Balken und Spiegel bestens geschützt und wurden nun nach der Freilegung imprägniert.

Kirche in Puellemontier

Ufern und im weiteren Umkreis eröffnet.

Um einen ersten Überblick zu
gewinnen, sei ein Besuch im Infor-
mationszentrum Maison du Lac in
Giffaumont-Champaubert am Südufer des Sees empfohlen. Von Giffaumont-Champaubert aus kann
man den Lac du Der-Chantecoq
auf der D 13 nach Arrigny und
dann mit der D 57/D 24 nach Eclaron zu zwei Dritteln umrunden.
Längs dieser Strecke lassen sich die
wichtigsten   Sehenswürdigkeiten
und Freizeitanlagen anhand der
Hinweisschilder leicht auffinden.
Dazu gehören die alte Mühle von
Blaise-sous-Hauteville und das
Museumsdorf   **Ste-Marie-du-Lac**

mit den wiederaufgebauten Häusern der im See versunkenen Ortschaften (Ostern bis 30. Sept. tägl.
14–18 Uhr; ansonsten Sa und So
14–17 Uhr).

Wer hier länger weilt und sich
für Fachwerkkirchen interessiert,
sollte unbedingt der touristischen
Route des Églises à Pans de Bois
(Straße der Fachwerkkirchen) durch
die Dörfer südlich des Sees folgen.
Montier-en-Der bietet sich dazu
als Ausgangspunkt an. Romanische
und gotische Formen der ehemaligen Abteikirche von Montier lassen
ihren Ursprung im 10. Jh. deutlich
erkennen. Vermutlich stand hier
schon früher ein Gotteshaus, das
den Mönchen der 672 vom Heiligen Bercharius gegründeten Ge-
meinschaft zur Messe gedient hatte. Ansonsten sind in dem betagten
Bau die modernen Glasfenster se-

183

Wasser für Paris

Stauseen an der Obermarne

Der Name Marne entstand aus dem lateinischen ›Matrona‹ und bedeutet soviel wie Nährmutter. Das Wort steht quasi gleichnishaft für die lebenserhaltende und Wachstum spendende Rolle des ›Nahrungsmittels Nr. 1‹, Wasser. Aber seit alters her brachten Marne und Seine, die oberhalb von Paris zusammenfließen, durch häufige Frühjahrsüberschwemmungen große Gefahren für die Orte mit sich. So wirkten sich die Flutkatastrophen von 1924, 1945 und 1955 in der Hauptstadt mit Pegelständen von mehr als 5 m über der normalen Höhe dermaßen alamierend aus, daß von den zuständigen Wasserbauingenieuren seit Mitte der fünfziger Jahre neben verschiedenen Eindeichungsprojekten immer stärker eine Regulierung bereits im Einzugsbereich der wichtigsten Quelläufe favorisiert und vorangetrieben wurde.

Schon seit 1932 werden vier Reservoire am Oberlauf der Seine gestaut, und 1966 konnte mit der Fertigstellung des Sees im Wald von Orient ein wesentliches Etappenziel erreicht werden. In der Nähe wird ein riesiges Regulierungsbecken für die Aube angelegt. Die größte Gefahr ging aber stets von der unbändigen Marne aus. Deshalb plante man die Anlage des Chantecoq-Stausees. Diese Maßnahme machte die Einheimischen der drei Bauerndörfer, die vom Lac du Der-Chantecoq bedroht wurden, in den sechziger und siebziger Jahren zu Rebellen. Das Aufbegehren der 731 Einwohner von Nuisement-aux-Bois, Champaubert und Chantecoq war jedoch vergebens. Am 14. September 1969 wurde in der schönen Kirche von Champaubert die letzte Messe gehalten, ehe das Gotteshaus abgetragen und das Dorf überflutet wurde, um später am Ufersaum des neuen Stausees wieder aufgebaut zu werden.

Heute versammelt das Freilichtmuseum von Ste-Marie-du-Lac die interessantesten Fachwerkarchitekturen der seinerzeit im Stausee versunkenen Ortschaften. Ein Modell der einstigen Siedlungen und eine folkloristische Sammlung halten heute in der gleichfalls rekonstruierten Scheune der Machelignots das volkstümliche Erbe fest, das »überflutet« wurde. Nicht nur das archäologisch bedeutende Grab einer vor rund 6000 Jahren verstorbenen jungen Frau ist darin zu sehen, sondern auch diverse Dokumente des vergeblichen Widerstands gegen den Stausee: Aquarelle, Zeichnungen und Pamphlete, die lyrischen

Surfer auf dem Chantecoq-See vor Ste-Marie-du-Lac

Klagen der Heimatdichter, die dokumentarischen Fotos vom buch-
stäblichen Untergang des Lebensraums.

Ein hübsches Museum bildet somit den Rahmen für die Hinterlas-
senschaft einer jahrtausendealten und nunmehr überspülten Bauern-
gegend. Mit 4800 ha Fläche ist der 1974 vollendete Lac du Der-Chantecoq der größte Stausee Europas. Die öffentlich zugänglichen Ufersäume sind Eldorados für Badelustige und Wassersportler. Und in den
Naturschutzenklaven zahlreicher Buchten haben selten gewordene
Wildtiere Refugien gefunden.

So bietet der See vor allem den bedrohten Vogelarten störungsfreie
Reviere. Und zugleich ist er ein Tummelplatz für Badegaste. Streng
gegeneinander abgegrenzte Zonen werden beiden Gruppen gerecht.
Auch die Frühjahrsfluten bedrohen Paris nicht mehr. Und schließlich
wäre von Hähnen zu reden: Denn Chantecoq heißt übersetzt »Hahnenschrei«. Mit dem im gleichnamigen Reservoir gespeicherten Wasser wird Paris mittels einer rund 180 km langen Leitung versorgt. Wer
also in der Metropole einen Wasserhahn aufdreht, hört sozusagen den
champagnesken Gockel krähen. Oder etwas weniger spektakulär aus-
gedrückt: Noch immer erweist sich die Marne als Nährmutter.

henswert, die zwischen 1958 und 1962 nach Entwürfen Max Ingrands gefertigt wurden, dem auch das Münster in Straßburg ansehnliche Arbeiten verdankt. Einen halben Steinwurf neben der Kirche öffnet sich das Portal des einstigen Klosters, das 1806 auf Weisung Napoléons in ein staatliches Gestüt umgewidmet wurde. Besuchern werden darin nicht nur die Einzelboxen und Reihenställe der vierhufigen Leihmütter gezeigt, sondern auch das gynäkologische Labor, in dem Pferdeembryonen experimentell und seriell übertragen werden. Keine Frage: Es macht schon nachdenklich, sich in dieser vormaligen Betstätte mit gentechnischen Versuchen konfrontiert zu sehen, die das Ziel verfolgen, wertvolle Rassepferde von robusten Kaltblutstuten austragen zu lassen, damit die reitsportbegeisterte Hautevolée in Chantilly oder auf anderen Rennstrecken künftig auf noch leistungsfähigere Pferde setzen kann… (Führungen tägl. 14 bis 18 Uhr).

Keine 2 km südlich von Montier liegt das kleine **Ceffonds,** das ebenfalls eine alte Kirche sein eigen nennt. Sie wird von einem ebenmäßigen Glockenturm nach lothringischer Bautradition bekrönt. Der Bau ist dem Heiligen Remigius geweiht, und die ganz vorzüglichen Farbfenster (1511–13) – in bester Manier nach der einst berühmten Künstlerschule von Troyes gestaltet – schildern die absonderlichsten Begebenheiten. Außer Adam und Eva und deren fatalem Sündenfall verdienen die Martyrien der Brüder Crispinus und Crispinianus Beachtung: Die zwei Unglücklichen wurden zu Schutzpatronen des Schuhmacherhandwerks, nachdem heidnische Fanatiker sie 287 in einen Tiegel voll flüssigen Bleis getaucht hatten. Fast ebenso kurios wirkt eine figürliche Steingruppe, die eine Grablegung des entschlafenen Heilands darstellt. Vermutlich wurden die Skulpturen aus mehreren Kirchen der Umgebung zusammengestellt; denn die Figuren sind von ziemlich unterschiedlichem Format, wirken bei näherer Betrachtung fast wie eine »Notgemeinschaft«. Daß sie hinter einem steinernen Gitterwerk stehen, verstärkt diese Anmutung noch. Da hilft es der Imagination auch wenig, daß nebenan ein riesenhafter Christophoros den kleinen Heiland durch die mythische Furt transportiert, zumal zu seinen Füßen das schwarze Vehikel steht, auf dem die Gemeinde von Ceffonds die Särge ihrer Entschlafenen zur letzten Ruhestatt befördern läßt.

Um **Puellemontier** breitet sich die charakteristische Bocage-Landschaft mit ihren Viehweiden, Obstbaumwiesen und Gehölzgruppen aus. Auf dem Friedhof steht eine Kirche, der eine gründliche Sanierung zu wünschen wäre. Ist es am Ende ihr Nachteil, daß sie steinern und eben nicht im Fachwerkstil erbaut worden ist? Relieffriese an den dicken Pfeilern, plastische Ungeheuer über dem Sakramentshäuschen im Chor – und grünlicher

Schimmel von aufsteigender Nässe an den Wänden. Hoffentlich wird hier bald Abhilfe geschaffen gegen den Zahn der Zeit. Im übrigen zeigt sich das Dorf mit hübsch restaurierten Häusern.

Lentilles hat ungleich mehr Glück mit seiner Kirche gehabt, desgleichen die Nachbardörfer **Villeret** und **Courcelles-sur-Voire**: Fachwerkbalken, Fensterscheiben und Portale sind fachmännisch restauriert worden. Nicht bloß von außen sollten diese Bauwerke besichtigt werden, weil erst in ihrem Inneren das zwar recht einfache, doch intelligent angewandte Konstruktionsprinzip auch für Laien verständlich wird. Größtenteils sind noch die Glasgemälde der Entstehungszeit erhalten geblieben (16. Jh.), die von Künstlern in Troyes gefertigt wurden.

Von Courcelles aus verdient **Rosnay-l'Hôpital** wegen seiner reich mit Glasmalereien und Skulpturen (16./17. Jh.) ausgestatteten Kirche Notre-Dame-de-l'Assomption (Mariä Himmelfahrt; 16. Jh.) einen Abstecher. Unter dem Gotteshaus blieb eine romanische Krypta erhalten.

Die Fachwerkkirchen in Chavanges, Chasséricourt, Joncreuil, Arrembécourt, Châtillon-sur-Broué und Drosnay komplettieren den Eindruck von der landestypischen Bautradition. In **Outines** steigert sich die Fachwerkarchitektur zu einem kompliziert ineinander verschränkten Gefüge von Eichenbalken, Lehm-Kalk-Spiegeln und hölzernen Einbauten. Die Altargemälde mit ihren warm- und rosafarbenen Szenerien bilden dazu einen Kontrast. **Bailly-le-Franc** besitzt die kleinste, gleichwohl überaus kunstreich verzierte Kirche des Der-Gebiets, während **Droyes** mit romanischen Formen und Glasbildern des 16. Jh. auftrumpft.

ℹ️ Information in Montier-en-Der: 18, Rue de l'Isle, 52220, ☎/Fax 03 25 04 69 17.

... Lac du Der: Maison du Lac, Giffaumont-Champaubert, ☎ 03 26 72 62 80.

🛏️ Hotels in Giffaumont: Le Cheval Blanc, Rue du Lac, ☎ 03 26 72 62 65, Fax 03 26 73 96 97.

... bei Ste-Marie-du-Lac: Les Grandes Côtes, ☎ 03 26 72 37 40.

... in Montier-en-Der: *Petit Pont, ☎ 03 25 04 20 18. Hôtel Le Dervois, ☎ 03 25 04 22 76.

... in Ceffonds: Au Cheval Blanc, ☎ 03 25 04 20 46.

... in Chavanges: Au Bon Accueil, ☎ 03 25 92 12 78.

⛺ Camping am Lac du Der-Chantecoq: ****Camping de la Presqu'île de Champaubert (195 Stellplätze), Braucourt, ☎ 03 25 04 13 20, Fax 03 25 04 19 15 (ganzjährig geöffnet).

**Camping de la Plage (99 Stellplätze), beim Hafen von Giffaumont, ☎ 03 26 72 61 84. **Camping des Fortelles (150 Stellplätze), bei Châtillon-sur-Broué, ☎ 03 26 72 60 21, (ganzjährig geöffnnet). **Camping de Berzillières (20 Stellplätze), Droyes, ☎ 03 25 04 22 52. **Camping de la Cornée du Der (100 Stellplätze), bei Ste-Marie-du-Lac, ☎ 03 26 72 66 23. *Camping de l'A.P.S.A.P. (100 Stellplätze, auf der Halbinsel von Larzicourt, ☎ 03 26 72 63 17 (ganzjährig geöffnet). ***Camping de la Forêt (80 Stellplätze), auf der

... in Châtillon-sur-Broué: Auberge du Pot-Moret, ✆ 03 26 72 61 87.
... in Chavanges: Café des Voyageurs, ✆ 03 25 92 10 41.
... in Droyes: Restaurant de L'Étoile, ✆ 03 25 04 25 49.
... in Eclaron: La Petite Auberge, ✆ 03 25 04 10 50.
... in Giffaumont-Champaubert: La Cloche d'Or, ✆ 03 26 72 62 00. La Grange aux Abeilles, ✆ 03 26 72 61 97.
... in Montier-en-Der: Au Jolis-Bois, ✆ 03 25 04 63 15.
... in Ste-Marie-du-Lac: Rôtisserie Le Champaubert, ✆ 03 26 72 37 28.
... in Ste-Livière: La Soupe aux Choux, ✆ 03 25 04 16 26; Le Pavillon du Lac, ✆ 03 25 04 01 32.
... am Hafen von Nuisement: Restaurant L'Oasis, ✆ 03 26 72 66 66.
... in Braucourt: Auberge du Lac, ✆ 03 25 04 02 17.

Bootsverleih: Nauti-Chantecoq, Route du Port de Nuisement (Arrigny), ✆ 03 26 72 63 91 und 03 26 72 51 06. Aqua-Der, Halbinsel von Larzicourt (Camping La Forêt), ✆ 03 26 72 63 17. Centre Sportif et de Loisirs UFOLEP, am Hafen von Giffaumont, ✆ 03 26 72 63 75.
Wasserski: Ecole de Ski Initiation, Hafen von Chantecoq (Gittaumont; Ski nautique, Ferienkurse für Anfänger), ✆ 03 25 04 13 23 und 03 26 72 66 92.

Überwachte Strande: Braucourt, Cornée du Der, Eclaron, Giffaumont, Larzicourt, Nuisement.

Rundflüge: Vom Flugplatz Vauclerc an der N 4 zwischen St-Dizier und Vitry-le-François werden viertel- und halbstündige Flüge über das Der-Gebiet durchgeführt (ab 80 FF/Person), ✆ 03 26 74 28 18, 03 26 73 15 26, 03 26 73 02 10, 03 26 74 41 96.

Halbinsel von Larzicourt, ✆/Fax 03 26 72 63 17. *Camping de la Queue du Der, Eclaron (100 Stellplätze), ✆ 03 25 04 11 05.

Restaurants in Arrigny: Chez Henri, ✆ 03 26 72 61 95.

Im Land der Quellen

Die malerischen Kloster-
ruinen im Wald von Trois-
Fontaines

Teufeleien und Kunst-
schätze in Chaumont

Erinnerungen an Charles
de Gaulle in Colombey-
les-deux-Églises

Spaziergang mit
Denis Diderot auf den
Bastionen von Langres

Durchs Bassigny und die
Täler von Aube und Aujon

Landschaft bei Auberive

In Langres bereitete Denis Diderot dem Gedankengut der Aufklärung seinen Weg. Solchen historischen »Fährten des Geistes« läßt's sich hier vielerorts nachspüren. Die Streifzüge im Gebiet der Obermarne führen von Chaumont zu den Quellen der Maas, nach Bourbonne-les-Bains, wo bereits römische Veteranen kurten, und in die Täler von Aujon und Aube.

Der Nordzipfel der Region Haute-Marne

St-Dizier

Die Stadt an der Marne und am Marne-Saône-Kanal war früher eine häufig umkämpfte Festung, die 1544 sogar Karls V. Truppen sechs Wochen lang widerstand. Seit dem 17. Jh. entwickelte sich St-Dizier zu einem Gewerbe- und Handelszentrum und ist auch heute Standort neuzeitlicher Industriebetriebe. Touristisch spielt St-Dizier kaum eine Rolle, doch ist es ein wichtiger Verkehrsknotenpunkt.

Liebhaber der sakralen Kunst sollten einen Blick in die mit wertvollen Skulpturen aus dem 16. Jh. ausgestattete Basilika Notre-Dame (1779–82) nicht versäumen und insbesondere die Grablegungsgruppe beachten. Auch die Martinskirche (12.–17. Jh.) im historischen Stadtviertel La Noue, dem römerzeitlichen »Olumna«, verdient Beachtung. Die Ruinen eines Schlosses (16. Jh.) und ein halbes Dutzend Bürgerhäuser des 16. Jh. vervollständigen die spärliche historische Bausubstanz der Stadt.

Darüber hinaus kann man zwei Museen besichtigen: Der Musée Municipal besitzt Sammlungen zur Erdgeschichte und Archäologie sowie Gemälde (tägl. außer Mo 14–18 Uhr, Mi sowie jeden 1. und 3. So im Monat und am 2., 4. und 5. Sa im Monat zusätzlich 10–12 Uhr). Eine Besichtigung des Biermuseums (Musée de la Bière) wird von der Touristeninformation auf Anfrage arrangiert.

Auf eine Kuriosität in St-Dizier sei noch hingewiesen: Das Haus Nr. 478 der Avenue de la République ist ein seltsam mit bunten Keramikscherben verziertes Gebäude: »Klein-Paris«. Sein früherer Besitzer, Marcel Dhièvre, wollte durch den Dekor, darunter Motive von Eiffelturm und Arc de Triomphe, nicht etwa ein künstlerisches Anliegen verwirklichen, sondern bloß einen originellen Beitrag zur Aufheiterung der Passanten liefern, was ihm auch sichtlich gelungen ist.

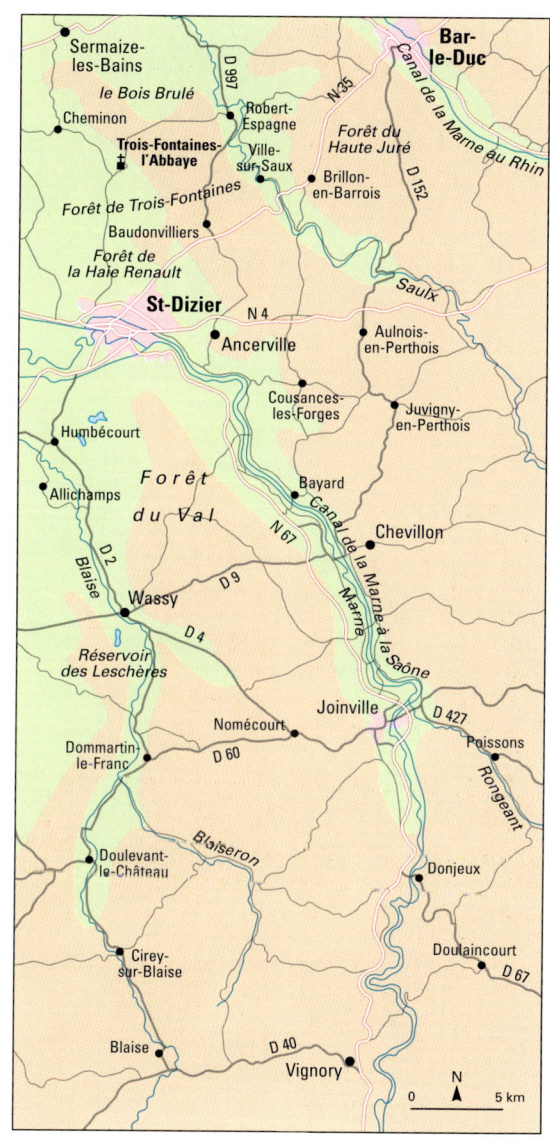

Der Nordzipfel
der Region
Haute-Marne

Information: Pavillon du Jard, 52100, ☎ 03 25 05 31 84.

 Hotels: ***Hôtel-Restaurant Gambetta, 62, Rue Gambetta, ☎ 03 25 56 52 10, Fax 03 25 56 39 47. ***Hôtel-Restaurant du Soleil d'Or, Bettancourt/Route de Bar-le-Duc, ☎ 03 25 05 68 22. **Picardy, 15, Avenue de Verdun, ☎ 03 25 05 09 12. *Du Commerce, 3, Place Aristide-Briand, ☎ 03 25 05 20 96. *Le France, 8, Place Aristide-Briand, ☎ 03 25 05 07 06, 03 25 05 07 15. *Hôtel-Restaurant de la Gare et des Voyageurs, 32, Avenue de Verdun, ☎ 03 25 05 01 25, Fax 03 25 56 11 79. Formule-1, Betancourt – La Ferrée, ☎ 03 25 56 63 63, Fax 03 25 05 43 16.

Restaurants: **Relais des Nations, Route de Vitry, ☎ 03 25 05 11 97. Restaurant de l'Est, 56, Avenue d'Alsace-Lorraine, ☎ 03 25 05 03 14.

Bahnverbindung: Mit Bar-le-Duc (nach Toul, Verdun und Metz) und mit Vitry-le-François (nach Châlons-sur-Marne und Reims).

Durch den Wald von Trois-Fontaines nach Bar-le-Duc

Von St-Dizier führt die schmale D 157 Richtung Norden in den Wald von Trois-Fontaines mit der gleichnamigen Abteiruine. Der »Dreiquellenwald« ist als staatliches

Klosterruinen im Wald von Trois-Fontaines

Wild- und Jagdgehege zum großen Teil eingezäunt. Das Forstgebiet umschließt die große Lichtung eines Quellbachs, an dem Bernard de Clairvaux 1118 die **Abtei von Trois-Fontaines** gründete. Hinter aufwendigen Portalbauten aus dem 18. Jh. dehnt sich dort ein weitläufiger Park, dessen Rasenflächen von den einstigen Schaffnergebäuden (heute Privatbesitz) und hochwüchsigem Buchenwald eingehegt sind. Romantisch bezaubernd wirken ein paar barocke Skulpturen im Grünen, doch den phantastischsten Anblick bietet ein gewaltiger Bautorso, die Überreste der frühgotischen Abteikirche (1160–70). Nur von weitem erscheint die Ruine ungeschlacht. Tritt man unter ihr Gewölbe, so zeigen sich überall an den Spitzbögen und Mauerzwickeln elegant reliefierte Ornamente. Anstelle der eingestürzten Vorhalle streben jetzt vor der enormen Wandöffnung graue Buchenstämme wie Natursäulen himmelwärts. Ein fast symbolhaft anmutendes Ensemble von Baumriesen und klerikaler Architektur. Selbst wer für dunkle Mythen unempfänglich ist, wird diese einstige Glaubensstätte zumindest als einen zeitabgewandten Ort der stillen Besinnlichkeit schätzen.

Das lothringische **Bar-le-Duc**, seit merowingischer Zeit ein bedeutender Grafensitz, überrascht mit einer Vielzahl klerikaler und profaner Baudenkmäler. Vor allem sei die grandiose Oberstadt mit ihrem Ensemble historischer Bürger-

selfälle des menschlichen Lebens schrieb er dämonischen Einflüssen zu, während Paul Claudel im elterlichen Schloß (1555) von **Ville-sur-Saulx**, das etwa auf halber Strecke nach St-Dizier unweit der N 35 liegt, mit seiner Dichtung »Mittagswende« (1906) eher das Wirken der Engel heraufzubeschwören versuchte. Geheimnisschwere Strahlungskräfte im Umkreis des nervenaufreibenden *Squelette?*

ⓘ Information in Bar-le-Duc: Das Comité Départemental du Tourisme de la Meuse, Hôtel du Département, 55012, Bar-le-Duc , ✆ 03 29 79 48 10, hält reichhaltiges Informationsmaterial (in deutscher Sprache) über die Landschaft des Barrois und das lothringische Département Meuse bereit sowie Listen der Campingplätze, Hotels, Restaurants und Veranstaltungen.

häuser und der gotischen Kirche St-Etienne (15. Jh.) hervorgehoben, in der das so kunstvolle wie makabre *Squelette* zu betrachten ist. Ein Meisterwerk der Bildhauerkunst, das der berühmte Ligier Richier (um 1500–67) gefertigt hat. Die annähernd lebensgroße Skulptur aus hellem Kalkstein ist des Künstlers Antwort auf die Frage: »Wie sieht ein Mensch drei Jahre nach seinem Tod aus?«, die ihm von den Hinterbliebenen des Oranierprinzen René de Châlon gestellt wurde. Richier schuf ein wahrhaftes Memento mori, kraß und elegant zugleich.

Vermutlich ließ sich von diesem Bildwerk auch der Dichter Georges Bernanos anrühren, der nach 1925 nahe bei der Kirche wohnte und dort seinen tiefsinnigen Roman »Die Sonne Satans« verfaßte. Wech-

Entlang der Marne nach Chaumont

Von St-Dizier führt die N 67 an der Marne entlang nach Chaumont im Süden der Champagne. Wer sich für Vorgeschichte interessiert, kann in Laneuville-à-Bayard (15 km) nach **Bayard** auf der anderen Marneseite abzweigen, wo Hinweisschilder die gallorömischen Ruinen und den Menhir de la Haute-Borne auffinden helfen.

Ein anderer Abstecher führt von Rachecourt-sur-Marne auf der D 9 nach **Wassy**. In diesem Ort erhebt sich eine Kirche aus dem 12. Jh. 1562 war er tragischer Schauplatz eines Pogroms gegen die Protestanten, der zum Fanal und Auslöser eines ganz Frankreich erfassenden Religionskriegs wurde. Vom 1. Juli bis 15. September am Do, Fr, Sa und So sowie nach Vereinbarung wird im Temple de Wassy eine audiovisuelle Dokumentation über das Massaker und zur Geschichte des Protestantismus dargeboten.

Erster größerer Ort an der N 67 ist **Joinville,** dessen Schloß 1546 errichtet wurde. Das benachbarte **Poissons**, Hauptort der von Bächen und bewaldeten Hängen geprägten sogenannten »Kleinen Schweiz«, ist ein unspektakulärer Marktflecken. In **Grand** (D 427 bis Trampot, dann D 19; 25 km), bereits jenseits der Grenze der Champagne gelegen, können ein Amphitheater, ein großes Mosaik und viele kleinere Römerfunde bewundert werden.

Statt von Joinville über Donjeux (rechts der Marne) nach Vignory weiterzufahren, könnte man westlich der Marne den Umweg über **Doulevant-le-Château** wählen, das einst wegen seiner Eisengießereien berühmt war. Die Pfarrkirche entstand zwischen den 13. und 16. Jh. Über dem Bauerndorf **Cirey-sur-Blaise** erhebt sich mit kubisch klarem Umriß jenes Schloß aus dem 18. Jh., in dem sich Voltaire bei der Marquise von Châtelet, der »göttlichen Emilie«, oft und mit Vorliebe aufgehalten hat. Nach weiteren 7 km stößt man auf die D 40, auf der man nach **Vignory** gelangt. Die dortige romanische Kirche (1032–1057 erbaut!), im Schat-

ten einer Burgruine gelegen, gilt wegen ihrer Architektur und ihrer Ausstattung mit rustikalen Skulpturen (14.–16. Jh.) als hochrangige Kunststätte. 20 km weiter ist Chaumont erreicht.

ℹ️ Information in Wassy: Tour du Dôme, 52130, ☎ 03 25 55 72 25.

🛏️ Hotels/Restaurants in Joinville: **Le Nord, 1, Rue C. Gillet, ☎ 03 25 94 10 97, Fax 03 25 948757. **La Poste, Place de la Grève, ☎ 03 25 94 12 63, Fax 03 25 94 36 23. (Beide mit Restaurant)
... in Vignory: **Le Relais Verdoyant, Route de Vouécourt, ☎ 03 25 02 44 49 (mit Restaurant).

Chaumont

Chaumont (rund 29 500 Einwohner) ist Hauptstadt des Départements Haute-Marne. Beim Näherkommen ist das historische Zentrum auf seinem Hügelrist als imposante Silhouette zu erblicken. Chaumont war zur Römerzeit als »Calvus mons« bereits ein Stützpunkt, bekam jedoch erst im Mittelalter als Marktort und Verwaltungssitz der Bassigny-Region an den Oberläufen von Maas und Marne größere Bedeutung, nachdem um 950 eine Burg errichtet worden war. Seit Beginn des 13. Jh. hatten die Grafen der Champagne hier ihre Residenz, wodurch Gewerbe und Handel begünstigt wurden. Vor allem Gerbe-

Viadukt bei Chaumont

reien und Handschuhmanufaktu-
ren waren und blieben bis in die
Neuzeit die ökonomisch wichtigsten Betriebe. Mit Stolz heben Hei-
matfreunde in Chaumont hervor,
daß sich die Bürger der Stadt dank
der wirtschaftlichen Erfolge weit
früher als andernorts emanzipier-
ten. Auch der Klerus zog aus dem
Wohlstand beträchtlichen Gewinn.
Er förderte die einst berühmten
Mysterienspiele. Dies waren nicht
nur fromme und opferstockfüllende
Darbietungen, sondern teils auch
recht freizügige Lustbarkeiten, die
sich alljährlich eines ungeheuren
Zulaufs erfreuten.

Melodramatische Erbauungs-
stücke kamen zur Aufführung, zu
denen sich im Lauf der Jahrhunderte Jahrmarkttrubel und frivoler
Mummenschanz gesellten. Das
Treiben jener *Diableries de Chaumont* (= Teufeleien) geriet im
17. Jh. dermaßen aus den morali-
schen Gleisen, daß sich Kirche und
Magistrat zu einem Verbot der Fest-
lichkeiten genötigt sahen. Lediglich in solchen Jahren, in denen der
24. Juni auf einen Sonntag fällt,
darf seither die mittelalterliche Tradition durch das Spektakel des
Grand Pardon fortgeführt werden.
Dabei handelt es sich nicht etwa
um eine Art Sonnenwendfeier, sondern um eine Prozession zu Ehren
Johannes des Täufers an seinem
Namenstag.

Als Ausgangspunkt für einen Stadtrundgang (ca. 1 Std.) eignet sich die Hauptkirche (Parkplätze). Diese **Basilique St-Jean-Baptiste** (Johannesbasilika) repräsentiert als Bau des 13. bis 16. Jh. architektonisch wie in ihrer Ausstattung mit Reliefs und Malereien den stilistischen Übergang von der Gotik zur Renaissance. Das wohl kostbarste Kunstwerk steht in der Heiliggrabkapelle: eine farbig gefaßte Beweinungsgruppe mit elf lebensgroßen Figuren (1471).

Etwa 200 m südlich der Kirche erreicht man durch die Rue St-Jean den **Rathausplatz,** in dessen Umkreis etliche Patrizierbauten (16./17. Jh.) mit plastisch verzierten Portalen und Treppentürmchen zu betrachten sind. In entgegengesetz-

ter Richtung führt die Rue du Palais zum **Tour Hautefeuille,** der von der alten Burg übrigblieb. Nahebei ist in den Gewölben unter dem jetzigen Palais du Justice ein **Historisches Museum** eingerichtet worden, das Fundsammlungen aus der gallorömischen bis zur merowingischen Epoche sowie Skulpturen der Renaissance und eine Gemäldekollektion (17.–19. Jh.) enthält (tägl. außer Di 14–18 Uhr). Durch die Rue Hautefeuille gelangt man zu einem Aussichtspunkt am Nordrand des Stadtplateaus über dem Tal der Suize. Von dort kann man entweder durch die Rue Decrès zur Basilika zurückkehren oder den historischen Kern noch etwas weiter umrunden; durch die Rue Dutailly und dann rechts durch die Rue

Weitsicht aus dem Eckzimmer
Erinnerungen an de Gaulle

Ein Sonntagmorgen in Colombey-les-deux-Églises: Mattsilbern liegt Sonnenschein über Hausdächern, läßt die Ockermauern seltsam fahl erscheinen und gibt auch dem 43 m hohen Lothringerkreuz auf dem bewaldeten Hügelrist hinter dem Dorf ein fast unirdisches Aussehen. Die engen Straßen sind menschenleer, und erst als der Besucher seinen Wagen neben der Friedhofsmauer abgestellt hat, kann er Orgelspiel und Chorgesang aus dem Kirchlein hören. Aber kaum hat sich der Ankömmling ein paar Schritte von seinem Fahrzeug entfernt, steht unversehens, wie aus dem Boden gewachsen, ein Gendarm vor ihm und gebietet freundlich-streng, sofort das Auto wegzufahren, etwa 30 m weiter um die Ecke, damit der »Sicherheitsabstand« gewährleistet sei. Was denn? Befürchtet der Wachhabende etwa eine Terrorbombe im Touristenwagen? Keine Diskussion – Vorschrift ist Vorschrift –, und mit der Spur eines verbindlichen Lächelns fügt der Beamte knapp hinzu, Charles de Gaulles Grabstätte sei nach wie vor ein »sensibles Objekt«.

Da ruht er also in seiner Familiengruft, unter einer glatten Deckplatte und einem kantigen Steinkreuz, und noch über zwei Jahrzehnte nach seinem Tod steht eine Leibwache ständig bereit. Den Grund für die Sicherheitsvorkehrung läßt ein kunterbuntes Arrangement von Kränzen, Buketts und sonstigen Devotionalien aus Plastik- und Seidenblumen erahnen. Und nebenan umringen Widmungstafeln ein Postament, das von Dutzenden von Organisationen gestiftet wurde: Die Union Gaulliste ist dort ebenso vertreten wie die Widerstandskämpfer des Zweiten Weltkriegs aus dem provençalischen Maquis am Mont Ventoux oder die ardennischen Jäger von 1940. Eine Art vaterländischer Altar also, gewidmet einem bedeutenden Staatsmann, den viele für den größten Franzosen nach Napoléon halten, während Kritiker wie Jean-Paul Sartre ihn als »Diktator im demokratischen Mantel« beargwöhnten.

Der Besucher am stillen Sonntagmorgen hat übrigens Glück, daß er nicht an einem jener Gedenk- oder Feiertage hergekommen ist, zu denen sich fahnentragende Abordnungen mit vielköpfigem Gefolge um das Grab versammeln und mehr oder minder pathetisch nationalen Werten huldigen, die sie in de Gaulle verkörpert sehen. Heute jedoch ist es ruhig geblieben, und auch der große Parkplatz vor dem Landhaus La Boisserie am westlichen Ortsende wird nicht benutzt. Dieses von hohen Bäumen umrauschte Anwesen hatte der General – damals noch Oberstleutnant – 1934 von einem Bierbrauer erworben, und den ursprünglichen Namen La Brasserie (Brauerei) hatte er durch La Boisserie (Waldhaus) ersetzt. Dorthin zog sich Charles de Gaulle (1890–1970) nach dem turbulenten Mai 1968 enttäuscht zurück. Der einstige »Befreier Frankreichs«, erfolgreicher Minister- und Staatspräsident sowie engagierter Verfechter der deutsch-französischen Aussöhnung, verbrachte einen kurzen Lebensabend voll Melancholie.

»Zehn Jahre de Gaulle – das reicht!«, hatten die Studenten in den Pariser Straßen zu Hunderttausenden skandiert. Und nach seiner Niederlage beim April-Referendum 1969 gab er endgültig auf. Fand er Trost in der Landidylle? Aus seinem Arbeitszimmer in einem Eckturm der Boisserie blickte er ins Grüne. Wo er 1958 mit Konrad Adenauer, dem einzigen jemals in Colombey empfangenen Staatsgast, an dem epochalen Vertragswerk gezimmert hatte, schrieb er fast bis zu seiner Todesstunde am 5. November 1970 am letzten Kapitel seiner Memoiren, betitelt «L'Effort« (»Die Anstrengung«).

De Gaulles eigene Worte: »Aus dem Eckzimmer, wo ich die meisten Stunden des Tages verbringe, enthüllen sich nach Westen die Weiten. Über 15 km ist kein einziges Gebäude zu sehen. Über die Ebene und die Wälder folgt mein Blick den lang zum Tal der Aube abfallenden Hängen bis zu den Höhen des jenseitigen Ufers. Von einer erhöhten Stelle im Garten aus umfasse ich die wilden Landschaftsgründe, wo die Gegend von den Wäldern eingerahmt erscheint, so wie das Meer gegen eine Steilküste brandet. Ich sehe die Nacht das Land einhüllen. Und dann, wenn ich zu den Sternen aufschaue, fühle ich mich ganz durchdrungen von der Bedeutungslosigkeit der Dinge.«

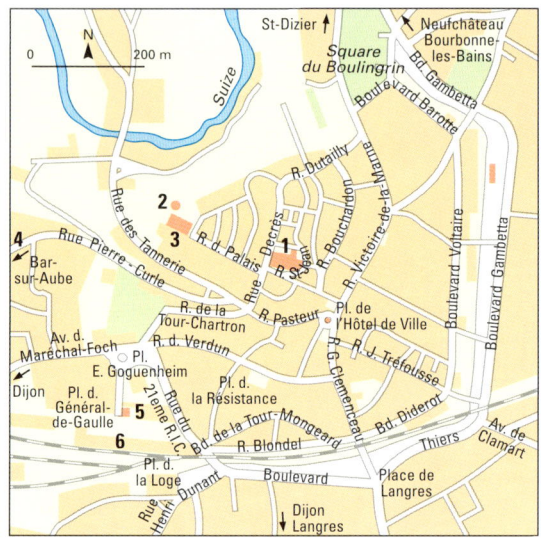

Chaumont

1 Basilique St-Jean-Baptiste
2 Tour Haute-feuille
3 Historisches Museum
4 Viadukt (außerhalb)
5 Office de Tourisme
6 Bahnhof

Bouchardon zurück zum Ausgangspunkt.

 Information: Place Général-de-Gaulle, 52000, ✆ 03 25 03 80 80, Fax 03 25 32 00 99.

Hotels/Restaurants: ***Terminus Reine, Place Général-de-Gaulle, ✆ 03 25 03 66 66, Fax 03 25 03 28 95. **L'Etoile d'Or, Route de Langres, ✆ 03 25 03 02 23, Fax 03 25 32 52 33. **Le Grand Val, Route de Langres, ✆ 03 25 03 90 35, Fax 03 25 32 11 80. **Les Remparts, 72, Rue de Verdun, ✆ 03 25 32 64 40, Fax 03 25 32 51 70. *Saint-Jean, 2, Place Aristide-Briand, ✆ 03 25 03 00 79. (Alle mit Restaurant) *Le Royal, 31, Rue Maréchal, ✆ 03 25 03 01 08, Fax 03 25 01 44 70.

Camping: **Parc Ste-Marie, Rue des Tanniers (57 Stellplätze), ✆ 03 25 30 60 27, Fax 03 25 03 92 80.

Jugendherberge: 1, Rue Carcassonne, ✆ 03 25 03 22 77.

Bahnverbindung: Mit Reims, Langres (Strecke nach Dijon-Lyon), Belfort, Epinal und Nancy; Direktverbindung mit Paris (Gare de l'Est).

Bassigny und Plateau de Langres

Von Chaumont nach Bourbonne-les-Bains

Außer Maas, Marne, Aube und Seine entspringen im Bassigny sowie am Fuß des Plateaus von Langres noch viele kleinere Wasserläufe. Der Name Bassigny geht aufs latei-

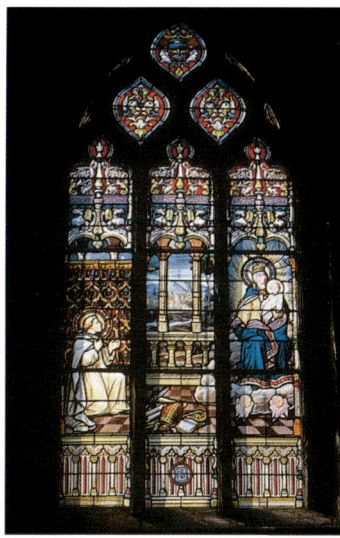

Fenster der Kirche St-Jean-Baptiste
in Chaumont

nische »baccinum« zurück und
kennzeichnet die Beckenform (Bassin) des Geländes.

Von Chaumont folgt man der
D 417 Richtung Montigny-le-Roi.
Ungefähr auf halber Strecke bietet
sich ein Abstecher in südlicher
Richtung nach **Nogent-en-Bassigny** an, das man als »Solingen der
Champagne« bezeichnen könnte.
Immerhin soll diese »Hauptstadt
der Messer- und Scherenschleifer«
bereits in der Antike den keltischen
Stämmen Blankwaffen geliefert haben. Die Handelskammer unterhält
dort ein sehenswertes Museum zur
Geschichte dieses lokalen Industriezweigs, der auch heute noch
von Bedeutung ist (zum Beispiel
Herstellung chirurgischer Instrumente; Museum: 15. April bis 15.

Okt. tägl. außer Di sowie 16. Okt.
bis 14. April Sa und So 14 – 18 Uhr,
Sa 8 – 12 Uhr). Wer sich für Frühgeschichte interessiert, kann einen
Abstecher nach Vitry-lès-Nogent
unternehmen, wo im Wald das
Dolmengrab Pierre Alot zu entdecken ist (Hinweisschilder).

Nördlich von Montigny-le-Roi
liegt nahe Clefmont der Ort **Meuvy**, dessen Kirche am ehemaligen
Weiheort der heilkräftigen Wassergöttin Sirona errichtet wurde.
Überhaupt stehen in dieser an uralten Kulturrelikten reichen Landschaft viele Kirchen an Stätten, die
schon den Kelten heilig waren.

Die Rundfahrt durchs Bassigny
führt weiter auf der D 417 Richtung
Bourbonne. Bei Dommartin-sur-
Meuse kann man Richtung **Andilly-
en-Bassigny** abbiegen. In Ortsnähe
weisen Schilder zur »Villa romaine«, einer aufwendig gestalteten
Anlage (2. Jh. n. Chr.), die wohl
noch bis ins frühe Mittelalter
Wohn- und Wirtschaftszwecken
diente. Darauf läßt jedenfalls eine
neben der Römervilla freigelegte
Friedhofsfläche der merowingischen Epoche schließen. Das antike Landhaus (ca. 200 × 50 m)
scheint Sitz eines Großgrundherrn
gewesen zu sein, der seine landwirtschaftlichen Produkte in den
römischen Siedlungen von Langres
und Bourbonne-les-Bains vermark-

tete. (Ausgrabungen, kleines Fund-museum. Ostern bis 30. Juni sowie 1. Sept. bis 1. Okt. nur So, 1. Juli bis 31. Aug. tägl. 14–18 Uhr; sonst nach telefonischer Vereinbarung unter ☎ 03 25 84 41 33)

Über Saulxures zurück auf der D 417 stößt man auf Hinweistafeln, die zum Besuch der Maasquellen *(Sources de la Meuse)* in **Pouilly-en-Bassigny** auffordern. Kurz vor dem Ortseingang, hinter einer Stra-

ßenkuppe und am Rand einer klei-nen Gehölzgruppe, gluckert die Hauptquelle unter einem neu auf-gemauerten Steinpfeiler hervor, der mehrere eiserne Widmungstafeln der Maas-Anrainerstaaten Frank-reich, Belgien und Niederlande trägt. Weitere Quellen aus den Wiesen umher führen dem unter-halb Pouilly rasch anschwellenden Bach etliche winzige Seitenläufe zu. Ein Augenmerk sollte auf die

gedrungene Dorfkirche von Pouilly gerichtet werden: ein romanisch-gotischer Bau von sehr harmonischen Proportionen. Gleich gegenüber steht das alte Pfarrhaus, über dessen reich verziertem Portal eine schöne Madonnenfigur thront.

Bourbonne-les-Bains (3200 Einwohner), das älteste Thermalbad ganz Ostfrankreichs, wurde nach jahrzehntelangem Dornröschenschlaf durch Sanierungsmaßnah-

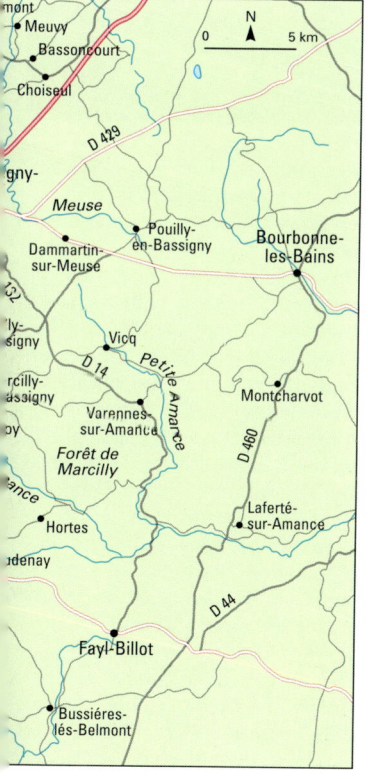

men und umfangreiche Neugestaltung seiner öffentlichen Anlagen um 1990 wieder attraktiv gemacht. Der Stadtprospekt schwärmt gar von der »modernsten Einrichtung in Europa«. Das einstige »Borvo«, wo schon römische Veteranen kurten, hat heute mit rund 15 guten Hotel-Restaurants auch für Feinschmecker viel zu bieten. Überall im Städtchen kommen die Kontraste zwischen dem etwas hinfällig anmutenden Charme gründerzeitlicher Hotelkomplexe und den Bauten der jüngsten Zeit zum Vorschein. Im Kasino-Park erinnern Säulenreste an die Blütezeit der Antike, und zwischen den Säulen eines um 1900 nachgebildeten Tempelchens im Zentrum der Unterstadt spritzt 66 °C heißes Wasser aus einem ganz ordinären Wasserhahn. Kuranwendungen (Bäder, Inhalationen, Fangopackungen) werden übrigens zur Behandlung von Erkrankungen der Gelenke und der Atemwege verordnet.

Das Kurhaus (18./19. Jh.), ein militärisches Thermal-Hospital (18. Jh.) und die verschiedenen Hotels (teils 19. Jh., teils modern) ragen aus der kleinstädtischen Bausubstanz hervor. An den zur Notre-Dame-Kirche (13./19. Jh.) hinaufführenden Gassen finden sich idyllische Winkel und Fassadenstaffeln. Im Gotteshaus stehen etliche

Von Chaumont ins Bassigny und zum Plateau de Langres

Rathaus und Schloßpark in
Bourbonne-les-Bains

Skulpturen von künstlerischem Wert;
hervorragend darunter zwei Ma-
donnen (14. Jh.): die eine aus Holz
und die andere aus Marmor. Vom
Parkplatz gleich oberhalb der Kirche sind es nur wenige Schritte
zum Schloß (1737; heute Hôtel de
Ville), das hoch über dem Bade-
städtchen in einem alten Park steht.
Es ist nicht nur Sitz der kommuna-
len Verwaltung, sondern beherbergt auch das kleine Museum mit
seiner wertvollen Sammlung römer-
zeitlicher Funde (15. April bis 15.
Okt. Mi–So 14–18 Uhr).

Mehrere Routen führen durch
die weithin einsamen Waldland-
schaft im Süden von Bourbonne-
les-Bains nach Fayl-Billot. Mit den
teils stark zerklüfteten Taleinschnit-
ten an der Amance und deren Sei-
tenbächen läßt die Region deutlich
ihre geologische Zugehörigkeit
zum benachbarten Höhenzug der
Vogesen (Vosges) erkennen. Die
Ortschaften am Weg wie **Mont-
charvot, Varennes-** oder **Laferté-
sur-Amance** bergen zwar keine
kunsthistorischen Kostbarkeiten,
gefallen aber mit beschaulichen
Idyllen im Kranz der sie dicht um-
kleidenden Forste.

Fayl-Billot hebt sich mit einer
besonderen Tradition hervor: Es
nennt sich »Hauptstadt der Korb-
flechterei« und lädt mit etlichen
Verkaufsgalerien zur Rast und zum
Erwerb von nützlichen Souvenirs
ein. Geflochtene Stühle, Sessel,
Wäschekörbe, Blumenbänke und
diverse andere Flechtartikel stehen

auf den Trottoirs; auch außerhalb der Sommersaison warten die Verkäufer auf ihre Laufkundschaft. Überall laden Schilder zum Besichtigen der Ateliers ein. Sehenswert ist die der Nationalen Korbflechterschule angeschlossene Sammlung, in der mittels audiovisueller Vorführungen die Techniken der Flechtkunst dargestellt werden (tägl. außer Di 10–12 und 14–18 Uhr).

Auf dem Weg nach Langres sei von Chaudenay aus ein kurzer Abstecher über Chalindrey nach Le Pailly empfohlen. Dort erhebt sich nämlich das **Schloß Pailly** (1563), einer der kunsthistorisch wertvollsten Bauten der Renaissance in Ostfrankreich (Juli/Aug. So am Nachmittag. Führungen werden außerdem nach Vereinbarung vom Office de Tourisme in Langres arrangiert).

ℹ️ Information in Bourbonne: Centre Borvo, 34, Place des Bains, 52400, ✆ 03 25 90 01 71, Fax 03 25 90 14 12. Das Office vermittelt von Mai bis Okt. geführte Stadtbesichtigungen und Besuche des »Arborétum«: eines Botanischen Gartens mit 230 Gehölzarten aus aller Welt

🛏️ Hotels/Restaurants in Bourbonne: ***Jeanne d'Arc, 12, Rue Amiral-Pierre, ✆ 03 25 90 46 00, Fax 03 25 88 78 71 (mit Restaurant). **Les Buissonnets, 29, Rue Vellone, ✆ 03 25 90 08 76, Fax 03 25 90 10 57. **Hérard, 29, Grande Rue, ✆ 03 25 90 13 33, Fax 03 25 88 77 67 (mit Restaurant). **Damona, Place des Bains, ✆ 03 25 90 20 30. **Les Lauriers Roses, Place des Bains, ✆ 03 25 90 00 97, Fax 03 25 88

78 02 (mit Restaurant). **D'Orfeuil, 29, Rue d'Orfeuil, ✆ 03 25 90 05 71, Fax 03 25 84 46 25 (mit Restaurant). **Des Source, Place des Bains, ✆ 03 25 87 86 00, Fax 03 25 84 46 25 (mit Restaurant). **Le Romain, 8, Rue Amiral-Pierre, ✆ 03 25 87 85 50, Fax 03 25 87 85 52. **Beauséjour, 17, Rue d'Orfeuil, ✆ 03 25 90 00 34, Fax 03 25 88 77 06 (mit Restaurant). **L'Etoile d'Or, 55, Grande Rue, ✆ 03 25 90 06 05 (mit Restaurant). *L'Agriculture, Avenue du Lieutenant-Gouby, ✆ 03 25 90 00 25 (mit Restaurant). *Beau Site, 21, Rue de la Chavanne, ✆ 03 25 90 04 20.

... in Fayl-Billot: **Le Cheval Blanc, 2, Place de la Barre, ✆ 03 25 88 61 44 (mit Restaurant).

🏕️ Camping in Montigny: ***Le Château (55 Stellplätze), ✆ 03 25 87 38 93.

... in Bourbonne: ***Le Montmorency (74 Stellplätze), Rue du Stade, ✆ 03 25 90 08 64. *La Chavanne (50 Stellplätze),Rue du Colonel Benitte, ✆ 03 25 90 01 70.

Langres

Unter den Kunststädten der Champagne zählt Langres zu den sprichwörtlichen Perlen. Der Begriff Stadt könnte allerdings irreführen: Von den rund 12 000 Einwohnern lebt knapp die Hälfte innerhalb der historischen Festungsmauern auf dem Stadthügel, der das Langres-Plateau weithin beherrscht. Andererseits – und ein Rundgang läßt dies deutlich erkennen – ist die architektonische Struktur von Langres für das geschichtliche Stadtwesen repräsentativ. Vom wehrhaften Torturm bis zu den Randbastionen erstreckt sich die verschachtelte, so kantig wie wohnlich anmutende Siedlung im Raster ihrer engen Gassen. Wer die im Glacis neben der Route Nationale stehenden Torbauten (18./19. Jh.) aus der jüngeren Festungsgeschichte passiert hat, sollte sich möglichst noch vor dem Mühlentor (Porte des Moulins) einen Parkplatz suchen. Denn das Stadtinnere ist gut zu Fuß zu durchmessen.

Am besten beginnt man an der **Porte des Moulins** (1647) einen Rundgang über die alten **Festungswälle** (gut ausgeschildert), die mit ihren sechs Rundtürmen und sieben gleichfalls durch wuchtige

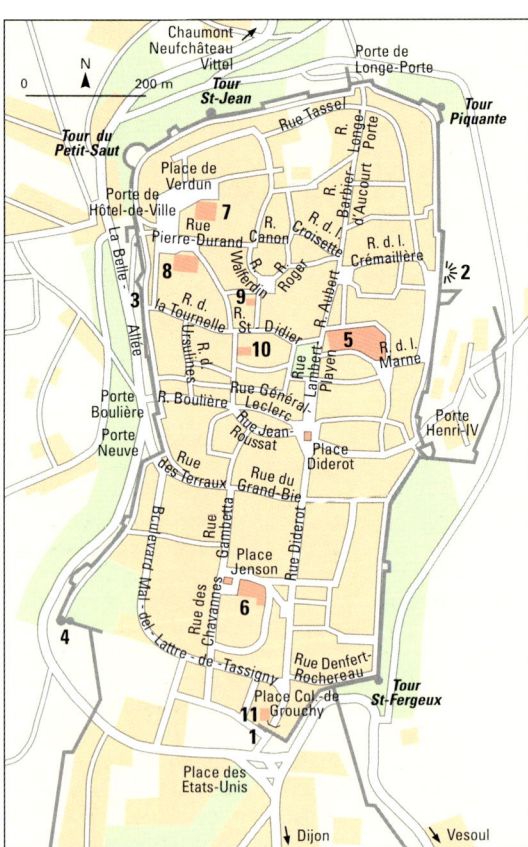

Langres

1 Porte des Moulins
2 Aussichtspunkt an der Festungsmauer
3 Porte Romaine
4 Tours de Navarre et d'Orval
5 Kathedrale St-Mammès
6 St-Martin
7 Musée du Breuil-de-St-Germain
8 Rathaus
9 Nouveau Musée St-Didier
10 Renaissancehäuser
11 Office de Tourisme

Diderot-Denkmal in Langres

Türme verstärkten Toren das Musterbild der militärischen Architektur aus der Epoche Louis XIII. fast unverändert wiedergeben: Die streng abweisenden Bollwerke und gewaltig ummantelten Bastionen sollten das Land umher in Schach halten. Denis Diderot (s. S. 38) teilte 1759 seiner geliebten Sophie Volland mit: »Wir haben hier einen entzückenden Spaziergang. Es ist eine lange Allee mit dichtbelaubten Bäumen, die zu einer Gehölzgruppe führt. Dort findet man Kühle und Einsamkeit. (...) Unter den Linden hat man eine Steinbank aufgestellt: Dort bin ich täglich um fünf Uhr. Meine Augen schweifen über die schönste Landschaft der Welt. Es ist eine Bergkette, die durch Gärten und Häuser unterbrochen wird. Darunter schlängelt sich ein Bach hinfort, der sich in der Ebene verliert.« Fast zweieinhalb Jahrhunderte später kann hier diese romantische Impression noch nachempfunden werden. Merkwürdig wirkt es andererseits, daß bis heute etliche Teile der so aussichtsreichen Festungswälle und Kasematten streng abgesperrtes *Terrain Militaire* sind. Theodor Fontane, 1814 kurzfristig in Langres inhaftiert, beurteilte das Soldatenleben in der Stadt als recht lax. Voll des Lobes war er über das Essen, das er mit dem Gefängniswärter teilen durfte: »Die gebratenen Tauben waren riesig; sie schienen einer ganz anderen Geflügel-

Blick von Langres Stadtmauern
auf den Lac de la Liez

gattung anzugehören als jener furchtbare Sperlingsbraten, der bei uns unter diesem Namen serviert zu werden pflegt.«

Reminiszenzen aus der Stadt- und Festungsgeschichte: Die **Porte Romaine** (2. Jh.), das römerzeitliche Tor des einstigen »Andematunum«, markiert den baulichen Beginn. Die anderen Tore und Türme zeugen vom fortdauernden strategischen Rang des stark umwallten Hügels. Hingegen führt die imposante **Kathedrale St-Mammès** (12./13./18. Jh.) glaubhaft vor, daß auch die Geistlichkeit ihren Standpunkt zu behaupten verstand. Die kunstreiche Ausstattung, ein wertvoller Kirchenschatz sowie die Relikte eines Kreuzgangs (13. Jh.) zeugen vom klerikalen Wohlstand früherer Zeiten. Auch die **Martinskirche** (13./18. Jh.) erweist sich als stilvolles Konglomerat: gotische Formen prägen das Langhaus, während der schlanke Campanile den Stil des Rokoko zeigt. Vor der Kirche steht ein modernes Denkmal für Jeanne d'Arc; am Sockelfries sind Szenen aus dem Leben der Nationalheiligen wiedergegeben.

Beachtenswert ist auch das **Musée de l'Hôtel du Breuil de St-Germain** mit seinen lokalhistorischen und dem Gedächtnis Denis Diderots gewidmeten Sammlungen (tägl. außer Di 10–12 und 14–18

Uhr, im Winter nur bis 17 Uhr). Der **Nouveau Musée** mit einer bedeutenden archäologischen Kollektion und Gemäldesammlung ist zum Teil in der romanischen Kapelle St-Didier installiert (Öffnungszeiten wie l'Hôtel du Breuil.)

Information: Square O. Lahalle, 52200, ☎ 03 25 87 67 67, Fax 03 25 88 99 07.

Hotels/Restaurants: **Le Cheval Blanc, 4, Rue d'Estrés, ☎ 03 25 87 07 00, Fax 03 25 87 23 13. **L'Europe, 23–25, Rue Diderot, ☎ 03 25 87 10 88, Fax 03 25 87 60 65. **Le Lion d'Or, Route de Vesoul, ☎

03 25 87 03 30, Fax 03 25 87 60 67.
**De la Poste, 8–10, Place Ziegler, ✆ 03 25 87 10 51, Fax 03 25 88 46 18. Auberge Jeanne d'Arc, 26, Rue Gambetta, ✆ 03 25 87 03 18, Fax 03 25 88 82 85, (Alle mit Restaurant)

Camping: **Le Navarre (66 Stellplätze), Boulevard de Lattre-de-Tassigny, ✆ 03 25 87 77 77.

Bahnverbindung: Mit Chaumont, Reims, Dijon, Lyon, Belfort, Epinal und Nancy.

Unterhaltung: Alljährlich im August marschieren in historischen Kostümen die Hellebardenträger von Langres durch die Stadt.

Vier-Seen-Rundfahrt

Über Sts-Geosmes und Longeau erreicht man 13 km südlich von Langres den **Lac de la Vingeanne**. Im Nordwesten von Longeau liegen das **Réservoir de la Mouche** und weiter das **Réservoir de Charmes**. An dessen Südufer zweigt im Dorf Bannes ein schmales Sträßchen über Orbigny-au-Val zum **Lac de la Liez** ab, und dann sind es nochmals 7 km bis Langres. Während dieser Tour wird Langres auf seinem die weite Umgebung dominierenden Plateau nahezu umrundet. Im Sommer könnte dieselbe Exkursion auch zum vergnüglichen Badeausflug werden, denn alle vier Seen sind für Segler, Surfer und Schwimmer zugänglich. Sie wurden als riesige Speicherbecken zur Versorgung bzw. Regulierung des Marne-Saône-Kanals angelegt und bieten abseits der Strandzonen auch viel Lebensraum für eine artenreiche Flora und Fauna. An Fläche ist der Lac de la Liez (270 ha) der größte, dann folgen das Réservoir de Charmes (197 ha), La Vingeanne (194 ha) und La Mouche (94 ha). Vom Office de Tourisme in Langres werden diverse Pauschalprogramme, etwa eine Fahrrad-Seentour von zwei bis drei Tagen, angeboten und arrangiert.

Cascade d'Etufs ▷

Streifzüge durch die Täler von Aube und Aujon

Bei Sts-Geosmes zweigt die D 428 nach Auberive ab. Vor Pierrefontaines überquert diese gut ausgebaute Strecke zunächst die Autobahn (A 31) und führt sodann durch ausgedehnte Wälder. Links der Straße können über markierte Wanderwege die Quellen der Aube aufgesucht werden (Hinweisschilder; ca. 1 Std. Fußweg), und vor Auberive ist ein Wildfreigehege (Enclos à Gibier) zu besichtigen. Das obere Aubetal gehört mit seinen Feuchtwiesen und Auwaldstreifen am unbegradigten Wasserlauf zu den reizvollsten Landschaften der Südchampagne.

Auberive gefällt als altertümlich anmutende Siedlung. Am unteren

---

Brunnen am Waschhaus in Rouvres

Ortsausgang stehen unmittelbar rechts der Straße D 20 nach Rouvres die Relikte einer ehemaligen Abtei (1135 gegründet), von deren Gebäuden nichts Erwähnenswertes blieb außer dem schlicht gemauerten Hofportal. Dessen grandioses Gittertor schuf der wegen seiner phantastischen Kreationen an der Place Stanislas in Nancy berühmt gewordene Jean Lamour. Wenige hundert Meter weiter sei gleich ein nächster Halt angeraten: Kristallklar strömt drunten die junge Aube, und an ihrem Ufer erblickt man Mauerzüge, teils nur noch Ruinen, ganz malerisch zwischen den Uferbäumen. Daneben ein bäuerliches Gehöft, als sei die Zeit an diesem Ort vor Jahrhunderten einfach stehengeblieben …

Auch während der Weiterfahrt durch das saftig grüne Tal nach Rouvres reihen sich die naturschönen Staffagen. In **Rouvres-sur-Aube** stehen noch ein rustikales Waschhaus sowie am oberen Ortsrand ein Schlößchen unter hohen Bäumen; davor eine Pförtnerloge aus Fachwerk. Nun noch 2,4 km das Tal hinab, wo ein Parkplatz unter hohen Bäumen zum Anhalten und einer kurzen Wanderung zur 700 m entfernten **Cascade d'Etufs** einlädt. Durch eine schöne Allee (seitwärts uralte Baumriesen auf den Wiesen) spaziert man zu einem Gutshof, hinter dem vom waldigen Hang herab ein Quellwasser springt, das eine naturgeformte Staffel von stufenförmig ausgesinterten Halbrundbecken überwindet. Ein erdgeborenes Wunderwerk mit bizarren Formen über dem Tälchen – und auch ein Platz im Einsamen, auf dem es sich stundenlang ausruhen läßt.

Jetzt wieder zurück nach Rouvres und von dort über die Waldhügel nach **Giey-sur-Aujon**, wo eine gedrungene Kirche inmitten alter Gehöfte steht. Auch **Arc-en-Barrois,** das man von hier entlang des Aujon-Bachs erreicht, erweist sich mit seinen Wohnhäusern und dem Schloß am Dorfplatz, der wie ein Musterstück für den Charme und Zauber Provinzfrankreichs anzuschauen ist, auf den ersten Blick als schiere Idylle. Und es gibt noch mehr zu sehen: Ein historisches Taubenhaus (12. Jh.), ein 1813 in den Felsen gehöhlter Eiskeller und eine Dampfmaschine von 1896 als technisches Denkmal sind für Besucher zugänglich (Führungen arrangiert das Syndicat d'Initiative). Die Kirche (13. Jh.) birgt eine lebensgroße Grablegungsgruppe (17. Jh.) sowie die romanischen Reliefs einer Kreuzigungsszene.

In **Châteauvillain** ist das Ensemble von Kirche und Rathaus, die beide 1784 fertiggestellt wurden, sehenswert. Beachtung verdienen nicht minder die Relikte der einstigen Stadtwehr sowie die Parkanlagen auf der Ruinenfläche der 1160 als »Castrum Villanum« gegründeten Burg. Am Waldrand tummeln sich Hirsche und Rehe in einem großen Freigehege. Westlich im Tal der Aube liegt **Dinteville** mit einem Schloß aus dem 16. Jh. Darin kön-

nen die historische Küche besichtigt und der Turm bestiegen werden (23. Juli bis 31. Aug. tägl. 14–18 Uhr).

ℹ️ Information in Châteauvillain: im Rathaus (Hôtel de Ville). Stadtbesichtigungen 15. Juni bis 15. Sept. Mi 14.30 Uhr; ☎ 03 25 32 93 03. **... in Arc-en-Barrois:** im Rathaus (Mairie), 52210, ☎ 03 25 02 52 17.

🛏️ Hotels/Restaurants in Arc-en-Barrois: ****Château d'Arc (Schloßhotel), Place Moreau, ☎ 03 25 02 51 45. **Hôtel du Parc, Place Moreau, ☎ 03 25 02 53 07, Fax 03 25 02 53 07 (mit Restaurant).

⛺ Camping in Auberive: *Les Charbonnières (20 Stellplätze), ☎ 03 25 84 21 13. **... in Arc-en-Barrois:** **Le Vieux Moulin (33 Stellplätze), ☎ 03 25 02 51 33.

Nützliche Tips und Adressen

Reisevorbereitungen

Informationsstellen

In Deutschland
Maison de la France/Französisches Fremdenverkehrsamt, Westendstraße 47, 60325 Frankfurt, ✆ (0 69) 75 60 83 26, Fax 75 21 87

Maison de la France, Keithstraße 2–4, 10787 Berlin, ✆ (0 30) 2 18 20 64, Fax 2 14 12 38

Prospekte können angefordert werden unter: ✆ 01 90 57 00 25. Die Telefongebühren betragen DM 1,20 pro Minute.

In Österreich
Französisches Fremdenverkehrsamt, Argentinier Straße 41a, 1040 Wien, ✆ (02 22) 5 03 28 90, Fax 5 03 28 71

In der Schweiz
Maison de la France, 2, Rue du Thalberg, 1201 Genève, ✆ (0 22) 7 32 86 10, Fax 7 31 58 73

Französisches Fremdenverkehrsamt, Löwenstr. 59, Postfach 7226, 8023 Zürich, ✆ (01) 2 11 30 85, Fax 2 12 16 44

In der Champagne-Ardenne
Bei allen französischen Telefonnummern muß aus Deutschland, Österreich und der Schweiz 00 33 vorgewählt werden, danach entfällt die erste 0 der Teilnehmernummer:

Comité Régional du Tourisme de Champagne-Ardennes, 5, Rue de Jéricho, 51037 Châlons-sur-Marne Cedex, ✆ 03 26 70 31 31 und 03 26 64 35 92, Fax 03 26 70 31 61

Comité Départemental du Tourisme des Ardennes, Vitrine du Conseil Général, 24, Place Ducale, 08000 Charleville-Mézières, ✆ 03 24 56 06 08, Fax 03 24 59 20 10

Comité Départemental du Tourisme de l'Aube, 34, Quai Dampierre, BP 394, 10026 Troyes Cedex, ✆ 03 25 42 50 91, Fax 03 25 42 50 88

Comité Départemental du Tourisme et du Thermalisme de Haute-Marne, 40 bis, Avenue Foch, 52000 Chaumont, ✆ 03 25 30 39 00, Fax 03 25 30 39 09

Comité Départemental du Tourisme de la Marne, 2 bis, Boulevard Vaubécourt, 51000 Châlons-sur-Marne, ✆ 03 26 68 37 52 und 03 26 69 51 04, Fax 03 26 68 46 45

Office du Tourisme du Pays de Langres, BP 16, 52203 Langres Cedex, ✆ 03 25 87 67 67, Fax 03 25 88 99 07

Office de Tourisme du Lac du Der-Chantecoq, Maison du Lac, 51290 Giffaumont, ✆ 03 26 72 62 80, Fax 03 - 26 72 64 69

Mit allen vorgenannten Informationsstellen kann in deutscher Sprache korre-
spondiert werden. Bei den Comités
Départementals finden sich in der Regel
auch des Deutschen kundige Telefon-
Ansprechpartner.

Ein- und Ausreise-
bestimmungen

Besucher aus den Staaten der Europäischen Union benötigen an Doku-
menten lediglich einen gültigen Perso-
nalausweis sowie die national gebräuchlichen KFZ-Papiere. Nur stich-
probenweise finden in Grenznähe hin
und wieder Personenkontrollen statt,
jedoch keine Suche nach Waren bei
reisenden Privatleuten. Erst ab bestimm-
ten Größenordnungen werden abgabe-
pflichtige gewerbliche Transporte ver-
mutet. In solchen Fällen müßten die Be-
troffenen dann glaubhaft machen können, daß es sich tatsächlich um Waren
für den eigenen Bedarf handelt.

Grundsätzlich werden innerhalb der
EU folgende Richtmengen (pro Person)
als abgabenfrei bei der Ein- und Ausfuhr
akzeptiert: 800 Zigaretten, 400 Zigaril-
los, 200 Zigarren oder 1 kg Pfeifen-
tabak. An Spirituosen gelten 10 l als
»unverdächtig« sowie 20 l sogenannte
Zwischenerzeugnisse (z. B. Liköre), 90 l
Wein (davon höchstens 60 l Schaumwein) oder 110 l Bier.

Reisegepäck

Aufgrund der vielen Badeseen lohnt
sich die Mitnahme von entsprechenden
Freizeitutensilien. Wer sich lieber die
Zeit mit Wandern vertreibt, sollte im Ardennenraum neben festem Schuhwerk
auch an Regenschutz denken, denn an
dieser hinter dem Küstensaum ersten
höheren Bergregion können sich die
Wolken heranziehender atlantischer
Tiefdruckgebiete stauen und abregnen.

Fotofreunde sollten, wenn sie in
den Kellereien Motive aufnehmen
möchten, unbedingt ein leistungsstarkes
Blitzlichtgerät mit sich führen, der Einsatz vollautomatischer Kompaktkame-
ras samt ihrer eingebauten Minispots
führt nämlich in den geräumigen und
dunkelwandigen Stollen niemals zu be-
friedigender Bildausbeute.

Reisezeit

Keine Frage, daß sich selbst mitten im
Winter reizvolle Erlebnisreisen durch
die Region unternehmen lassen. Und
nicht wenige Naturfreunde schwärmen
von den Gelegenheiten, die sich dann
im Umkreis der amphibischen Schutzgebiete zur Beobachtung riesiger Vo-
gelschwärme ergeben. Wer sich lieber
die Schätze der Kunststädte anschauen
möchte, darf gleichfalls getrost auch außerhalb der Sommersaison anreisen
und findet dann auch eine große Aus-
wahl unter den Beherbergungskapazitä-
ten vor. Es muß freilich beachtet werden, daß zwar fast sämtliche Besichti-
gungsobjekte (Museen und Kirchen) in
den städtischen Zentren geöffnet (und
nur spärlich frequentiert) sind, doch viele der Sehenswürdigkeiten kleinerer
Orte sozusagen im Winterschlaf verhar-
ren. Aus solchen Umständen ergibt sich

eine Empfehlung für den späten Frühling (April/Mai) oder den zeitigen Herbst (September/Oktober), wenn das Gros der (überwiegend französischen) Touristen die Urlaubswochen noch vor oder bereits hinter sich hat, jedoch alle wesentlichen Burgen, Schlösser und Museen für Besucher zugänglich sind.

Zwar kein Geheimtip, doch einer Überlegung wert: Mitte bis Ende September beginnt in der Champagne die Weinlese. Dann finden nicht nur Fotoamateure hübsche Motive, sondern auch die Liebhaber folkloristischer Spektakel kommen während etlicher Weinfeste beschwingt auf ihre Kosten (und ans Ver-Kosten!).

Um dieselbe Jahreszeit, wenn sich die Wälder bunt verfärben, zeigen sich sowohl die Ufer der Maas als auch die Plateaus von Tardenois, Brie und Langres in besonders schönen Farben.

Anreise

... mit dem Flugzeug

Es ist durchaus eine interessante Alternative, mit einem Linienflug der Air France von Hamburg, Frankfurt, München, Zürich oder Wien zum Airport Roissy (Charles de Gaulle) bei Paris zu gelangen und sich dort einen Mietwagen zu nehmen. Von Roissy bis Reims fährt man über die Autobahn nur eine Stunde und ist dann schon mitten im Urlaubsland.

... mit der Bahn

Viele Züge aus Deutschland nach Paris müssen gezwungenermaßen die Champagne durchqueren. Dabei laufen solche Direktverbindungen z. B. aus dem Rhein-Main-Gebiet über Saarbrücken und Metz nach Reims, während Bahnreisende aus dem süddeutschen Raum und aus der Schweiz die Hauptlinie über Basel und Vesoul nach Chaumont oder diejenige von Straßburg über Nancy nach Châlons-sur-Marne benutzen können. Von Norden her gibt es entweder die Möglichkeit, längs der Mosel nach Luxemburg und von dort über Metz bis Épernay oder Reims zu fahren, oder aber die etwas umständlichere, doch gleichwohl durch schöne Landschaften verlaufende Strecke von Köln und Aachen quer durch Belgien bis Charleville-Mézières zu wählen.

... mit dem Auto

Die weit überwiegende Zahl der Feriengäste aus dem deutschsprachigen Europa reist mit dem privaten Kraftfahrzeug an. Dabei sind die von Straßburg und Saarbrücken nach Paris verlaufenden Autobahnen (Autoroute de l'Est) die wichtigsten Zubringer. Reims ist ganz unmittelbar an diese Schnelltrasse angeschlossen, und auch Châlons-sur-Marne und Château-Thierry verfügen über stadtnahe Auffahrten. Für Reisende aus Norddeutschland empfiehlt sich eher die Fahrt durch Belgien in Richtung Valenciennes, von wo die N 44 über Cambrai und St-Quentin direkt nach Reims weiterführt.

Beim Benutzen der Autobahn muß allerdings beachtet werden, daß die Gebühren (Péage) alljährlich angeho-ben werden. Für einen PKW summiert sich die Gebühr zwischen Saarbrücken und Reims auf etwa 30 DM. Für Wohnwagengespanne muß rund ein Drittel hinzugerechnet werden. Da sollten sich ökonomisch rechnende Urlauber wohl die Alternative überlegen, auf der fast durchweg parallel verlaufenden *Route Nationale* zwar etwas langsamer, doch jedenfalls gebührenfrei die Champagne anzusteuern.

Reisen im Land

... mit der Bahn

Die städtischen Zentren sind untereinander durch direkte Linienzüge verbunden. Zwischen Reims, Troyes und Chaumont rollt tagsüber der Schienenverkehr ungefähr im Stundentakt.

Weniger gut ist es um die Frequenzen auf Nebenstrecken bestellt. Zwar lieben manche Bahn-Nostalgiker das Bummeln auf Strecken wie beispielsweise von Rethel nach Grandpré durchs Tal der Aisne oder längs der Barbuise von Troyes nach Châlons-sur-Marne, aber diese teils auch durch wenig attraktive Gebiete führenden Linien sind für Urlaubsreisende wenig geeignet.

Wer die Eisenbahn als Transportvehikel benutzt und sich ansonsten als Wanderer oder Radfahrer durchs Land bewegen möchte, wird auf dem Schienenweg (mit viel Geduld) zu den meisten Ausgangspunkten für Exkursionen in der Region sicher gelangen können.

... mit dem Auto

Es gibt keine wesentlichen Abweichungen von den in ganz Europa üblichen Verkehrsregeln. Ungewohnt ist allerdings die während der letzten Jahre wieder stark von den Straßenplanern favorisierte Besonderheit des Kreisverkehrs. Nicht nur am Rand der größeren Städte, sondern auch am Eingang zahlreicher Ortschaften dient er ebenso der Verkehrslenkung wie der Geschwindigkeitsminderung. Grundsätzlich ist zu beherzigen: Vorfahrt hat immer dasjenige Fahrzeug, das sich im Kreis befindet.

Innerorts gilt grundsätzlich das Tempo von 50 km/h. Auf allen Département- und Nationalstraßen darf maximal 90 km/h gefahren werden, auf vierspurig ausgebauten Schnellstraßen 110 km/h und auf Autobahnen 130 km/h (bei Regen 110 km/h).

Sechs Ferienstraßen

Mönchen, Kriegern und Poeten auf der Spur

Durch sechs vorzüglich ausgeschilderte Ferienstraßen wird das Reisen im Département Ardennes leichtgemacht. Zu jeder Strecke halten die Fremdenverkehrsstellen ausführliche Wege- und Objektbeschreibungen in deutscher Sprache bereit. Wer allerdings zur Entdeckung der Landschaften beiderseits der Maas öffentliche Verkehrsmittel benutzen möchte, muß sich entweder auf recht enge Radien beschränken oder bleibt am besten gleich zu Hause. Die sechs Ferienstraßen, mit Streckenlängen zwischen 65 und 260 km, sind in erster Linie für Auto- und Motorradfahrer konzipiert worden. Radwanderer müssen hingegen ihre Etappen recht knapp bemessen (maximal 35 km pro Tag) und benötigen im hügeligen Gelände eine gute Kondition.

Die **Route des Forêts, Lacs et Abbayes** (Straße der Wälder, Seen und Klöster), wie alle dieser Strecken mit einem sechseckigen Schild gekennzeichnet, beginnt bei der belgischen Abbaye d'Orval und führt über Sapogne-sur-Marche, Carignan, Mouzon, durch den Belval-Wald (Wildpark) nach Buzancy und weiter südlich bis Chatel-Chéhéry am Rand der Argonnen. Von dort verläuft sie durch die Wälder wieder nordwärts, folgt ab Vouziers der Aisne bis Day, um dann über Tannay, Mont-Dieu, La Cassine und Elan bei Remilly-Aillicourt erneut an die Maas zu gelangen. Endstation wäre in Bazeilles oder Sedan, bestünde nicht dort die Gelegenheit, rasch ins belgische Städtchen Bouillon an der Semois (Semoy) weiterzufahren, um von da – auf ebenfalls mit sechseckigen Schildern bezeichneten Ferienrouten – zur Entdeckung der Landstriche von Famenne und Condroz beiderseits der Täler von Lesse und Ourthe aufzubrechen.

Die **Route des Légendes de Meuse et Semoy** (Straße der Legenden) eignet sich nicht minder zur grenzüberschreitenden Weiterführung ins Tal der belgischen Semois oder nach Westen in die Thiérache. Vor allem aber berührt sie die sagenumwobenen Stätten des Roc de la Tour (»Des Teufels Schloß«), des Rocher des Quatre Fils Aymon (»Felsen der Vier Haimonskinder«), der Dames de la Meuse und der Festungsstadt Rocroi. Dort führt aber auch die von Givet (Festung Charlemont) über Hierges und Vireux-Molhain nach Charleville-Mézières, Sedan, Villy-la-Ferté bis Montmédy verlaufende **Route des Fortifications** (Straße der Festungen) vorüber. Und deren nördliche Teilstrecke bildet zugleich ein Stück der **Route Rimbaud-Verlaine** (Dichterstraße), die ihrerseits zu Orten führt, die mit dem biographischen Schicksal beider Poeten verknüpft sind: Charleville-Mézières, Roche, Vouziers, Coulommes, Juniville und Rethel.

Auf sozusagen kriegerischen Fährten, die recht merkwürdig auch den Spuren der Glaubensboten und Mönche folgen, gelangt man auf der **Route des Églises Fortifiées de Thiérache** (Straße der Wehrkirchen in der Thiérache) von einem Gotteshaus zum nächsten, von einer Burg zur anderen. Die wunderschön gelegene Abtei von Sept-Fontaines, heute Schloßhotel (südlich von Charleville-Mézières), empfiehlt sich als Ausgangspunkt dieser Fahrt, die über Remilly-les-Pothées, Flaignes und Antheny als erstes nach Signy-le-Petit führt, um dann im südöstlich ausholenden Bogen Hannappes, die Klosterruinen von Blanchefosse, dann Rumigny mit Burgschloß und Wehrkirche zu berühren, ehe es über Aouste, Liart, Rocquigny, Lalobbe, Signy-l'Abbaye, Dommery, Launois und Gruyères wieder zurück nach Sept-Fontaines geht.

Rocquigny liegt am Oberlauf des zur Serre fließenden HurtautBachs, der ungefähr die imaginäre Grenze zwischen der Thiérache und dem Porcien markiert. Folglich wäre dieses Dorf der geeignete Ausgangspunkt zur letzten Etappe dieser sechsteiligen touristischen Stafette durchs Ardennen-Département: der **Route du Porcien** (Straße des Porcien). Während die an Gewässern und fruchtbaren Lehmböden reiche Thiérache ihren Namen wahrscheinlich auf die vorzeitliche Sprachwurzel »tyr« (mittellateinisch« tiredo/terilis = modriges Wasser) stützt, bezieht sich Porcien eindeutig auf den zur Römerzeit angelegten Aisne-Flußhafen (portus) beim Uferrand des heutigen Château-Porcien an der antiken Fernstraße von Reims nach Köln. Ein Gebiet üppigster Ländlichkeit, weithin durchzogen von Gebüschreihen in Weidegründen. Rubigny, Renneville, Givron und Wasigny sind Hauptorte der porcientypischen Fachwerkgehöfte, indes Asfeld, Château-Porcien und Rethel massive Kirchen- und Feudalarchitekturen des Rethélois präsentieren.

Hinweis: Die deutschsprachigen Routenbeschreibungen zu den sechs Ferienstraßen sind unter dem Stichwort ›Les 6 Itinéraires Ardennais — en allemand‹ bei der Vitrine du Conseil Général, 24, Place Ducale, F-08000 Charleville-Mézières, ✆ 00 33-3 24 56 06 08, erhältlich.

Unterkunft und Verpflegung

Klassifizierung der Hotels und Restaurants

Die bei den Ortsbeschreibungen erwähnten Unterkünfte und Restaurants sind in regionalen Gastronomen-Vereinigungen organisiert und werden vom *Comité régional du Tourisme* empfehlen. Ihr Komfort und Service werden gemäß dem in Frankreich gebräuchlichen System mit sogenannten »Leistungssternen« bewertet. Es reicht von der einfachen (aber bereits überdurchschnittlichen) Einsternklasse (*) bis zur luxuriösen Vierstern-Kategorie (****). Dazwischen ist viel Raum für Entdeckungen und Überraschungen vorhanden. Grundsätzlich ist davon auszugehen, daß der Standard auch der unteren Klasse in Hotels und Restaurants in etwa mit guten Landgasthöfen in Deutschland gleichzusetzen wäre, indes die mit vier Sternen ausgezeichneten Häuser durchweg der internatinalen Spitzenklasse angehören. Die gleichen Sternstufen gelten auch für die Bewertung von Campingplätzen in analoger Einteilung.

Jugendherbergen

Mit dem internationalen Jugendherbergsausweis kann bei allen in den Ortsbeschreibungen aufgeführten Adressen Einlaß gefunden und übernachtet werden. Es gibt auch eine Anzahl von Erholungs- und Ferienheimen sowie Freizeitlager speziell für Kinder und Jugendliche, über die nähere Informationen bei den Offices de Tourisme zu erfragen sind.

Camping

Die Zeltplätze im Bereich der größeren Gemeinden (meist mit »Municipal« bezeichnet) sind durchweg gut in Schuß und dürfen in punkto Service und Sauberkeit als ingesamt vorbildliche Anlagen gelten. In der Regel werden sogar die Standards vergleichbarer Plätze in Deutschland um einiges übertroffen. Besonders zahlreich gruppieren sich die Campingplätze im Umkreis der Seen von Orient und Der-Chantecoq; dort empfiehlt es sich unbedingt, statt individuellen Herumspürens nach etwaigen Frei-Kapazitäten in den touristischen Zentren der Maison du Parc (Orient) oder der Maison du Lac (Giffaumont-Champaubert) nachzufragen.

Ferien auf dem Bauernhof

Gerade diese Urlaubsform wird derzeit in der gesamten Region Champagne-Ardenne immer beliebter. Die Adressen der Fermes-Auberges, der Bauernhöfe mit Gästezimmern (*Chambre d'hôte*) sowie ländlicher Campingwiesen (*Camping à la Ferme*) sind inzwischen so zahlreich geworden, daß die regionalen Informationsstellen bereits spezielle Listen aufgelegt haben und versenden.

Ferienhäuser

Für Individualisten ist Ferienhaus-Urlaub zweifellos eine hochinteressante Alternative. Dem Beispiel der südfranzösischen und der bretonischen Organisation folgend, hat die Agentur Maison des Gîtes de France inzwischen einen 32seitigen Angebotskatalog für die Ardennen herausgegeben und offeriert auch in ihrem Gesamtprospekt zahlreiche Ferienhäuser in der Champagne. Anzufordern bei:

Maison des Gîtes de France, 56, Rue St-Lazare, F-75009 Paris, ✆ 01 49 70 75 75, Fax 01 49 70 75 76

Der deutsche Reservierungs-Service von Gîtes de France versendet gegen Zahlung von 5 DM, die beim Anmieten eines Hauses verrechnet werden, einen (deutschsprachigen) Gesamtkatalog für Frankreich, in dem auch Häuser in der Champagne-Ardenne enthalten sind:

Gîtes de France, Sachsenhäuser Landwehrweg 108, 60598 Frankfurt/Main, ✆ (0 69) 68 35 99, 68 43 14, 68 38 55, Fax (0 69) 68 62 36

Regional zuständig und bei der Vermittlung bzw. Buchung anzusprechen sind auch die folgenden Organisationen:

Union Régionale des Associations Départementales des Gîtes Ruraux de France et du Tourisme Vert, Chambre d'Agriculture de la Marne, Complexe Agricole – Bâtiment F, BP 525, 51009 Châlons-sur-Marne Cedex, ✆ 03 26 68 56 47, Fax 03 26 68 41 91

Comité Interprofessionnel du Vin de Champagne, 5, Rue Henri-Martin, 51200 Épernay, ✆ 03 26 54 47 20, Fax 03 26 55 19 79

Chambre Régionale de Commerce et d'Industrie, 10, Rue de Chastillon, BP 537, 51011 Châlons-sur-Marne Cedex, ✆ 03 26 21 03 30

Ardennes: Chambre d'Agriculture, 1, Avenue du Petit-Bois, BP 331, 08105 Charleville-Mézières Cedex, ✆ 03 24 56 89 65, Fax 03 24 56 89 66

Aube: Accueil en Milieu Rural Aubois, Chambre d'Agriculture, 2bis, Rue Jeanne d'Arc, BP 4080, 10014 Troyes Cedex, ✆ 03 25 73 25 36

Haute-Marne: Hôtel du Conseil Général, 89, Rue Victoire-de-la-Marne, 52011 Chaumont, ✆ 03 25 32 65 00

Marne: Chambre d'Agriculture, Complexe Agricole du Mt-Bernard, Route de Suippes, BP 525, 51009 Châlons-sur-Marne Cedex, ✆ 03 26 64 08 13.

Champagnerkellereien

Geführte Besichtigungen werden in vielen großen Kellereien regelmäßig veranstaltet. Aber auch mancher kleine Betrieb (z. B. in der Gegend des Vignoble d'Aube) gibt sich Mühe, Touristen ein informatives Besichtigungsprogramm zu offerieren. Bei allem Respekt für solche Bemühungen darf natürlich der Hinweis auf die Marketing-Dimension solchen Services nicht unterbleiben: Es geht schlicht um den Direktverkauf des hergestellten Champagners, und dessen oft als »ach so günstiges Schnäppchen« suggerierter Gegenwert kann durchaus des öfteren höher liegen als der (durch Mengenrabatte) um einiges niedrigere Verkaufspreis desselben Schaumweins in den Regalen deutscher Supermärkte. In jedem Fall sei vorsichtiges Abwägen angeraten, damit nicht ein euphorisch motivierter Kauf hinterher, beim nüchternen Zahlenvergleich, als Eselei zu beklagen ist.

Doch genug der Vorwarnungen – wer andächtig in Felsenkellern am allmählich heranreifenden Champagner vorüberwandeln möchte, geleitet von sachkundigen »Verführern«, kann dies theoretisch wochenlang bei den verschiedensten Herstellern tun.

Der im Text unter dem Stichwort »Champagnerkellereien« häufig aufgeführte Begriff »nach Vereinbarung« ist von den Firmen bzw. Herstellerverbänden aus juristischen Gründen gewählt worden. Grundsätzlich empfiehlt sich deshalb eine telefonische Anmeldung (z. B. vom Hotel aus). Andererseits halten vor allem in den Weinorten der Montagne de Reims während der Saison die meisten Kellereien ihre Tore für Zufallskunden ständig geöffnet und laden auch mit Schildern zur Champagnerprobe ein *(Dégustation)*. Außer den im Text genannten gibt es noch weitere Champagnerkellereien, unter anderem:

Champagne Collery, 51160 Ay-Champagne, ✆ 03 26 55 18 90

Champagne René Brun, 4, Place de la Libération, BP 5, 51160 Ay-Champagne, ✆ 03 26 55 43 40

Champagne Ployez-Jacquemart, 8, Rue Astoin, 51500 Ludes, ✆ 03 26 61 11 87

Champagne Alain Vesselle, Caveau Le Bouzy Rouge, 8, Rue de Louvois, 51150 Bouzy, ✆ 03 26 57 00 88

Champagne Vilmart, Pl. de la Mairie, 51500 Rilly-la-Montagne, ✆ 03 26 03 40 01

Coopérative de Ville-sur-Arce, Chassenay d'Arce, 10110 Ville-sur-Arce, ✆ 03 25 38 30 70

Champagne Vezien, 68, Grande Rue, 10110 Celles-sur-Ource, ✆ 03 25 38 50 22

Champagne Goussard, 10340 Avirey Lingey, ✆ 03 25 29 30 71

Champagne Clérambault, 10110 Neuville-sur-Seine, ✆ 03 25 38 20 10

Champagne Josselin, 10250 Gyé-sur-Seine, ✆ 03 25 38 20 27

Urlaubsaktivitäten

Angeln

Dies ist bekanntlich der französische »Nationalsport«, der auch von Feriengästen praktisch überall dort ausgeübt werden darf, wo ein Gewässer steht oder fließt. Nach Vorlage eines nationalen Lizenzscheins kann beim *Syndicat d'Initiative* oder im Bürgermeisteramt die Angelerlaubnis eingeholt werden.

Baden und Surfen

Beste Möglichkeiten sind in erster Linie an den Stauseen vorzufinden. In den örtlichen Ferienzentren wie z. B. der *Maison du Lac* am See von Der-Chantecoq ist reichhaltiges Informationsmaterial über Örtlichkeiten und Gelegenheiten (z. B. Verleih von Surfbrettern) erhältlich. Weitere Wassersportzentren:

Lac de Bairon:
Base Départmentale de Loisirs, 08390 Le Chesne, ✆ 03 24 30 13 18

Lac des Vieilles Forges:
Base Départementale de Loisirs, Les Mazures, 08500 Revin, ✆ 03 24 40 17 20

Lac de la Forêt d'Orient:
Maison du Parc, 10220 Piney, ✆ 03 25 43 81 90

Lac du Der-Chantecoq:
Maison du Lac, Giffaumont-Champaubert, 51290 St-Rémy-en-Bouzemont,

✆ 03 26 72 62 80, 03 26 72 62 87
und
Office de Tourisme de St-Dizier, Pavillon du Jard, 52100 St-Dizier, ✆ 03 25 05 31 84

Lac de Charmes, Lac de la Liez, Lac de la Mouche, Lac de la Vingeanne:
Office de Tourisme du Plateau de Langres, Place Bel'Air, 52200 Langres, ✆ 03 25 87 03 32

Bootsverleih

Eine ausführliche Broschüre mit allen erforderlichen Informationen, Typenbeschreibungen der Kajütboote, Routenvorschlägen, Preisliste und Buchungsformular ist in deutscher Sprache erschienen unter dem Titel: »Tourismus auf den Wasserwegen in den Ardennen, der Champagne und in Belgien«. Erhältlich ist sie bei:
Ardennes Nautisme, 16, Rue du Château, F-08200 Sedan, ✆ 03 24 27 05 15, Fax 03 24 29 15 22

Informationen über anderweitige Bootstouren vermitteln außerdem:

Champagne Navigation, Monsieur Cosse, Route Nationale, 02190 Berry-au-Bac, ✆ 03 23 79 95 01

La Double Écluse, Monsieur Pierre Debierre, Rue Alfred-de-Musset, 52100 St-Dizier, ✆ 03 25 06 10 56

Loisirs Accueil en Ardennes, Résidence Arduinna, 18, Avenue Georges-Corneau, 08000 Charleville-Mézières, ✆ 03 24 56 00 63, Fax 03 24 59 95 65

Navigation Champagne Ardenne, Monsieur J. E. Maddox, Rue Pasteur, 08130 Attigny, ✆ 03 24 71 26 74

Ardenne Plaisance, 75 rue des Forges Saint-Charles, 08000 Charleville-Mézières, ✆ 03 24 56 47 61, Fax 03 24 37 12 94

Golf

Verschiedene Hotels in der Region verfügen über eigene Golfplätze wie z. B. Sept-Fontaines bei Charleville und das Château d'Arc in Arc-en-Barrois. Drei weitere Adressen versenden auf Anfrage nähere Informationen:

Golf de Reims, Château des Dames de France, 51390 Gueux, ✆ 03 26 05 46 10

Domaine des Poursaudes, Villers-le-Tilleul, 08430 Poix-Terron, ✆ 03 24 35 64 35

Golf du Château de la Cordelière, 10210 Chaource, ✆ 03 25 40 18 76

Für Anfänger und Fortgeschrittene werden auf dem Platz »Le Golf des Ardennes« Wochenend-Pauschalarrangements geboten; Einzelheiten darüber vermittelt: Loisirs-Accueil en Ardennes (Anschrift siehe unter Bootsverleih). Und schließlich gibt es noch die Möglich-

keit, tagsüber zu golfen und abends eine Fahrt im Heißluftballon zu unternehmen mit der Champagne Air Show, Fernande Gimenez, 15bis, Place St-Nicaise, 51100 Reims, ✆ 03 26 82 59 60.

Radfahren

Die große Ebene eignet sich aufgrund ihrer langen Distanzen durch monotone Landschaftsräume weniger zum Radwandern. Dagegen finden sich ausgesprochen günstige Reviere für den *Cyclotourisme* im Umkreis der Seen von Orient, des Lac du Der-Chantecoq und bei Langres. Ausgeschilderte Routen für Radler gibt es in der Montagne de Reims. Informationen erteilt:

Information: Fédération Française de Cyclotourisme (Ligue Champagne-Ardenne), 3, Rue Vieille-Rome, F-10000 Troyes, ✆ 03 25 43 19 55.

Reiten und Planwagenfahrten

Reiterhöfe und Veranstalter von Kutschfahrten aller Art gibt es zahlreich überall in der Region. Adressen und Angebote sind bei den Informationsstellen zu erfragen. Die Organisation Loisirs-Accueil en Ardennes (Anschrift siehe Bootsverleih) bietet z. B. ein Dreitagesprogramm »Mit dem Pferd durch die Thiérache« an.

Rundfahrten im Autobus

Es gibt sie noch immer – und in Champagne-Ardenne sogar sehr häufig: die Reiseform der Pullman-Entdeckungstrips aus der Frühzeit des modernen Tourismus. Möglicherweise sind sie sogar eine Alternative, die Zukunft hat, und denjenigen, die nicht mit einem privaten Kraftfahrzeug durch die Gegend reisen möchten, bieten sie eine erstaunliche Fülle von Möglichkeiten. Fahrpläne, Routen und Preise sind entweder bei den örtlichen *Syndicats d'Inititative* zu erfragen oder auch direkt bei den Bus-Reiseunternehmen.

Tennis und Squash

Diese Sportarten können in etlichen der großen Hotelanlagen sowie auch in mehreren Freizeit- und Campingzentren ausgeübt werden. Detaillierte Auskünfte sind bei den Informationsstellen sowie bei den *Bases Départementales de Loisirs* einzuholen (Anschriften siehe unter Baden und Surfen).

Wandern

Überall am Rande der Ferienstraßen sind Wanderparkplätze angelegt worden. Übersichtstafeln und Wegweiser ermöglichen dort kürzere Wanderungen, bei denen kein Kartenmaterial benötigt wird. Zwecks Planung und Durchführung größerer Wanderungen wende man sich an die Informationsstellen. Im Ardennenraum vermitteln mehrere *Syndicats d'Initiative* der Ferienorte an der Maas auch geführte Gruppenwanderungen.

Informationen von A bis Z

Auskunftsstellen

Die größeren Städte und Ferienorte unterhalten außer dem *Syndicat d'Initiative* oder *Office du Tourisme* meist noch einen separaten Serviceschalter (Touristeninformation bzw. *Information touristique),* zu dem Schilder mit dem international üblichen ›i‹-Zeichen weisen. Das dortige Personal ist in der Regel der deutschen Sprache kundig. In kleineren Orten sollte man sich, sofern kein Schild zu entdecken ist, grundsätzlich im Bürgermeisteramt *(Mairie* oder *Hôtel de Ville)* nach dem *Syndicat d'Initiative* erkundigen.

Autofahren

Es empfiehlt sich, die Verkehrsregeln einzuhalten und die Geschwindigkeitsbegrenzungen (s. S. 221) zu beachten, denn die mit Radar-Meßgeräten ausgestattete Verkehrspolizei macht bei ausländischen Gesetzesübertretern keine

Ausnahme und kassiert gleich an Ort und Stelle ab. Ähnliches gilt für Parksünder, selbst wenn sie verzweifelt argumentieren, in ihrem Heimatland gebe es das Parkverbot an gelb gekennzeichneten Bordsteinen nicht. In der durch blaue Ringe an Schildern und Laternen markierten *zone bleue* kann man für kurze Zeit den Wagen abstellen und benötigt dazu eine Parkscheibe *(disque)*, die an Tankstellen erhältlich ist.

Behinderte

In den großen Champagnerkellereien wurden in jüngster Zeit behindertengerechte Zugänge geschaffen. Auch die Museen der großen Städte verfügen hier und da über Liftanlagen, die von Rollstuhlfahrern benutzt werden dürfen. Ansonsten (mit Ausnahme der großen Restaurants) gibt es fast nirgends behindertengerechte Einrichtungen. Leider nur in Französisch ist ein Reiseführer für Behinderte erhältlich (für 90 Städte in Frankreich) beim Comité National pour la Réadaption des Handicapés, 38, Bd. Raspail, F-75007 Paris, mit dem Titel »Tourisme quand même!«.

Feiertage

1. Januar, Karfreitag, Ostermontag, 1. Mai, 8. Mai (Waffenstillstand 1945), Christi Himmelfahrt, Pfingstmontag, 14. Juli (französischer Nationalfeiertag), 15. August (Mariä Himmelfahrt), 1. November (Allerheiligen), 11. November (Tag des Sieges von 1918), Weihnachten (nur 25. Dezember).

Festivals und Volksfeste

22. Januar Winzerfest in Épernay, Les Riceys und zahlreichen anderen Weindörfern an Marne und Aube
Februar Den ganzen Monat über Antiquitätenmarkt in Ste-Menehould, am 13. 2. in Châlons-sur-Marne Jahrmarkt.
März Argonner Militaria-Antiquitätenmarkt in Ste-Menehould; Jahrmarkt in Troyes
April Anfang des Monats Landwirtschaftsmesse in Troyes, Mitte April Streichkonzerte in Épernay, Ende April Folklore-Festival in Bourbonne-les-Bains und Kunsthandwerksmarkt in Estissac (Aube)
1. Mai Kunsthandwerks- und Gebrauchtmöbelmarkt in Châtillon-sur-Marne, in Chaource Musikfestival »Lilie im Tal«
Mai Den ganzen Monat über Folklorefeste in Vouziers und Festungsfest in Rocroi, Ende Mai Folklorefestival von Ste-Marie-du-Lac (Der-Chantecoq) und Messe in Reims. Am letzten Maisonntag französisch-belgisches Grenzfestival in Williers
Juni Zu Monatsanfang Festivals in Vitry-le-François, in Bourbonne-les-Bains (Musik) und in St-Dizier. Mitte Juni Regional-Jahrmarkt in Troyes. An den Junisonntagen Frühlings-Musikfestival von L'Épine. Am zweiten Junisonntag Fest der Jeanne d'Arc in Reims. An den Wochenenden in mehreren Ardennendörfern (z. B. Elan) Pferde- und Viehmärkte. In Givet am letzten Junisonntag das Rosenfestival und in Rethel Konzerte
Juli An den Wochenenden in mehreren Orten Seefeste (z. B. Mesnil-St-Père und Sedan). Der 14. Juli (Nationalfeier-

tag) wird überall festlich begangen und in Châlons-sur-Marne, Troyes und Sézanne noch durch musikalische Veranstaltungen und Feuerwerk bereichert. Ende Juli in Vendresse Licht-Ton-Vorführungen *(»Son et Lumière«)* am Schloß von La Cassine. Am letzten Juliwochenende wird in Rethel das Fest der heiligen Anna begangen

August An den Wochenenden Pferderennen in Montier-en-Der. Mitte des Monats mehrere Seefeste sowie in Launois-sur-Vence das »Festival des Tourismus«. Ende August Pferdefestival in Rocquigny, Festival des Rièzes in Regniowez (Ardennen) und Hundeschau im Schloß von La Motte-Tilly

September Jahrmärkte in sehr vielen Orten. Pferderennen in Châlons-sur-Marne. Am dritten Sonntag das »Sauerkraut-Festival« von Brienne-le-Château, Pilzmarkt in Ste-Menehould und alle drei Jahre (das nächste Mal 1997) Internationales Marionetten-Festival von Charleville-Mézières. Von Monatsanfang bis ca. Mitte Oktober in Mouzon das Musikfestival der Abtei

Oktober Kunstausstellung in Châlons-sur-Marne, Festival der Kriminalfilme in Reims. Am ersten Oktoberwochenende Antiquitätenmarkt von L'Épine und am dritten Sonntag Käsemarkt in Chaource sowie am letzten Wochenende Apfelmarkt in Renwez und Flohmarkt in Troyes

November Textilausstellung in Troyes, Zwiebelmarkt von Givet und Industriemesse in Reims

Dezember In Fismes am ersten Sonntag Jahrmarkt. Am Heiligabend die »Schäferweihnacht« im Schloß Braux-Ste-Cohière

Geld

Banken sind üblicherweise montags bis freitags von 9 bis 16 Uhr geöffnet, vor Feiertagen in der Regel nur bis 12 Uhr. Wechselstuben gibt es in allen größeren Städten.

Französische Francs (FF) sind in Banknoten zu 20, 50, 100, 200 und 500 FF im Umlauf, Münzen im Wert zu $1/2$, 1, 2, 5 und 10 FF, außerdem 5, 10 und 20 Centimes (100 C = 1 FF). Der Kurs schwankt nur wenig; 100 FF entsprechen ungefähr 30 DM.

Kreditkarten und Eurochecks (bis 1200 FF) werden praktisch in allen guten Hotels und Restaurants sowie auch an Tankstellen und in vielen Supermärkten akzeptiert.

Medizinische Versorgung

Im Krankheitsfall wird kein Urlauber Probleme bekommen, wenn er sich bei seiner einheimischen Krankenkasse zuvor einen Auslandskrankenschein aushändigen ließ. Im Rahmen von EU-Vereinbarungen und einem bilateralen Abkommen zwischen Frankreich und Österreich werden Auslagen für medizinische Versorgung unmittelbar übernommen oder erstattet. Kommt es dennoch hin und wieder zu bürokratischen Schwierigkeiten, empfiehlt es sich, den Auslandskrankenschein beim Bürgermeisteramt *(mairie)* des Urlaubsorts vorzulegen, wo er gegen ein entsprechendes französisches Dokument ausgetauscht bzw. umgestempelt wird.

Notfälle

Bereitschaftsärzte/
Rettungsdienst: 0 15
Feuerwehr: 0 18
Polizei: 0 17

Apotheken sind gewöhnlich von 9–12 und 14–18.30 Uhr geöffnet, es gibt aber auch viele Abweichungen von dieser Regel. Die Wochenendbereitschafts-dienste (auch der Ärzte) werden in den regionalen Zeitungsteilen veröffentlicht.

Öffnungszeiten

Gewöhnlich sind Ladengeschäfte von 9–19 Uhr geöffnet, wobei eine Mittags-pause zwischen 12 und 14 Uhr (oft auch bis 16 Uhr) eingehalten wird. Bäk-kereien und Lebensmittelläden haben auch samstags für einige Stunden geöff-net. Behörden sind in der Regel werk-tags von 9–12 Uhr und 14–17 Uhr be-setzt.

Post

Nur in den Großstädten sind die Schal-ter der Postämter montags bis freitags durchgehend von 8–19 Uhr und sams-tags von 9–12 Uhr geöffnet. In kleine-ren Orten wird eine Mittagspause von 12–14 Uhr eingehalten, Briefmarken *(timbres)* gibt es auch in Cafés und den Tabakwarenläden *(bar-tabac).*

Telefon

Die öffentlichen Telefone in Frankreich funktionieren zunehmend nur mit **télé-cartes** – Telefonkarten, die man an Post-schaltern und in *tabacs* erhält (zu 50 oder 120 Einheiten). In Telefonzellen mit dem Symbol der blauen Glocke kann man sich anrufen lassen. In Cafés und Bars ersteht man **jetons** zum Telefo-nieren. Besonders billig sind die Tarife ab 23 Uhr, doch schon ab 18 Uhr wird es ein wenig günstiger.

Achtung: Im Oktober 1996 erfolgt in Frankreich eine Umstellung des Telefon-systems: Zukünftig sind alle französi-schen Telefonnummern zehnstellig. Den Anschlüssen im Großraum Paris werden die Ziffern 01 vorangestellt, im gesam-ten französischen Nordosten (also auch in der Region Chapagne-Ardenne) sind es die Ziffern 03. Hierdurch wird die bis-herige Provinzkennzahl ersetzt.

Bei Anrufen aus dem Ausland nach Frankreich wählt man 00 33, gefolgt von der Teilnehmernummer ohne die erste 0. Bei Anrufen von Frankreich ins Ausland wählt man statt der bisherigen 19 nun eine 00, gefolgt von der jeweili-gen Landesvorwahl (49 für Deutsch-land, 43 für Österreich, 41 für die Schweiz) und sodann die Ortskennzahl ohne die erste 0.

Auskunft national: 12.

Trinkgelder

In ganz Frankreich gehört das *pourboire* nach wie vor zum guten Ton. Ausländi-sche Gäste tun sich leider oftmals schwer mit dessen Verteilung und Bemessung. In der Regel erwarten Fremdenführer ein Zehnfranc-Stück für gute Dienste, in öffentlichen Toiletten sollte man ein oder zwei Francs in den Teller legen, und dem Gepäckträger des Hotels steht je Koffer in etwa die gleiche Summe zu. Dem Zimmerservice sollte man vier oder fünf Francs pro Übernachtung zukommen lassen. In Restaurants werden zwar fast überall Inklusivpreise berechnet, doch ist es durchaus üblich – bei Zufriedenheit – die diskret zusammengefaltet oder im Briefchen auf einem Schälchen überreichte *addition* nach oben aufzurunden. Wer seine Zeche per Scheckkarte begleicht, sollte trotzdem ein paar Münzen auf dem Speisetisch zurücklassen. Auch an Tankstellen freut sich das um zuvorkommende Versorgung der Kundschaft beflissene Personal, wenn ihm für gute Dienste ein bis fünf Francs ausgehändigt werden.

Zeitungen

Deutsche Presseerzeugnisse sind an den Bahnhofskiosken und sonstigen Verkaufsstellen der größeren Städte in der Regel mit zwei- bis dreitägiger Verzögerung erhältlich. Wer französische Zeitungen lesen kann, sollte dies nicht allein wegen der Information über politische Dinge tun, sondern auch aufgrund der aktuellen Veranstaltungshinweise. Vor allem im Sommer und frühen Herbst häufen sich die regionalen Folklore-, Musik- und Kulturdarbietungen an den »Nebenschauplätzen« abseits der Städte. Statt großen Aufwands durch Plakatklebeaktionen beschränken sich viele Orte und Vereine auf die Bekanntmachung ihrer Winzerfeste und Trödelmärkte in der lokalen Presse. Ein Blick in den Veranstaltungskalender, die *manifestations,* kann sich lohnen.

Abbildungsnachweis

Anhäuser, Uwe (Bundenbach):   Vordere Umschlaginnenklappe; S. 18 f., 31, 48 f., 56 f., 63, 66 f., 69, 83, 94 f., 98, 106 f., 108, 111, 112 f., 126, 128 (links), 141, 142, 146 f., 170, 175, 183, 200, 203, 206, 210 f., 212 f., 214

Archiv für Kunst und Geschichte (Berlin):   S. 1, 23, 27, 28, 37, 40

Bongartz, Marianne (Köln):   S. 2 f., 128 (rechts), 131, 135, 209

Lukasseck, Frank (Overath):   S. 15

Richner, Werner (Saarlouis):   Umschlagrückseite unten, S. 90 f., 120, 178, 188 f., 190 f., 194, 198 f.

Sucha, Marian (Prag):   hintere Umschlaginnenklappe, S. 34, 43, 80, 89, 185, 196

Zefa (Düsseldorf):   Umschlagvorderseite

Zanettini, Fulvio (Köln):   Umschlagrückseite oben, S. 10 f., 16, 116, 144 f., 149, 150, 156 f., 159, 162, 165, 167, 187, 215

© Karten und Pläne: Elsner & Schichor, Karlsruhe

Register

Orte